U0462684

中华人民共和国
突发事件应对法
理解与适用

代海军　主编

应急管理出版社

·北　京·

图书在版编目（CIP）数据

中华人民共和国突发事件应对法理解与适用／代海军主编.
－－北京：应急管理出版社，2024. － ISBN 978－7－5237－0616－9

Ⅰ. D922.145

中国国家版本馆 CIP 数据核字第 2024PB7015 号

中华人民共和国突发事件应对法理解与适用

主　　编	代海军
责任编辑	罗秀全　成联君
责任校对	赵　盼
封面设计	张　蕾
出版发行	应急管理出版社（北京市朝阳区芍药居 35 号　100029）
电　　话	010－84657898（总编室）　010－84657880（读者服务部）
网　　址	www. cciph. com. cn
印　　刷	天津嘉恒印务有限公司
经　　销	全国新华书店
开　　本	710mm×1000mm$^1/_{16}$　印张　$23^3/_4$　字数　297 千字
版　　次	2024 年 7 月第 1 版　2024 年 7 月第 1 次印刷
社内编号	20240520　　　　　　定价　69.00 元

　　回顾历史不难发现，人类是在灾难中生存与发展起来的。正是在总结自然灾害、事故灾难等应对经验的基础上，我国于 2007 年颁布了《中华人民共和国突发事件应对法》。当时，我国正处于单灾种分散应急向多灾种综合应对转变的历史时期。在《中华人民共和国突发事件应对法》颁布之前，我国已经颁布了《中华人民共和国安全生产法》《中华人民共和国防洪法》《中华人民共和国防震减灾法》《中华人民共和国传染病防治法》等一系列单行法律，但缺少一部跨灾种的综合性立法。2003 年"非典"疫情的暴发，使得综合性立法工作提上重要日程。这部被视为我国应急管理"龙头法"的法律，清晰地将自身定位为调整常规的突发事件。当然，这符合我国应急管理的基本国情：我国是世界上自然灾害最为严重的国家之一，灾害种类多，分布地域广，发生频率高，造成损失重。同时，我国各类事故隐患和安全风险交织叠加、易发多发，影响公共安全的因素日益增多。无论是基于完善我国应急法体系的系统性分析，还是从应对上述各类突发事件的现实考量，都需要一部具有制度协调性的法律扮演"总法"角色。为确保其普遍适用，所以规定内容不能过细。这样一来，提取制度公因式成为当时的立法技术选择。当然，这是一把"双刃剑"。由于规定过于原则，加之单行法和应急预案的优先适用，导致《中华人民共和国突发事

1

件应对法》在实践中作用发挥不彰，没有达到预期的立法目标，尤其在应对诸如新冠疫情等重大突发事件中暴露出不足而一度受到诟病。

尽管《中华人民共和国突发事件应对法》在制度上规范突发事件应对协调统一性的立法初衷没有完全实现，但是应对突发事件对应急基本法的需求并没有消失。一旦应对突发事件成为整个社会生活的中心，就需要国家应急基本法的支撑，这一需求无法用应急预案制度或者具体领域的单行应急法律来替代①。近年来，我国应急管理体制改革迈出新步伐，统一指挥、专常兼备、反应灵敏、上下联动的中国特色应急管理体制逐步塑型并发挥作用，坚持人民至上、生命至上，坚持总体国家安全观，更好统筹发展和安全，着力防范化解重大风险等，都需要通过立法进行系统表达和全面确认。显然，对《中华人民共和国突发事件应对法》进行系统性修订势在必行。

按照十三届全国人大常委会强化公共卫生法治保障立法修法工作计划安排，修改《中华人民共和国突发事件应对法》被列入全国人大常委会 2020 年度立法工作计划。2021 年 12 月，十三届全国人大常委会第三十二次会议初次审议了突发事件应对管理法草案。2024 年 6 月 28 日，十四届全国人大常委会第十次会议通过修法决定，法名保持不变，仍为《中华人民共和国突发事件应对法》，主要是考虑保持法律制度和相关工作的稳定性、连续性，但对体例结构及条文顺序进行了大幅调整，增设"管理与指挥体制"

---

① 于安：《论国家应急基本法的结构调整——以〈中华人民共和国突发事件应对法〉的修订为起点》，行政法学研究，2020 年第 3 期。

专章，内容从 7 章 70 条增加到 8 章 106 条。本次修改幅度之大、涉及范围之广、增补内容之多，仍旧超出预想，可见人们对这部法律寄予厚望。修订内容主要包括以下几个方面：一是按照本法作为突发事件应对基础性、综合性法律的定位，处理好有关法律之间的适用和衔接问题。二是完善突发事件应对应当坚持的原则和理念，完善应急指挥体制和应急指挥机构，明确应急预案的制定修改要求，完善突发事件报告制度、应急响应制度，规定协同应对机制。三是完善信息发布和新闻采访报道制度，明确发布预警的内容及渠道。四是加强应急能力建设，完善应急救援物资等的储备、运输、保障制度，发挥社会力量参与突发事件应对的积极作用。五是加强突发事件应对中的权利保障，完善对特殊群体的优先保护、公民个人信息保护，规定紧急情况下群众开展自救互救。六是完善相关法律责任规定，做到过罚相当。

　　法与时转则治，治与世宜则有功。为了帮助广大读者理解和掌握《中华人民共和国突发事件应对法》修订的时代背景、精神实质、主要内容和相关知识，更好地实施好这部法律，我们组织业内长期从事应急管理法治研究的专家编写了本书。本书编写组的专家主要来自应急管理领域的高校和科研机构，专业背景涵盖安全生产、防灾减灾、环境保护、公共安全等不同领域。自该法列入全国人大常委会立法计划后，编写组的同志一直密切关注立法动向，积极参与相关讨论，并对其中涉及的部分理论和实务问题开展研究，相关成果陆续发表在《中共中央党校（国家行政学院）学报》《行政法学研究》《行政管理改革》《中国应急管理》等杂志。二审稿和正式稿公布后，编写组逐条对照条文变化，仔细推敲相关表述，不断完善书稿相关内容。其主要目的，就是力求做到准确、系统和实用，帮助广大读者全面理解和把握本法的立法背景、具体内容和注意事项，推动法律落地生根。

本书在对各章主要内容进行概况提炼的基础上，对法律条文进行了逐条解读，全面介绍了其修订的背景、条文的内涵原意，并对适用和执行中应注意的问题以及相关的应急管理知识等进行了理论联系实际的阐述，具有较强的指导性、实用性和知识性，供大家学习参考。需要说明的是，本书观点仅为编写组专家的个人观点，不代表所在单位观点。

全书由代海军负责统稿、定稿，各章撰写分工如下：

第一章、第二章：代海军（应急管理部信息研究院）

第三章：李一行（中国地震灾害防御中心）、王奕超（司法部预防犯罪研究所）

第四章：刘飞琴（北京化工大学文法学院）

第五章：卜　素（中国矿业大学（北京）文法学院）

第六章：李　静（应急管理大学（筹）文法学院）

第七章、第八章：朱梦妮（中国矿业大学（北京）文法学院）

囿于编者水平和时间，书中难免存在疏漏和不足，敬请读者批评指正。

编　者

2024 年 7 月

目 录

第一章 总则

第二章 管理与指挥体制

第三章 预防与应急准备

第五章　应急处置与救援

第一章　总　　则

　　本章对立法的指导思想、价值取向、基本原则和基本制度等进行了原则性概括，发挥了提纲挈领的作用。本章共15条，分别就立法目的与适用范围，突发事件的概念与分级，突发事件应对指导思想与领导体制，社会动员制度、信息发布制度、新闻采访报道制度、投诉举报制度、应急征用制度、表彰奖励制度等各项应急管理制度，以及国际合作等作出明确规定。同时，还增加了对弱势群体特殊保护的相关规定，并调整了部分条款的文字表述。

　　本法增设了"管理与指挥体制"专章，将2007年《中华人民共和国突发事件应对法》总则中突发事件应对管理体制涉及的相关制度，如分级负责、属地管理，组织体系，以及行政领导机关等内容，规定在增设的"管理与指挥体制"专章中。

第一条 为了预防和减少突发事件的发生，控制、减轻和消除突发事件引起的严重社会危害，提高突发事件预防和应对能力，规范突发事件应对活动，保护人民生命财产安全，维护国家安全、公共安全、生态环境安全和社会秩序，根据宪法，制定本法。

◆ 条文主旨

本条是关于《中华人民共和国突发事件应对法》立法目的和依据的规定。

◆ 修改提示

与2007年《中华人民共和国突发事件应对法》第一条相比，本次修改内容如下：

1. 将"提高突发事件预防和应对能力"写入立法目的。

2. 将"环境安全"修改为"生态环境安全"。

3. 增加了立法依据，即"根据宪法"。

◆ 条文解读

一、立法目的

《中华人民共和国突发事件应对法》作为我国应急管理领域的综合性、基础性法律规范，在我国整个应急法律体系中发挥着"龙头法"的重要作用。其立法目的主要体现在以下几个方面：

1. 预防和减少突发事件的发生，控制、减轻和消除突发事件

引起的严重社会危害。我国是世界上自然灾害最为严重的国家之一，灾害种类多，分布地域广，发生频率高，造成损失重，这是一个基本国情。同时，我国各类事故隐患和安全风险交织叠加、易发多发，影响公共安全的因素日益增多。据统计，我国 70% 以上的城市、50% 以上的人口分布在气象、地震、地质、海洋等灾害的高风险区。21 世纪以来，我国平均每年因自然灾害造成的直接经济损失超过 3000 亿元，因自然灾害每年大约有 3 亿人次受灾[①]。此外，各类突发公共卫生事件如"非典"疫情、新冠疫情严重威胁人民群众生命和健康。面对突发事件，除了沉着应对外，关键是居安思危、未雨绸缪。事情发展变化往往有其内在的规律和逻辑，常规性突发事件的发生及危害的扩大，亦有一个从量变到质变的发展过程。只要措施得力、应对有方，这个过程本质上是可控的。所以对于突发事件，应力争将其消灭在萌芽状态或者控制在苗头阶段，即以预防为主，这是最主动、最积极的应急管理态度[②]。因此，做好突发事件的预防工作，控制、减轻和消除突发事件引起的严重社会危害，成为应急管理工作的当务之急，也是本法立法的重要目的和基本出发点。

2. 提高突发事件预防和应对能力，规范突发事件应对活动。党和国家历来高度重视突发事件应对工作，采取了一系列措施，建立了许多应急管理制度，这些措施和制度对保护人民生命财产安全发挥了重要作用。但应急管理基础仍然薄弱，突发事件应对工作还存在一些突出问题，如统一指挥、专常兼备、反应灵敏、上下联动的应急管理体制尚未完全形成，一些行政机关应对突发事件的能力

---

① 《新闻办就新时代应急管理事业改革发展情况举行发布会》，http://www.gov.cn/xinwen/2019–09/18/content_5430891.htm，访问日期：2024 年 2 月 19 日。

② 闪淳昌，薛澜：《应急管理概论：理论与实践》，高等教育出版社，2012 年版，第 53 页。

不够强、危机意识不够高，依法可以采取的应急处置措施不够充分、有力等。这些不利因素的存在，在一定程度上削弱了应对突发事件的工作效能，有必要从法律上明确相应的"操作流程"加以规范。对涉及突发事件预防与应急准备、监测与预警、应急处置与救援、事后恢复与重建的组织体系、工作程序、行为规范等作出规定，明确突发事件应对中政府、企业事业单位、社会组织及相关人员的权利与责任，以保证应急管理活动在规范的基础上开展。2019年11月29日，习近平总书记在主持中央政治局第十九次集体学习时指出，加强应急管理体系和能力建设，既是一项紧迫任务，又是一项长期任务。《中华人民共和国国民经济和社会发展第十四个五年规划和2035年远景目标纲要》明确提出，要优化国家应急管理能力体系建设，提高防灾减灾抗灾救灾能力。因此，提高突发事件预防和应对管理能力，规范突发事件应对管理活动，是制定本法的基本目的之一。

3. 保护人民生命财产安全。古人云，"治国有常，而利民为本"。把治国理政理念与维护最广大人民的根本利益联系起来，是中国共产党治国理政的重大理论创新和实践创新，贯穿于治国理政的各领域、各环节、各方面。应急管理是国家治理体系和治理能力的重要组成部分，承担防范化解重大安全风险、及时应对处置各类灾害事故的重要职责，担负保护人民群众生命财产安全和维护社会稳定的重要使命。党的十八大以来，以习近平同志为核心的党中央坚持以人民为中心，把保障人民群众生命安全作为治国理政的一项重大任务。党的十九届五中全会立足于建设更高水平的平安中国，顺应人民群众对美好生活的向往，统筹发展和安全两件大事，明确提出坚持人民至上、生命至上，把保护人民生命安全摆在首位。正如习近平总书记所指出的："人命关天，发展决不能以牺牲安全为代价。这必须作为一条不可逾越的红线。""人民至上、生命至上"，为应急管理工作高质量发展提供了根本遵循，也为立法指明了方向。因此，从立法上规范突发事件应对活动，既是坚持以人民为中心的发展思想的必然要求，也是加强应急管理体系和能力建设的现实需要，更是广大人民群众的根本利益所在。可以说，保护人民生命财产安全，是本法立法的最终目的和价值取向。

4. 维护国家安全、公共安全、生态环境安全和社会秩序。突发事件涉及方方面面，牵一发动全身。突发事件应对并非只是应急管理本身的问题，而是关系国家安全的重大问题。习近平总书记高度重视国家安全体系建设，提出具有人民性、系统性、发展性和实践性的"总体国家安全观"，包括政治安全、国土安全、军事安全、经济安全、文化安全、社会安全、科技安全、网络安全、生态安全、资源安全、核安全，以及海外利益、太空、深海、极地、生物等在内的国家安全主要领域体系①。其中，生态安全、社会安全体现在防灾减灾、安全生产、生态环境、社会治安等各个领域，如环境污染事件、各类灾害事故、恐怖袭击事件等，一头连着经济社会发展，一头连着千家万户，关系社会和谐稳定，本质上属于公共安全。习近平总书记在党的十九大报告中提出，树立安全发展理念，弘扬生命至上、安全第一的思想，健全公共安全体系，完善安全生产责任制，坚决遏制重特大安全事故，提升防灾减灾救灾能力。作为贯彻落实总体国家安全观的重要举措，应急管理所指向的正是公共安全和国家安全。加强应急管理体系和能力建设，预防和减少突发事件的发生，控制、减轻和消除突发事件引起的严重社会危害，既是维护公共安全的应有之义，也是维护社会秩序的现实需要。需要注意的是，本法将 2007 年《中华人民共和国突发事件应对法》立法目的中的"环境安全"修改为"生态环境安全"，既是

---

① 李建伟：《总体国家安全观的理论要义阐释》，政治与法律，2021 年第 10 期。

人们对突发事件特别是环境突发事件认识深化的结果，也是深入贯彻习近平生态文明思想，以高水平保护推动高质量发展的必然要求。《中共中央　国务院关于深入打好污染防治攻坚战的意见》亦明确要求，要切实维护生态环境安全。因此，通过制定本法，规范突发事件各个阶段的应对活动，为维护国家安全、公共安全、生态环境安全和社会秩序奠定坚实基础，这是重要立法目的之一。

二、立法依据

根据本条规定，本法的立法依据是宪法。宪法是我国的根本大法，规定了国家体制、政权组织、政府架构、公民的基本权利和义务等内容。在中国特色社会主义法律体系中，宪法处于最高的法律位阶，具有最高的法律地位，是所有立法的最终渊源，一切法律、行政法规和地方性法规的制定和实施都不得同宪法相抵触，本法也不例外。宪法关于公民的基本权利和义务、国家权力机关组织和职权等方面的规定，比如"国家为了公共利益的需要，可以依照法律规定对公民的私有财产实行征收或者征用并给予补偿"，都是制定本法的重要依据。

第二条　本法所称突发事件，是指突然发生，造成或者可能造成严重社会危害，需要采取应急处置措施予以应对的自然灾害、事故灾难、公共卫生事件和社会安全事件。

突发事件的预防与应急准备、监测与预警、应急处置与救援、事后恢复与重建等应对活动，适用本法。

《中华人民共和国传染病防治法》等有关法律对突发公共卫生事件应对作出规定的，适用其规定。有关法律没有规定的，适用本法。

◆ **条文主旨**

本条是关于本法适用范围的规定。

◆ **修改提示**

与2007年《中华人民共和国突发事件应对法》第二条和第三条相比，本次修改内容如下：

1. 将"突发事件"的概念界定调整到本条。

2. 按照本法作为突发事件应对基础性、综合性法律的定位，增加与有关法律之间的适用和衔接的专门条款。

◆ **条文解读**

法的适用范围，是指法律发生效力的范围，包括时间效力、空间效力、对象效力和事项效力。本条只规定了本法的对象效力和事项效力，即突发事件的预防与应急准备、监测与预警、应急处置与救援、事后恢复与重建等应对活动。

一、关于突发事件的概念

有关突发事件的概念问题，无论是大陆法系国家还是英美法系国家，都在应急法治建设中居于最基础和核心的地位。在2007年《中华人民共和国突发事件应对法》颁布之前，我国法律并未系统规定具备何种特征的事件可归入突发事件，也没有一个客观的评判标准，这就造成以下两方面突出问题：

一方面，随着应急管理的发展，与应急相关的概念，如灾难（灾害）、危机、突发公共事件、突发事件等，在理论与实践层面未进行区别加以使用，不仅概念使用混乱，还造成法律规范之间内容不协调、不统一，衔接与协调性差等突出问题。另一方面，长期以来，我国应急管理暴露出的一个共同问题，就是重事中事后救援处置，轻事前的应急准备，基本上处于兵来将挡、水来土掩的状况，整体上比较被动。虽然最终的结果是危机得以平息，但付出的代价也是巨大的。其根本原因在于缺乏规范化的应急管理体系，尤其是不能正确识别灾害的类型和级别，造成处置方案选择出现偏差，致使应急资源配置不到位，延误救援和处置的最佳时机。因此，对"突发事件"的概念进行规范，成为2007年制定《中华人民共和国突发事件应对法》的一项重要任务。

尽管国内外对突发事件的认识可能存在差别，但总体上人们倾向于认为，具有以下典型特征的可以称为"突发事件"：（1）突发性。往往是在没有先兆的情况下突然爆发，常常令人猝不及防，并给社会造成震动或者激变。（2）不确定性。虽然事件的发生需要一段时间的酝酿，有一定的潜伏期，但往往不易被人觉察，发生时间、发展过程、发展趋势都具有较大的不确定性或偶然性，给社会和公民带来的影响也常常超出想象。（3）公共性。一方面，具有社会危害性，无论是传染病疫情还是自然灾害，一旦发生，往往波及整个区域甚至毗邻区，危及公共安全；另一方面，由于信息不对称等原因，事件常常在短期内迅速蔓延，容易引起社会公众恐慌与不安。（4）破坏性。突发事件造成的后果一般是严重的，是人们所难以承受的，而且往往是不可逆转的。如应对不当，还会造成巨大的生命、财产损失，甚至可能造成社会肌体的瓦解和严重的动荡。（5）复杂性。各种突发事件的成因是复杂的，有时一种突发事件可由几种因素促成，或者是一种因素引起多种突发事件的同时发生。比如，根据事故致因理论，生产安全事故的发生涉及人、机、环、管等因素，包括人的不安全行为、物的不安全状态和管理上的缺陷。

上述有关突发事件的几个典型特征，是本法进行概念界定的重要参考依据。此外，国家在设计应急法律制度时，主要着眼于防范和控制对国家和社会造成严重威胁或者危害的现实危险。当前，我国面临的重大风险或者危险主要来自公共安全领域。一是重大自然灾害种类多、发生频率高、地域分布广、造成损失大。由于特有的地质构造条件和自然地理环境，我国是世界上遭受自然灾害最严重的国家之一。二是重特大事故频发，伤亡严重。三是公共卫生事件严重威胁着人民群众的生命和健康。四是影响国家安全和社会稳定的因素仍然存在。

从实践看，不同性质的突发事件，危急程度和造成的社会危害不同，政府和社会所要采取的应对措施也不尽相同。为了更有针对性地应对突发事件，非常有必要对其进行分类管理。根据突发事件的发生过程、性质和机理，一般将突发事件分为以下四类：（1）自然灾害，主要包括水旱灾害、气象灾害、地震灾害、地质灾害、海洋灾害、生物灾害和森林草原火灾等。（2）事故灾难，主要包括工矿商贸等生产经营单位发生的各类生产安全事故、交通运输事故、公共设施和设备事故、核与辐射事故、环境污染和生态破坏事件等。（3）公共卫生事件，主要包括传染病疫情、群体性不明原因疾病、食品安全和职业危害、动物疫情，以及其他严重影响公众健康和生命安全的事件。（4）社会安全事件，主要包括恐怖袭击事件、经济安全事件和涉外突发事件等。在 2006 年《中华人民共和国突发事件应对法（草案）》征求意见过程中，有学者提出，鉴于经济危机无论在表现形式上还是应对措施上都具有特殊性，应当将经济危机作为单独一类的突发事件加以规范①。立法最终未予以采纳。需要说明的是，上述分类标准是相对的，有些突发事件发生

---

① 戚建刚：《突发事件管理中的"分类"、"分级"与"分期"原则——〈中华人民共和国突发事件应对法（草案）〉的管理学基础》，江海学刊，2006 年第 6 期。

具有交叉性，很难说是自然灾害或事故灾难。比如，地震灾害、洪涝灾害一般都会次生卫生防疫问题，公共卫生事件还会带来社会治安问题。实践证明，上述对突发事件的界定和分类总体上契合我国国情，在2007年《中华人民共和国突发事件应对法》立法时便上升到法律层面，这一概念一直沿用至今。

同时需要说明的是，本法定位于常态与非常态之间的法律安排，没有将紧急状态纳入。主要原因在于紧急状态是一种极端的社会危机状态，紧急状态法律制度所要解决的是社会、政府和国家的存亡问题，这种情况在我国发生的概率很小。现在的突出问题是，频繁发生的、尚未达到极端程度的突发公共事件对我国国家和人民利益的严重威胁和危害①。

二、突发事件应对的主要阶段

2003年"非典"疫情后，我国启动了以"一案三制"（应急预案和应急体制、应急机制、应急法制）为核心，面向全灾种、全过程的综合性突发事件应对体系建设。突发事件应对通常遵循特定的生命周期，其发展的不同阶段对应急管理措施的要求都不相同。本条第二款对突发事件应对阶段进行了科学划分，以此作为制定应急管理措施的重要依据。

1978年，美国州长协会将应急管理全过程划分为减缓、准备、响应、恢复四个阶段，分别代表应急管理中的四种活动，构成一个首尾闭合的循环。美国联邦应急管理署认为，应急管理就是有组织地分析、规划、决策与调配可利用的资源，针对所有危险的影响而进行的减缓、准备、响应与恢复。希斯（Robert Heath）将危机管

---

① 于安：《制定〈中华人民共和国突发事件应对法〉的理论框架》，法学杂志，2006年第7期。

理全过程划分为减少（reduction）、准备（readiness）、反应（response）、恢复（recovery）四个阶段①。我国学者根据突发事件可能造成的危害和威胁、实际危害已经发生、危害逐步减弱和恢复，将突发公共事件总体上划分为预警期、爆发期、缓解期和善后期四个阶段②。尽管对四个阶段的划分略有差异，但四阶段理论已经成为国际通行的应急管理生命周期理论，并在实践中广泛应用③。

本条第二款按照突发事件的发生、发展规律，将应急管理的全过程划分为四个阶段：预防与应急准备、监测与预警、应急处置与救援、事后恢复与重建。四个阶段分别对应突发事件的事前、事发、事中和事后，形成一个闭合的循环过程。每一个阶段都应当采取科学、精准、有效的应对措施，尽可能地减少突发事件的发生，控制突发事件的升级和扩大。

1. 预防与应急准备，是应急管理的基础性工作，也是突发事件应对的第一道防线。 应急管理的首要任务是防范和阻止突发事件的发生，或者把突发事件控制在特定的范围内。要完成这一任务，一方面要坚持预防为主，防患于未然；另一方面要积极做好各项应急准备工作。坚持预防为主，除了应当在日常工作中强化风险意识，查明环境中潜在的危险有害因素和风险，对可能引起突发事件的诱因、征兆、隐患进行全面调查、登记、识别和判断，评估突发事件发生的可能性和后果严重性，及时调处和化解易引发突发事件的基层矛盾纠纷之外，还要按照属地管理和"谁主管、谁负责"的原则，积极采取必要的预防措施。具体包括：地方政府及其有关

---

① 张海波：《应急管理的全过程均衡：一个新议题》，中国行政管理，2020年第3期。

② 薛澜，钟开斌：《突发公共事件分类、分级与分期：应急体制的管理基础》，中国行政管理，2005年第2期。

③ 李湖生：《应急管理阶段理论新模型研究》，中国安全生产科学技术，2010年第5期。

部门在职责范围内制定并完善突发事件的应急预案，开展应急培训、宣传及应急演练，组建各类应急救援队伍，保障应急经费、物资和生活必需品储备、应急通信，建设应急避难场所；有关企事业单位特别是高危行业企业，公共场所、公共交通工具和其他人员密集场所的管理单位，居民委员会、村民委员会也应积极配合、协助政府及有关部门做好预防与应急准备工作。总之，在突发事件发生前做好应急准备，并采取避险行动，可最大限度减小突发事件造成的损失。

2. **监测与预警，是预防与应急工作的延伸，也是实现突发事件早发现、早报告、早处置的关键环节**。监测与预警，是指应急管理的主体根据应对突发事件的经验、教训，过去积累和现实的有关数据、情报和资料，运用逻辑推理和科学预测的方法与技术，对突发事件发生的约束条件、未来发展趋势和演变规律等作出科学评估与推断，对突发事件发生的可能性及其危害程度进行估量和发布，从而及时提醒公众做好准备、改进工作、规避危险、减少损失的工作机制[①]。按照本法规定，监测与预警机制主要包括突发事件信息系统建设、突发事件监测制度和预警制度建设。突发事件监测活动贯穿于突发事件发生、发展的全过程，但重在突发事件发生前的监测，这也是"预防为主"的工作要求。通过监测，及时收集可能发生突发事件潜在风险的有关信息，对突发事件发生的概率、发生的时间、发生的地点、发生的原因、可能波及的范围、可能造成的危害程度，以及演化方向和变化趋势作出分析判断，在突发事件发生之前或者早期发出警报，以便相关的责任部门以及突发事件可能波及的人民群众和社会组织及时作出反应，使各项工作进入"临

---

① 闪淳昌，薛澜：《应急管理概论：理论与实践》，高等教育出版社，2012年版，第221页。

战"状态，最大限度减少突发事件造成的危害。从功能上看，预警制度扮演着法律秩序"切换按钮"的角色，是社会秩序从常态管理转入非常态管理的最重要的制度安排。

3. 应急处置与救援，是突发事件应对工作的重中之重。突发事件应对实行预防与应急并重、常态与非常态结合的原则。工业化时代，各类风险交织叠加，呈现出自然和人为致灾因素相互联系、传统安全与非传统安全因素相互作用、既有社会矛盾与新生社会矛盾相互交织等特点，各类突发事件发生的概率增大，防范处置难度加大。对此，习近平总书记多次强调，既要高度警惕"黑天鹅"事件，也要防范"灰犀牛"事件；既要有防范风险的先手，也要有应对和化解风险挑战的高招；既要打好防范和抵御风险的有准备之战，也要打好化险为夷、转危为机的战略主动战。突发事件发生后，首要任务是进行有效处置，防止事态扩大和次生、衍生事件发生。及时控制突发事件并防止其蔓延，关键在于快速反应能力。突发事件发生初期，在对突发事件性质、规模、造成危害等无法准确判定的情况下，为了防止事态升级或扩大，按照边处置、边报告的原则，及时进行先期处置，包括启动应急预案、成立现场指挥机构、封闭有关道路和场所，等等。要按照统一指挥、反应灵敏、运转高效的要求，第一时间组织各方力量，及时、科学、有序实施现场施救，包括疏散周边群众、搜救被困群众、转运伤员等，努力减轻和消除其对人民群众生命财产安全造成的危害。

4. 事后恢复与重建，是突发事件应对工作的最后一个阶段。应急处置与救援工作结束后，并不意味着整个应对工作画上句号。而是应当在突发事件威胁基本得到控制或消除后，有序组织受影响地区尽快恢复生产生活和社会秩序。这意味着应对工作全面转入善后期，即事后恢复与重建阶段。俗话说，不经一事，不长一智。今不虑前事之失，复循覆车之轨。这都告诉我们，要加强事后学习，不断总结经验教训，提出改进的措施，提高应对各类突发事件的能力和水平，更好地保障经济社会和谐发展。因此，事后恢复与重建阶段的一项主要任务就是，对整个突发事件应对过程进行调查评估并从中获益，具体包括建立委托第三方专业机构开展突发事件应急处置评估制度，根据评估结果改进应急管理、健全应急体系，等等。

三、突发事件应对法与其他法律的适用关系

突发事件应对法涉及与有关法律的适用和衔接问题，按照"特别法优于一般法"的原则，应当优先适用有关专门法律，做到相互衔接、并行不悖。从实践来看，适用和衔接问题主要涉及突发公共卫生事件的应对。因此，本条第三款规定，《中华人民共和国传染病防治法》等有关法律对突发公共卫生事件应对作出规定的，适用其规定。有关法律没有规定的，适用本法。

第三条 按照社会危害程度、影响范围等因素，突发自然灾害、事故灾难、公共卫生事件分为特别重大、重大、较大和一般四级。法律、行政法规或者国务院另有规定的，从其规定。

突发事件的分级标准由国务院或者国务院确定的部门制定。

◆ 条文主旨

本条是关于突发事件分级的规定。

◆ 修改提示

与2007年《中华人民共和国突发事件应对法》第三条相比，本次修改内容如下：将第一款关于"突发事件"的概念界定调整至本法第二条。

◆ 条文解读

对突发事件进行分级，区分不同等级突发事件应对的基本程序和工作要求，有利于政府及其有关部门在突发事件即将发生或者发生后采取相应措施，从而增强应急决策的科学性，避免手忙脚乱仓促应对。本法制定前，我国有关法律、行政法规和规范性文件，对于突发事件的分级并不完全一致，如 2003 年《地质灾害防治条例》按照人员伤亡、经济损失的大小，将地质灾害分为特大型、大型、中型和小型四个等级；2004 年《中华人民共和国传染病防治法》将传染病分为甲类、乙类和丙类三类。但绝大多数法律规范将突发事件分为四级，如《国家突发公共事件总体应急预案》按照各类突发公共事件的性质、严重程度、可控性和影响范围等因素，将突发公共事件划分为四级：Ⅰ级（特别重大）、Ⅱ级（重大）、Ⅲ级（较大）和Ⅳ级（一般）。《中华人民共和国突发事件应对法》肯定了这一分级标准，本条第一款明确规定："按照社会危害程度、影响范围等因素，突发自然灾害、事故灾难、公共卫生事件分为特别重大、重大、较大和一般四级"。

需要注意的是，2007 年《中华人民共和国突发事件应对法》立法时，针对有关法律、行政法规和国务院其他规定对突发事件的不同分级规定，立法机关采取了注重实际并留有余地的思路，在第一款中规定了"法律、行政法规或者国务院另有规定的，从其规定"。"另有规定的，从其规定"，是指当普通法条和特别法条之间存在竞合关系时，某一情形同时符合特别法条和普通法条的构成要件，要优先适用特别法条。

对突发事件的分级，要求具有科学性。每一类突发事件都具有特殊性，其发展机理都不相同，必须在科学论证的基础上确定分级标准。国务院或者国务院确定的部门，是统一领导、分类处置突发事件的主管部门，因此本条第三款授权国务院或者国务院确定的部门制定突发事件的分级标准，这一规定也符合其职责权限。对突发事件进行分级，也是国外应急管理的成熟经验和做法。"9·11"恐怖袭击事件发生以后，美国核管理委员会提出一种新的"威胁预警系统"，该系统是在国土安全咨询系统的基础上提出的。它将事故分为五个等级，分别以五种颜色编码：绿色（低风险状态——正常/常规级别）；蓝色（警戒状态——提高关注）；黄色（较高风险状态——常规威胁）；橙色（高风险状态——迫近威胁）；红色（严重状态——定域威胁）①。

> **第四条** 突发事件应对工作坚持中国共产党的领导，坚持以马克思列宁主义、毛泽东思想、邓小平理论、"三个代表"重要思想、科学发展观、习近平新时代中国特色社会主义思想为指导，建立健全集中统一、高效权威的中国特色突发事件应对工作领导体制，完善党委领导、政府负责、部门联动、军地联合、社会协同、公众参与、科技支撑、法治保障的治理体系。

◆ 条文主旨

本条是关于突发事件应对工作指导思想和领导体制的规定。

◆ 修改提示

本条为新增条款。

---

① 杨静、陈建明，赵红：《应急管理中的突发事件分类分级研究》，管理评论，2005年第4期。

◆ 条文解读

一、突发事件应对工作坚持中国共产党的领导

党政军民学，东西南北中，党是领导一切的。加强党对各领域各方面工作领导，首先要加强党对涉及党和国家事业全局的重大工作的集中统一领导。应急管理是国家治理体系和治理能力的重要组成部分，关系中国特色社会主义建设事业全局和国家实现长治久安大局，必须旗帜鲜明地坚持中国共产党的领导。正因为始终坚持党的集中统一领导，我们才顺利开启了应急管理改革发展的新时期，才成功应对了一系列重大风险挑战，实现公共安全形势总体趋稳向好。当前，国际形势风云变幻，我国经济社会发生深刻变化，改革进入攻坚期和深水区，社会矛盾多发叠加，各种可以预见和难以预见的安全风险挑战前所未有，比如新冠疫情等突发事件的防控难度非常大。越是形势复杂，越是任务艰巨，越要发挥党中央集中统一领导的"定海神针"作用。正如习近平总书记在主持召开中央全面深化改革委员会第十三次会议强调的，中国疫情防控和复工复产之所以能够有力推进，根本原因是中国共产党的领导和中国特色社会主义制度的优势发挥了无可比拟的重要作用。发展环境越是严峻复杂，越要坚定不移深化改革，健全各方面制度，完善治理体系，促进制度建设和治理效能更好转化融合，善于运用制度优势应对风险挑战冲击。

在开启全面建设社会主义现代化国家新征程的历史时刻，国务院印发了《"十四五"国家应急体系规划》，重申加强党对应急管理工作的集中统一领导，全面贯彻党的基本理论、基本路线、基本方略，把党的政治优势、组织优势、密切联系群众优势和社会主义集中力量办大事的制度优势转化为应急管理事业发展的强大动力和

坚强保障。在新形势下，立法机关总结中国共产党百年奋斗的历史经验，在本法中规定坚持党的领导，确保党的主张通过法定程序成为国家意志，通过法律推动和保障党中央的路线方针政策有效实施，既是党领导下具有中国特色应急管理的创制之举，也是确保立法工作的正确政治方向的需要。

坚持和加强党的全面领导，关键是强化思想政治引领。《中华人民共和国突发事件应对法》致力于建设中国特色应急管理制度。本法从现阶段的中国国情出发，以马克思列宁主义、毛泽东思想、邓小平理论、"三个代表"重要思想、科学发展观、习近平新时代中国特色社会主义思想为指导进行制度创新和设计，既与中国特色社会主义政治制度相适应，也是坚持和加强党的全面领导的内在要求。

二、国家突发事件应对工作领导体制

健全国家应急管理体系，关键是加强顶层设计，建立健全集中统一、高效权威的应急管理领导体制。在新形势下，我国公共安全面临的风险和挑战严峻复杂，传统安全和非传统安全风险高度聚集、相互交织，突发事件应对趋于敏感、复杂，处置不当可能催生政治安全风险，影响国家安全。突发事件应对，既需要运筹帷幄也需要令行禁止，必须通过集中统一、高效权威的领导体制来实现对突发事件应对工作的领导。2018年，在深化党和国家机构改革中，党中央决定组建应急管理部，目的就是更好地适应我国公共安全面临的新形势和新任务，建立集中统一、高效权威的国家突发事件应对工作领导体制，加强对应急管理工作的领导。应急管理机构改革以来，我国应急管理事业取得了重要阶段性成果，这些改革成果需要及时在法律层面得到确认和巩固，以利于机构改革"红利"的释放。

党的十九届四中全会通过的《中共中央关于坚持和完善中国特色社会主义制度 推进国家治理体系和治理能力现代化若干重大问题的决定》提出，"必须加强和创新社会治理，完善党委领导、政府负责、民主协商、社会协同、公众参与、法治保障、科技支撑的社会治理体系，建设人人有责、人人尽责、人人享有的社会治理共同体，确保人民安居乐业、社会安定有序，建设更高水平的平安中国"。这一要求，体现了党领导下多方参与、共同治理的理念，是社会治理理念、治理体制和治理方式的一次重大创新。应急管理是国家治理体系和治理能力的重要组成部分，只有坚持党领导下的多方参与、共同治理，发挥政府、市场、社会等多元主体的协同协作、互动互补、相辅相成作用，才能形成突发事件应对和社会治理的合力。实践充分证明，要打赢像新冠疫情防控这样的"战争"，只有在党中央集中统一领导下才能最大限度地调动各方力量，综合运用科技等各种手段，充分发挥集中力量办大事的社会主义制度优势。

突发事件应对工作具有特殊性，它基于维护公共利益的需要，赋予公权力更多的行政手段，甚至采取一些"硬核"的应对方法。在突发事件应对过程中，除了鼓励和支持社会各方面积极参与外，关键是充分发挥党委领导作用和政府主导作用，尤其要明确政府在突发事件应对中的组织管理职能和协调配合要求。需要指出的是，军队是应对突发事件的主力军，在非战争军事行动领域发挥着越来越重要的作用。早在2006年，经中央军委批准颁布实施的《军队处置突发事件总体应急预案》就明确了军队处置突发事件行动的五项基本任务（参与处置重大恐怖破坏事件、处置军事冲突突发事件、参加地方抢险救灾、协助地方维护社会稳定、参与处置突发公共安全事件）。实践证明，军地联合应对各类突发事件已成为新形势下政府和军队均需强化的一项全新职能，也成为我军新时代的使命任务之一。通过立法建立军地联合应对突发事件的高效运行机制，提升军地联合应对突发事件的能力水平，已是当前一项紧迫而重要的任务。总结处置重大突发事件军地联合行动的经验，结合我国现行应急管理体制，军地联合应对突发事件在本次立法中予以明确，一方面做到"师出有名"，另一方面以制度文明彰显"人民军队为人民"的价值理念[①]。

> **第五条** 突发事件应对工作应当坚持总体国家安全观，统筹发展与安全；坚持人民至上、生命至上；坚持依法科学应对，尊重和保障人权；坚持预防为主、预防与应急相结合。

◆ **条文主旨**

本条是关于突发事件应对工作原则的规定。

◆ **修改提示**

与 2007 年《中华人民共和国突发事件应对法》第五条相比，本次修改内容如下：增加"坚持总体国家安全观，统筹发展与安全；坚持人民至上、生命至上；坚持依法科学应对，尊重和保障人权"的规定。

◆ **条文解读**

一、坚持总体国家安全观，统筹发展与安全

国家安全是安邦定国的重要基石，维护国家安全是全国各族人

---

① 成义敏：《军地联合应对突发事件的立法展望》，中国社会科学报，2020 年 11 月 5 日。

民根本利益所在。党的十八大以来，以习近平同志为核心的党中央高度重视国家安全工作，党的十八届三中全会提出要完善国家安全体制和国家安全战略，党的十八届四中全会提出关于"构建国家安全法律制度体系"的要求，党的十九大将坚持总体国家安全观纳入新时代坚持和发展中国特色社会主义基本方略并写入党章。习近平总书记提出的总体国家安全观，要求我们既要高度重视发展问题又要高度重视安全问题，既要重视外部安全又要重视内部安全，既要重视国土安全又要重视国民安全，既要重视传统安全又要重视非传统安全，既要重视自身安全又要重视共同安全，构建集政治安全、国土安全、军事安全、经济安全、文化安全、社会安全、科技安全、信息安全、生态安全、资源安全、核安全、海外利益安全等于一体的国家安全体系。国家安全法治是中国特色社会主义法治体系的重要组成部分。按照总体国家安全观的要求，为适应我国维护国家安全的新形势新要求，健全国家安全法律制度体系十分必要。目前，我国已制定出台统领国家安全各领域的综合性法律——《中华人民共和国国家安全法》，为建立健全各领域国家安全法律制度提供了总纲。

突发事件应对事关国家长治久安，历来是国家安全的重要领域。当前，我国仍面临着诸多重大安全风险挑战：安全生产仍处于爬坡过坎期，各类事故给人民群众安全感造成严重冲击；自然灾害仍处于易发多发期，每年全国受灾人口和直接经济损失依然很重。传统安全和非传统安全风险交织叠加，对有效防范化解破坏新安全格局的系统性安全风险提出了新课题。贯彻总体国家安全观，构建大安全格局，需要把国家发展建立在更为安全更为可靠的基础之上。党的十八大以来，习近平总书记高度重视统筹做好发展和安全两件大事，强调"坚持统筹发展和安全，坚持发展和安全并重，实现高质量发展和高水平安全的良性互动"，为妥善应对和化解各种国内外风险挑战，打好化险为夷、转危为机的战略主动战提供了根本遵循和行动指南。在此背景下，本法将坚持总体国家安全观作为突发事件应对工作原则，将党中央确定的统筹发展和安全重大原则落到实处，标志着维护国家安全的法律体系实现了由制度总纲到实施细则的进一步延伸，这是适应经济社会发展需要的。

二、坚持人民至上、生命至上

习近平总书记指出，人民是历史的创造者，是决定党和国家前途命运的根本力量。坚持以人民为中心，是我们党的根本政治立场，是习近平新时代中国特色社会主义思想的鲜明特色和核心要义，反映了坚持人民主体地位的内在要求，彰显了人民至上的价值取向。党的十九届五中全会立足于建设更高水平的平安中国，统筹发展和安全两件大事，强调坚持人民至上、生命至上，把保护人民生命安全摆在首位，全面提高公共安全保障能力。《中华人民共和国国民经济和社会发展第十四个五年规划和 2035 年远景目标纲要》对全面提高公共安全保障能力作出部署，强调坚持人民至上、生命至上，健全公共安全体制机制，严格落实公共安全责任和管理制度，保障人民生命安全。国务院印发的《"十四五"国家应急体系规划》亦明确要求，坚持人民至上、生命至上，坚决遏制重特大事故，最大限度降低灾害事故损失，全力保护人民群众生命财产安全和维护社会稳定。保障人民生命安全，关键要加快构建公共安全法律制度体系。本法以法律形式确立了人民至上、生命至上理念在应急管理中的重要地位，明确了突发事件应对工作坚持人民至上、生命至上的总要求，必将进一步发挥法律的规范、引领、推动、保障作用，为在法治轨道上更好地维护人民生命安全提供制度保证。

三、坚持依法科学应对，尊重和保障人权

近代社会以来，法律成为社会治理的主要手段，实行国家治理法治化，是现代国家进行社会治理的历史趋势和普遍经验。突发事件的发生，意味着常态社会秩序被打破。应对突发事件，效率非常关键。近年来，我国突发事件应对在工作体制、法律制度、观念和能力上虽都有显著提升，但也存在着一定的短板。重大突发事件应对的实践充分表明，一套科学有效的制度规范既可保证应急处置工作的有序、高效开展，又能从根本上规范权力的运用。

本条规定突发事件应对工作应当坚持依法科学应对，主要是针对公权力机关而言的，其基本要求是行政应急权的行使必须有明确的法律依据，必须严格按照法律规定的程序和方式进行，即"法无授权不可为，法定职责必须为"。尽管突发事件依法应对的框架已经初步具备，但应急法治建设毕竟是一项系统工程，涉及立法、执法、司法和守法等不同的环节。《法治中国建设规划（2020—2025年)》明确提出，依法实施应急处置措施。这不仅要求行政机关必须首先服从法律的约束，还意味着人民要服从法律，但人民服从法律必须建立在尊重和保障人权的基础上。这也是由人民性是中国特色社会主义法治的根本属性所决定的。"尊重和保障人权"作为一项宪法原则，强调采取的应急处置措施不能突破人道主义底线，避免对公民权利的过分限缩，防范应急状态下出现社会失序。这就要求构建系统完备、科学规范、运行有效的应急管理法律体系，为突发事件发生后有条不紊地进行处置提供成熟方案。"尊重和保障人权"，还意味着要健全应急救助体系，提升自然灾害防御工程标准，加强应急物资保障体系建设，提高应急救助水平和物资保障能力。

四、坚持预防为主、预防与应急相结合

古人云，"居安而念危，则终不危；操治而虑乱，则终不乱"。预防原则，又称为风险预防原则，是指通过一定措施尽可能排除、降低风险，预防在危险阈以下阶段发生有害影响①。预防原则目前已成为国际社会普遍接受的处理危机事件的基本准则。《国务院关于全面加强应急管理工作的意见》将预防为主作为应急管理的指导思想和工作要求加以部署。坚持预防为主，是由突发事件应对工作的规律和特点决定的。从应急管理的全生命周期看，预防是第一个阶段，也是至关重要的一个环节。突发事件的发生总体上来说是一种可能性，只要认识上有预见、工作上有防范，可能性就难以转化为必然性。因此，对于突发事件应对工作而言，重心不应放在突发事件发生后再去采取应对措施上，而是要谋事在先，尊重科学，探索规律，采取有效的事前控制措施，千方百计预防或者控制突发事件的发生，做到防患于未然。虽然人类在生产活动中还不可能完全杜绝突发事故的发生，但只要高度重视，预防措施得当，绝大部分突发事件特别是事故灾难是可以避免的。这也是被国内外实践反复证明的一条行之有效的经验。党的十八大以来，以习近平同志为核心的党中央始终坚持以人民为中心的发展理念，在总结历史经验的基础上，着眼中国特色防灾减灾救灾工作新实践，强调要坚持以防为主、防抗救相结合，坚持常态减灾和非常态救灾相统一，努力实现从注重灾后救助向注重灾前预防转变，从应对单一灾种向综合减灾转变，从减少灾害损失向减轻灾害风险转变，全面提升全社会抵御自然灾害的综合防范能力。这是我国防灾减灾救灾理论和实践的升华，是做好新时代防灾减灾工作的行动指南。在新时代防灾减

---

① 王贵松：《风险行政的预防原则》，比较法研究，2021 年第 1 期。

灾救灾新思想的指引下，本法总结和吸收国内外成功经验，规定突发事件应对工作从预防抓起，将有益于防灾减灾的各项措施以法律形式固定下来，实现早排查、早发现、早预警、早处置，这也是防灾减灾理念的法制化体现。同时，本法强调预防与应急相结合，意在强调常态预防与非常态应急处置的结合。一方面，日常工作要做到关口前移，同时预防要具有针对性、实效性，能够在突发事件发生时顺利"切换"；另一方面，面对大自然的不可抗力，人类仍然没有有效手段阻止重大自然灾害的发生。因此在强化预防工作的同时，必须做好各项应急准备，坚持以防为主、防抗救相结合。

第六条 国家建立有效的社会动员机制，组织动员企业事业单位、社会组织、志愿者等各方力量依法有序参与突发事件应对工作，增强全民的公共安全和防范风险的意识，提高全社会的避险救助能力。

◆ 条文主旨

本条是关于突发事件应对社会动员机制的规定。

◆ 修改提示

与 2007 年《中华人民共和国突发事件应对法》第六条相比，本次修改内容如下：增加"组织动员企业事业单位、社会组织、志愿者等各方力量依法有序参与突发事件应对工作"的规定。

◆ 条文解读

"动员"一词最初是一个军事用语，主要是"做好战争准备""进行战备"的意思。随着时代的发展，该词被广泛应用于非军事领域。现在，"动员"作为一种工作方法，一般是指为了实现特定目标而进行的宣传、号召、发动和组织工作。动员有社会动员、政治动员等。社会动员一般是指为了实现特定目的，通过各种形式的高强度的宣传、发动、组织工作，以促使特定对象形成或者改变一定的价值观念、态度与期望，从而产生持续性的参与行为或者其他预期行为的过程①。社会动员是中国共产党治国理政的重要方式。党领导革命、建设和改革的历史，可以说是一部成功进行社会动员的奋斗史。一百多年来，中国共产党正是借助多样化的社会动员方式，充分发动了人民群众，领导中国人民迎来了从站起来、富起来到强起来的伟大飞跃。党的十八大以来，我国坚持总体国家安全观，积极推进包括突发事件应对在内的公共安全治理，打造共建共治共享的社会治理格局。社会治理有赖于社会成员的广泛参与，最终实现政府和社会的良性互动。与国家常态治理相比，社会动员以非常规方式参与国家治理，它具有柔性、复合等特征，有利于克服常态治理的"短板"，是把游离在国家治理之外的社会动员内化为现代国家治理和应对突发事件的有效手段②。从国际经验来看，世界上大多数国家对动员社会力量参与应急管理工作都高度重视，纷纷通过吸纳和动员各种社会力量，调整和整合各种社会资源，共同应对和处置突发事件。我国应急管理的历史和实践也说明，社会动员是整合、协调、引导各种社会资源和社会力量，有效应对突发事件，维护公共安全的重要保障。党中央、国务院对应急社会动员高度重视，将其作为加强应急体系和能力建设的一项重要内容加以统筹部署。2016年，《中共中央 国务院关于推进防灾减灾救灾体制机制改革的意见》明确提出，充分发挥主要灾种防灾减灾救灾指

---

① 龙太江：《从"对社会动员"到"由社会动员"——危机管理中的动员问题》，政治与法律，2005年第2期。

② 周邵年：《社会动员"嵌入"国家治理的实践逻辑》，江淮论坛，2021年第4期。

挥机构的防范部署和应急指挥作用，充分发挥中央有关部门和军队、武警部队在监测预警、能力建设、应急保障、抢险救援、医疗防疫、恢复重建、社会动员等方面的职能作用。国务院办公厅印发的《国家综合防灾减灾规划（2016—2020 年)》要求建立风险防范、灾后救助、损失评估、恢复重建和社会动员等长效机制。

从实际工作看，社会组织、志愿者等各类社会力量发展迅速。中国社会科学院大学与社会科学文献出版社发布的《社会组织蓝皮书：中国社会组织报告（2023)》显示，截至 2022 年底，我国共有 89.13 万个社会组织，其中社会团体 37.01 万个，民办非企业单位 51.19 万个，基金会共 9319 个①。近年来，社会力量凭借其灵活机动性、技能丰富性等优势，对政府应急管理发挥了重要补充作用。但是，由于应急社会参与机制尚不健全，部分社会组织和志愿者等社会力量参与突发事件应对过程中暴露出一些不容忽视的问题。比如，在 2010 年青海玉树“4·14”地震应急救援中，大量志愿者涌向玉树，使玉树州府结古镇堵车 50 公里，影响专业队伍的应急救援和救灾物资运输。又如，北京某基金会作为新冠疫情初期的“明星机构”，在启动项目后仅一周就筹集到 1.4 亿元善款，随后就遭到“虚假宣传”“挪用善款进行投资”“添加购买物资”等质疑，引起一轮舆论风波，该基金会也早早暂停接收公众捐赠，直到北京市民政局通报调查结果，对该基金会的抗疫工作予以肯定和支持，事件才告一段落。

国外发达国家社会动员机制建设的共同经验是，通过立法把社会力量纳入政府应急管理体系，依法明确社会力量参与应急管理的条件、范围、程序和必要的保障制度。为建立完善社会力量参与突

---

① 《我国共有 89.13 万个社会组织　慈善组织总量增速放缓》，https：//k.sina. com. cn/article_1881124713_701faf69020017mas. html，访问日期：2024 年 6 月 16 日。

发事件应对工作机制，明确社会动员的主体、权利和责任，本法规定"国家建立有效的社会动员机制，组织动员企业事业单位、社会组织、志愿者等各方力量依法有序参与突发事件应对工作，增强全民的公共安全和防范风险的意识，提高全社会的避险救助能力"。建立社会动员机制的主要目的主要有两个：一是增强全民的公共安全和防范风险的意识；二是提高全社会的避险救助能力。公共安全和防范风险意识是突发事件应对的社会基础。提高全民的公共安全和防范风险意识，关键是广泛开展应急知识的宣传和应急预案的演练活动，全面普及预防、避险、自救、互救、减灾等知识和技能，使其了解各种灾害事故发生发展的过程，掌握一定的自我保护方法，提高全社会的避险救助能力。

需要注意的是，这里的"依法"，既包括依照本法以及有关应急管理的法律法规，还包括依照规范社会力量行为的专门法律规范，如《社会团体登记管理条例》《志愿服务条例》等；"有序"，强调社会力量参与突发事件应对要服从管理和指挥，在事发地政府指挥机构或应急管理部门统一指挥调度下，有序参与突发事件应对工作。有关部门也在制定完善相关政策标准，强化对社会应急力量的监督管理和行业指导。

第七条 国家建立健全突发事件信息发布制度。有关人民政府和部门应当及时向社会公布突发事件相关信息和有关突发事件应对的决定、命令、措施等信息。

任何单位和个人不得编造、故意传播有关突发事件的虚假信息。有关人民政府和部门发现影响或者可能影响社会稳定、扰乱社会和经济管理秩序的虚假或者不完整信息的，应当及时发布准确的信息予以澄清。

◆ **条文主旨**

本条是关于突发事件信息发布制度的规定。

◆ **修改要点**

与 2007 年《中华人民共和国突发事件应对法》第十条和第五十四条相比，本次修改内容如下：

1. 增加"国家建立健全突发事件信息发布制度"的规定。

2. 增加"有关人民政府和部门发现影响或者可能影响社会稳定、扰乱社会和经济管理秩序的虚假或者不完整信息的，应当及时发布准确的信息予以澄清"的规定。

◆ **条文解读**

阳光是最好的防腐剂。信息公开是社会公众了解应急管理体系及突发事件应对活动的重要途径，也是展现政府应急管理过程及结果的重要方式，对于保障政府依法行政、推进应急管理体系和能力现代化具有重要意义。《政府信息公开条例》明确规定，行政机关公开政府信息，应当坚持以公开为常态、不公开为例外，遵循公正、公平、合法、便民的原则。因此，本条对突发事件信息公开作了规定，有关人民政府和部门等应当按照本条规定发布突发事件应对信息，做好信息公开。

一、国家建立健全突发事件信息发布制度

2003 年"非典"疫情后，我国开始了突发事件信息公开制度建设，相关部门制定了《环境信息公开办法（试行）》《安全生产监管监察部门信息公开办法》《食品药品安全监管信息公开管理办法》《核安全信息公开办法》等专门规定。总体上看，我国突发事件信息发布制度还不够健全，也不是很系统，比较分散。我国政府信息公开的综合性法规——《政府信息公开条例》仅原则规定突发事件的应急预案、预警信息及应对情况属于应当予以公开的政府信息；突发事件应对的专门法律规范如《中华人民共和国传染病防治法》《突发公共卫生事件应急条例》《生产安全事故报告和调查处理条例》等，虽然都规定了突发事件信息公开要及时、准确、全面，但很多情况下政府难以在第一时间准确掌握并公布相关信息，信息公开的及时性和准确性成为突发事件处置过程中一对难以调和的矛盾。中共中央、国务院印发的《法治政府建设实施纲要（2021—2025年）》明确规定，加强突发事件信息公开和危机沟通，完善公共舆情应对机制。因此，国家有必要建立健全突发事件信息发布制度。

二、有关人民政府和部门及时向社会公布突发事件信息

政府是突发事件信息公开的责任主体。中共中央办公厅、国务院办公厅印发的《关于全面推进政务公开工作的意见》规定，对涉及本地区本部门的重要政务舆情、媒体关切、突发事件等热点问题，要按程序及时发布权威信息，讲清事实真相、政策措施以及处置结果等，认真回应关切。从公开内容上看，突发事件政府信息公开的范围既包括突发事件本身的相关信息，也包括政府在突发事件应急处置中所产生的相关信息。突发事件信息公开肩负社会监督与权利保障双重职能，及时向社会公布突发事件信息，一方面可方便行政相对人参与到应急决策和执行过程中来，使社会公众有途径和渠道发挥监督作用，进而提升对突发事件应对措施的认同感；另一方面可以防止谣言和猜测的产生和传播，有助于树立政府的公信力。政府对突发事件相关信息进行公开，本质上是在与公众进行风险沟通。需要注意的是，本条特别强调信息公开要及时。对信息公开的及时性要求，是由信息时效性所决定的。"及时"，就是要第一时间把准确的、最新的信息传递给社会公众，有效引导舆论。在互联网高度发达的今天，如果政府不能第一时间发布权威信息，网络上未经验证的"小道消息"就会不胫而走，不仅容易混淆视听，甚至可能引发公众恐慌。因此，对于突发事件信息公开而言，及时性是第一位的要求。信息公开的主要内容包括突发事件的类别、性质、起始时间、影响范围、应急措施、动态发展情况以及处理结果等。

三、禁止任何单位和个人编造、故意传播有关突发事件的虚假信息

为保证突发事件信息传播的公正性和透明度，对编造、故意传播有关突发事件虚假信息或者误导性信息的行为，本条第二款明确规定予以禁止。适用这一规定，需要把握以下两点：（1）禁止的对象是"任何单位和个人"。一般而言，相关法律法规主要禁止国家工作人员和传播媒介从业人员编造、故意传播虚假信息，因为这类主体具有较强的社会影响力，如果编造、故意传播虚假信息，将会对应急管理秩序造成不良影响。近年来，随着微信、微博等自媒体的发展，出现了一批有较大影响力的自然人、法人、非法人组织（如俗称的"网络大 V"等），这些主体没有统一的身份特征，但如果编造、故意传播虚假信息、误导性信息，也可能扰乱突发事件应对工作，因此有必要对其予以禁止。（2）禁止的行为包括编造、故意传播有关突发事件的虚假信息。如编造的虚假险情、疫情、灾情、警情在信息网络或者其他媒体上传播，或者明知是虚假信息仍故意在信息网络或者其他媒体上传播，行为人的目的主要是为了引起一定的社会效应。另外，本条不但禁止"编造"虚假信息，而且禁止"故意传播"虚假信息。传播虚假信息的途径和手段很多，

如在报刊、电台、电视台等传统媒体上发布，在人数众多的公开场合发布，在网站、社交通信平台等电子网络媒体上发布，或者形式上通过传真、短信、电子信箱、电话、软件等工具点对点发送但实质上向社会公众发送。

对于有关人民政府和部门而言，一旦发现影响或者可能影响社会稳定、扰乱社会和经济管理秩序的虚假或者不完整信息的，要及时予以处理：一是了解事实，认真调查有关情况，确认故意散布或传播的突发事件信息是否属实；二是消除影响，即采取适当方式向知悉不实情况的社会公众及时通报真实情况，防止虚假信息或者断章取义、仅陈述部分事实、容易引发错误联想的误导性信息继续扩散。同时，依照本法法律责任部分的相关规定，追究有关人员的法律责任。

第八条　国家建立健全突发事件新闻采访报道制度。有关人民政府和部门应当做好新闻媒体服务引导工作，支持新闻媒体开展采访报道和舆论监督。

新闻媒体采访报道突发事件应当及时、准确、客观、公正。

新闻媒体应当开展突发事件应对法律法规、预防与应急、自救与互救知识等的公益宣传。

◆ **条文主旨**

本条是关于突发事件新闻采访报道制度的规定。

◆ **修改要点**

与2007年《中华人民共和国突发事件应对法》第二十九条第三款相比，本次修改内容如下：新增"国家建立健全突发事件新闻采访报道制度。有关人民政府和部门应当做好新闻媒体服务引导工作，支持新闻媒体开展采访报道和舆论监督。新闻媒体采访报道应当及时、准确、客观、公正"的规定。

◆ **核心概念**

公益宣传，是指以促进公益事业发展、增进公共福利为目的进行的宣传活动，具有自愿性、非盈利性、社会性等典型特征。

◆ **条文解读**

突发事件新闻采访报道是应急管理工作的重要组成部分。在突发事件发生初期，往往信息匮乏和信息爆炸并存，要赢得主动权，必须"先声夺人"。作为突发事件信息的深度传播者和社会舆论的重要引领者，新闻媒体已经成为突发事件应对中的一支独特力量。进一步做好应急状态下的新闻宣传和舆论引导，增强全社会的公共安全意识和突发事件的应对处置能力，及时正确引导舆论，为应急管理改革发展营造良好氛围，十分紧迫而重要。

一、国家建立健全突发事件新闻采访报道制度

新闻媒体既是公共安全治理的重要资源，又是整合公共安全治理资源的重要工具之一，在公共安全治理网络中处于枢纽地位。利用新闻媒体尤其是新媒体进行信息传播已经成为突发事件危机处理的一种重要方式。因此，有必要建立健全突发事件新闻采访报道制度。国务院印发的《"十四五"国家应急体系规划》明确提出，做好应急状态下的新闻宣传和舆论引导，主动回应社会关切。建立健全突发事件新闻采访报道制度，关键是以制度化的措施保障好新闻媒体采访报道突发事件的合法权益。个别地方突发事件应对的实践表明，缺乏新闻媒体的及时报道和有效监督，应急处置工作很容易

"走样"。为依法支持新闻媒体采访报道突发事件，本条第一款明确规定，有关人民政府和部门应当做好新闻媒体服务引导工作，支持新闻媒体开展采访报道和舆论监督。这也向全社会传递出了加强突发事件应对新闻报道、舆论监督的强烈信号。

二、突发事件新闻采访报道应当及时、准确、客观、公正

一段时期，一些新闻媒体出现严重失实报道，个别采编人员炮制虚假新闻，一些报刊转载未经核实的报道，造成恶劣的社会影响，严重影响了正常的社会生产生活秩序。为此，中央宣传部等九部门联合开展打击新闻敲诈和假新闻专项行动，曝光了一批新闻单位和记者违法违规案件，进一步规范新闻传播秩序。新闻媒体应当通过及时、准确、客观、公正的新闻报道，为公众提供全面、有价值的信息，推动社会的进步与发展。"及时"，就是注重时效，对突发事件迅速发声，掌握主动权和话语权；"准确"，就是新闻报道中突发事件的时间、地点、人物以及原因和经过都必须经得起事实的检验；"客观"，就是用事实说话，真实地报道突发事件事实，不隐瞒、不夸大、不歪曲，通过事实本身的力量来说服人、引导人；"公正"，就是站在最广大人民根本利益的立场，公正无私地报道突发事件应对事实和发表评论，对人民负责，对社会负责。新闻采访报道单位及其采编人员从事新闻采访活动，应牢牢把握正确舆论导向，坚持团结稳定鼓劲、正面宣传为主的方针，切实维护国家利益和社会公共利益。要完善新闻采编管理制度，认真核实报道的基本事实，确保报道的新闻要素准确无误，不得编发未经核实的信息，不得刊载未经核实的来稿，不得徇私隐匿应报道的新闻事实。

三、新闻媒体广泛开展丰富多样的公益宣传和舆论监督

突发事件应对是全社会关注的热点，新闻媒体作为社会舆论的

重要引领者、传播者和推动者，已经成为公共安全社会共治中的重要力量。按照本条的要求，开展突发事件应对的公益宣传和舆论监督，是新闻媒体在应急管理社会共治方面应承担的两项重要社会责任。公益宣传和舆论监督是统一的，二者都服务于国家治理的实践需要。对此，有关人民政府和部门应当予以支持。

1. **开展公益宣传**。电视台、广播电台、报纸、互联网等新闻媒体受众广、传播速度快、信息量大、社会影响深远，是开展突发事件应对宣传的重要力量。新闻媒体应当发挥其自身优势，以群众喜闻乐见、寓教于乐的形式（如开设以案说法专栏、制作应急管理科普宣传片和公益广告、邀请专家开设应急知识讲座等），开展突发事件应对法律、法规、标准和知识的公益宣传。宣传普及的内容主要包括：（1）突发事件应对法律法规。结合普法、依法行政等宣传活动，广泛宣传本法以及与应急管理相关的法律法规，如《中华人民共和国国家安全法》《中华人民共和国传染病防治法》《中华人民共和国安全生产法》《突发公共卫生事件应急条例》《生产安全事故应急条例》等法律法规的重大意义、立法宗旨、主要内容和贯彻实施要求等。（2）预防与应急知识。按照灾前、灾中、灾后的不同情况，分类宣传普及应急知识。灾前教育以了解突发事件的种类、特点和危害为重点，掌握预防、避险的基本技能；灾中教育以自救、互救知识为重点，普及基本逃生手段和防护措施，告知公众在事发后的第一时间如何迅速做出反应，如何开展自救、互救；灾后教育以经历过突发事件的公众为重点，抚平心理创伤，恢复正常社会生产生活秩序。（3）应急预案。以国家总体应急预案为核心，做好各类应急预案的宣传和解读工作。特别要注重对基层一线和社会公众的宣传教育，使社会公众和生产经营单位职工了解、掌握自身所涉及应急预案的核心内容，增强应急意识、提升自救互救能力。（4）突发事件应对典型案例。通过介绍国内外应对突发事件的正反两方面案例，剖析公众在遭遇突发事件时，临危不乱、灵活运用自救互救知识配合政府救援、减少人员伤亡的正确做法，增强公众"思危有备，有备无患"的忧患意识和法制意识，提高公众应对突发事件的综合素质。需要注意的是，公益宣传不能收取任何费用。

2. **实施舆论监督**。新闻媒体监督是现代传播条件下舆论监督的主要形式和重要力量。对突发事件应对工作中的违法行为，新闻媒体应当勇于揭露和曝光，保证公众的知情权和监督权。近年来，不少公共安全事件都是新闻媒体率先曝光，并迅速引起监管部门的高度重视的。比如，2012年的老酸奶"工业明胶"事件、2013年的昆明东川"牛奶河"事件、2021年的河北武安铁矿瞒报事故。新闻媒体在曝光公共安全事件方面发挥了不可替代的作用。应当指出的是，新闻媒体报道突发事件，应当真实、公正，不能编造、散布虚假的信息，也不能以偏概全、蓄意炒作、制造事端，这是媒体应履行的社会责任。

第九条 国家建立突发事件应对工作投诉、举报制度，公布统一的投诉、举报方式。

对于不履行或者不正确履行突发事件应对工作职责的行为，任何单位和个人有权向有关人民政府和部门投诉、举报。

接到投诉、举报的人民政府和部门应当依照规定立即组织调查处理，并将调查处理结果以适当方式告知投诉人、举报人；投诉、举报事项不属于其职责的，应对及时移送有关机关处理。

有关人民政府和部门对投诉人、举报人的相关信息应当予以保密，保护投诉人、举报人的合法权益。

◆ **条文主旨**

本条是关于突发事件投诉、举报制度的规定。

◆ **修改要点**

本条为新增条款。

◆ **核心概念**

投诉、举报，是指公民、法人或者其他组织认为突发事件应对工作中存在违法或者不当行为，依法向政府或者有关部门提出的申诉、控告、检举并要求其依法处理等行为的总称。

◆ **条文解读**

与突发事件应对工作中的违法行为作斗争，不仅要有专门的队伍，而且还必须发动社会各方面的力量，依靠广大群众，因此有必要建立投诉、举报制度，这是推进公共安全社会监督的一种重要方式。

一、国家建立突发事件应对工作投诉、举报制度

公众参与、社会监督是突发事件应对最重要的特征，也是本法、其他法律法规以及党中央、国务院有关文件明确确立的一项基本工作原则。党的十八大以来，国家着眼于构建公共安全治理体系，强调发挥社会监督作用。目前，食品安全、安全生产、生态环境等领域已探索制定了投诉、举报制度，但是发展不平衡、受理及回应机制不健全、公众参与意识欠缺、职业举报兴起等问题凸显。对此，国务院于 2019 年下发的《关于加强和规范事中事后监管的指导意见》明确要求，建立"吹哨人"、内部举报人等制度，对举报严重违法违规行为和重大风险隐患的有功人员予以重奖和严格保护。畅通群众监督渠道，整合优化政府投诉举报平台功能，力争做到"一号响应"。依法规范牟利性"打假"和索赔行为。另外，为了方便相关人员投诉、举报，本条特别规定有关部门要公布统一的投诉、举报方式，包括举报电话、信箱或者电子邮件地址。目前，应急管理部门建立了安全生产投诉、举报制度，开通了"12350"举报投诉电话。"12350"举报投诉电话是全国统一的安全生产举报投诉特服电话号码，专门接受安全生产事项举报投诉。

二、畅通投诉、举报渠道，依法保护举报人的合法权益

社会监督是为了发现问题、解决问题。投诉、举报作为问题线索"主渠道"，在发现问题上具有天然优势。只有投诉、举报渠道畅通，才能充分调动社会监督的积极性，为源头预防和有效应对突发事件提供动力。党的十八大以来，各级政府及其有关部门按照"属地管理、分级负责、便民高效、有错必纠"的原则，积极畅通信访举报渠道，为群众反映问题提供了便利条件，但也存在推诿搪塞、有案不立、有报不查、久拖不决等问题，挫伤了群众参与的积极性。中共中央在《建立健全教育、制度、监督并重的惩治和预防腐败体系实施纲要》中强调，要"建立健全受理群众举报违纪违法行为的工作机制，及时处理群众反映的问题"。健全受理群众举报违纪违法行为的工作机制，关键是建立完善工作责任制，形成职责明确、流程清晰、规范有序的投诉、举报办理机制。为此，本条第三款规定，"接到投诉、举报的人民政府和部门应当依照规定立即组织调查处理，并将调查处理结果以适当方式告知投诉人、举报人；投诉、举报事项不属于其职责的，应对及时移送有关机关处理。这里的"依照规定"，主要是考虑到突发事件实行分类分级管理，投诉、举报的渠道，受理的部门以及办理时限等有不同要求。

比如，针对安全生产的举报，应急管理部专门制定了《关于进一步加强安全生产举报工作的指导意见》，详细规定了"安全生产举报系统"、举报接收和交办转办机制、核查处理等内容，有关重大事故隐患和安全生产违法行为的投诉、举报，应当按照上述规定予以办理。

同时，本条还规定了调查处理结果反馈和对投诉人、举报人合法权益保护的要求。要求投诉、举报的受理部门应当按照相关法律法规规定，强化举报核查，根据核查结果，按照职责分工依法依规处理，并将处理结果以适当方式告知投诉人、举报人，及时解决和回应公众关切。此外，突发事件应对投诉、举报工作不顺畅，尚未形成社会监督的浓厚氛围的一个重要原因是，举报人担心身份暴露遭到打击和报复，不愿监督、不敢监督。因此，从法律上明确保护投诉人、举报人的合法权益十分必要。按照本条第四款要求，坚持便民、保密、公正的原则，一方面，完善举报案件的受理和查处程序特别是保密制度，依法保护举报人的个人隐私和人身安全；另一方面，完善对报复陷害举报人的行为进行处理的法律规定，为举报人提供法律救济渠道和保护手段。

第十条 突发事件应对措施应当与突发事件可能造成的社会危害的性质、程度和范围相适应；有多种措施可供选择的，应当选择有利于最大程度地保护公民、法人和其他组织权益，且对他人权益损害和生态环境影响较小的措施，并根据情况变化及时调整，做到科学、精准、有效。

◆ 条文主旨

本条是关于突发事件应对措施遵循比例原则的规定。

◆ 修改要点

与 2007 年《中华人民共和国突发事件应对法》第十一条第一款相比，本次修改内容如下：

1. 增加采取的应对措施应是"对他人权益损害和生态环境影响较小的措施"。

2. 增加"并根据情况变化及时调整，做到科学、精准、有效"的规定。

◆ 核心概念

比例原则，也称禁止过度原则、行政适度原则、均衡原则等，是指行政机关在采取某项措施时，必须权衡公共利益目标的实现和个人或组织合法权益的保障，若为了实现公共利益目标而可能采取对个人或组织权益不利的措施时，应当将不利影响限制在尽可能小的范围和限度之内，而且要保持二者之间适度的比例①。

◆ 条文解读

突发事件应对措施遵循比例原则，已成为许多国家立法或司法实践中的一项重要基本原则。比如，《中华人民共和国行政处罚法》第五条第二款规定，设定和实施行政处罚必须以事实为依据，与违法行为的事实、性质、情节以及社会危害程度相当。

在对公民权利限制最严的应急领域，比例原则的确立及实施意义尤为重大，其本质是在授予行政机关充分权力的同时，坚持对公民、法人或者其他组织造成最小侵害。突发事件应对措施与应急响

---

① 罗豪才，湛中乐：《行政法学（第四版）》，北京大学出版社，2016 年版，第 34 页。

应紧密关联，不同类型的突发事件可能造成的社会危害的性质、程度和范围不同，应当由不同级别的政府或者部门采取不同级别的应急响应措施，不能小题大做，更不能为了化解危机不择手段。本条规定的基本含义，可以从以下几个方面理解：

其一，行政机关对行政相对人采取的应急措施，比如公共传染病疫情防控中要求外地返乡人员必须实行 14 天的集中医学观察这类措施，必须能够实现或者有助于实现保障公共利益的总体目的。

其二，应急措施及其实施范围，属于行政机关自由裁量权的范围，但这并不意味着行政机关可以随心所欲、主观臆断，而应当根据常识、惯例、多数人的看法加以判断和掌握。若是存在可供选择的多种应急措施，行政机关拟采取的措施应是对行政相对人合法权益造成损害最小的措施。

其三，在一定应急响应级别下，应急主体和应急措施范围具有相对固定性，一旦突发事件发生变化或者出现新的情况，要及时调整应急措施，以提高突发事件应对的科学性、有效性和精准性。

其四，行政机关采取的应急措施与维护公共利益的目的是呈比例关系的，总体上应当相称。这意味着，虽然政府应急权的行使基于损害较小利益保全更大利益的立法考量而具有合法性，但是也不能越权、恣意限制与剥夺公民权利。特别是在有替代手段、方法或途径选择时，应选择对行政相对人损害最小的手段、方法或途径。

第十一条 国家在突发事件应对工作中，应当给予未成年人、老年人、残疾人、孕产期和哺乳期的妇女、需要及时就医的伤病人员等群体给予特殊、优先保护。

◆ 条文主旨

本条是关于突发事件应对工作中特殊群体保护的规定。

◆ 修改要点

本条为新增条款。

◆ 条文解读

未成年人、老年人、残疾人、孕产期和哺乳期的妇女、需要及时就医的伤病人员等群体，由于其年龄、心理、生理等原因，可能在社会生活中处于弱势地位，有必要对这部分群体实行特殊、优先保护。这是因为：

其一，对弱势群体的权益进行特殊保护，是联合国一贯倡导推行的基本制度。联合国及相关国际组织积极推动特殊群体法律与权益保护制度的建立，主要针对的是国际社会所普遍接受的生存权、受保护权、发展权及参与权等权利。1989 年联合国《儿童权利公约》明确规定，儿童有权获得最好的卫生保健、清洁的饮用水、健康的食物，并且在安全卫生的环境中生活。各国政府应尽最大努力确保儿童的生存与发展。

其二，我国历来重视对未成年人、老年人、残疾人、妇女等特殊群体的保护。我国先后出台的《中华人民共和国未成年人保护法》《中华人民共和国老年人权益保障法》《中华人民共和国残疾人保障法》《中华人民共和国妇女权益保障法》等法律，对未成年人、老年人、残疾人、妇女的权利有特别保护规定。《中华人民共和国国民经济和社会发展第十四个五年规划和 2035 年远景目标纲要》亦明确规定，要保障妇女、未成年人和残疾人基本权益，强化老年人权益保障。

其三，未成年人、老年人、残疾人及孕产期妇女等在遭遇突发事件时，面临周围环境的剧烈变化和突如其来的压力，其身体、心理等各方面较常人更为敏感和脆弱，生存相对困难。联合国秘书长古特雷斯曾坦言，新冠疫情将使4700万妇女和女童陷入极端贫困。因疫情管控措施的强化，给老年人带来的不便尤为强烈。中国目前有约2.54亿老年人，但六成以上老年人不会在网上交费，七成不会网上购物，八成不会使用打车软件①，他们成了信息时代的"数字难民"。因身体或者心理等方面的缺陷，残疾人在突发事件中面临比一般人群更大的原生风险。

需要说明的是，本条规定的"特殊、优先保护"，是在法律政策允许的范围内的特殊保护，包括制定针对特殊人群的应急预案，为老年人、孕产期的妇女以及需要及时就医的伤病人员获取公共信息和服务提供便利，紧急避灾场所实现无障碍化，设置检疫快速通道，对处于隔离状态的特殊群体进行生活照顾，等等。

第十二条　县级以上人民政府及其部门为应对突发事件的紧急需要，可以征用单位和个人的设备、设施、场地、交通工具等财产。被征用的财产在使用完毕或者突发事件应急处置工作结束后，应当及时返还。财产被征用或者征用后毁损、灭失的，应当给予公平、合理的补偿。

◆ 条文主旨

本条是关于突发事件应对财产征用及补偿的规定。

---

① 梁缘，乔靖芳：《疫情下"不智能"老人的窘迫生活》，健康时报，2020年7月7日第3版。

◆ **修改提示**

与 2007 年《中华人民共和国突发事件应对法》第十二条相比，本次修改内容如下：

1. 将"有关人民政府及其部门为应对突发事件，可以征用单位和个人的财产"，修改为"县级以上人民政府及其部门为应对突发事件的紧急需要，可以征用单位和个人的设备、设施、场地、交通工具等财产"。

2. 将"应当给予补偿"，修改为"应当给予公平、合理的补偿"。

◆ **核心概念**

征用，是指国家为了抢险、救灾等公共利益需要，在紧急情况下强制性地使用单位、个人的不动产或者动产。与征收不同，征用的目的只在获得使用权，不会导致所有权移转，被征用的不动产或者动产使用后，应当返还被征用人。

◆ **条文解读**

突发事件应对是一项综合性工作，需要耗费大量人力、物力、财力，特别是重特大突发事件应对，在短期内对应急物资的需求往往会达到"峰值"。应急征用制度，成为应急状态下政府提升应急处置效率的重要工具，有利于弥补应急储备不足的短板。我国宪法对行政征用作了原则性规定，为应急征用权力运用奠定了基础。宪法明确规定，国家为了公共利益的需要，可以依照法律规定对公民的私有财产实行征收或者征用并给予补偿。由于应急征用主要指向行政相对人的经济利益，其强制性等特征决定了对行政相对人权益的侵害具有现实紧迫性。

一、公共利益需要的原则

实施应急征用，必须是出于公共利益的需要，这是适用应急征用的前提条件。公共利益通常是指全体社会成员的共同利益和社会的整体利益，是不特定多数人的利益。在实践中要将社会公共利益同商业利益区分开来，也要同部门、单位和集体的利益相区别。商业利益是个人或者企业获取利润的利益，直接服务于个人或者企业，不能为了商业利益的需要而强行征用他人的不动产或者动产。部门、单位和集体的利益，其受益人是特定的少数人，与公共利益有着本质的区别。

基于应对突发事件的紧急需要，即情势危急，县级以上人民政府及其部门单纯依靠自身力量无法应对突发事件，必须借助社会力量，在此前提下才可以实施应急征用，对此本法予以规定。由于突发事件形态各异，不同领域、不同情形下公共利益表现亦有所不同，对此有关应急单行法律对此进一步作出具体规定。比如，《中华人民共和国传染病防治法》规定，传染病暴发、流行时，根据传染病疫情控制的需要，国务院有权在全国范围或者跨省、自治区、直辖市范围内，县级以上地方人民政府有权在本行政区域内紧急调集人员或者调用储备物资，临时征用房屋、交通工具以及相关设施、设备。需要指出的是，应急征用是一种单方行为，突发事件发生或即将发生的情况下，基于维护公共安全利益的需要，无须征得行政相对人的同意即可实施。

二、依照法定条件和程序的原则

应急征用在一定程度上限制了行政相对人的财产权。为了防止权力滥用，平衡他人财产保护和公共利益需要的关系，依法保护权利人的财产权利，应急征用必须严格依照法律规定的程序进行。按照本条规定，行使应急征用权的法定主体是"县级以上人民政府及其部门"；征用的对象是单位和个人的财产，包括单位或者个人所有的设备、设施、场地、交通工具等财产。此外，征用财产的用途是供应急使用，不能挪作他用或者以不相关的目的行使应急征用权。为规范应急征用权行使，一些地方还制定了专门规定，如《太原市应对突发事件应急征用物资、场所办法》规定，政府委托有资质的评估机构负责应急征用物资、场所发生前被征用物资、场所原始状态的评估，其过程由监察部门负责监督。县级以上人民政府及其部门作出应急征用决定后，应当向被征用单位或者个人送达应急征用决定书。应急征用决定书应当载明征用单位名称、征用用途、征用时间、征用地点、征用期限，以及被征用单位或者个人情况，征用物资或者场所的名称、型号、数量、相关技术保障要求等内容。

三、依法给予补偿的原则

应急征用是法律赋予政府的权利，但并不意味着政府在具体事件中可以无限制使用，更不能采取无偿剥夺的方式，必须依法给予补偿。这也是我国法律规定征用的一个总原则。比如，《中华人民共和国民法典》第一百一十七条规定，为了公共利益的需要，依照法律规定的权限和程序征收、征用不动产或者动产的，应当给予公平、合理的补偿。本条也规定，"被征用的财产在使用完毕或者突发事件应急处置工作结束后，应当及时返还。财产被征用或者征用后毁损、灭失的，应当给予公平、合理的补偿"。这里包含了两层含义：

1. **补偿的方式，应视财产的类别而加以区别对待**。征用的对象如果是非消耗品，使用结束后，原物还存在的，比如房屋或交通工具，应当返还原物，对于物的价值减少的部分要给予补偿；如果是消耗品，比如口罩、消毒液、防护服等物品，因不可能在使用完毕后返还，通常要给予金钱补偿。

2. 补偿的原则，以公平、合理为标准。关于补偿的标准、方式、资金来源等，本法未作出明确规定。目前，上海、广东、云南、安徽等地制定了本行政区域内的应急征用与补偿实施细则。《上海市应对突发事件应急征用补偿实施办法》规定："补偿范围包括因应急征用发生的实际损失和费用，以应急征用凭证确定的征用范围计算。由保险公司负责理赔的事项及与应急征用无关事项，不纳入政府突发事件应急征用补偿范围。补偿形式原则上采用货币补偿。实施应急征用单位与被征用单位或者个人另有约定的，可以采用实物补偿等其他形式，补偿价值应当与货币补偿相当。"此外，补偿应当及时，补偿延误将给被征用人造成损失。即便是紧急情况下的征用，在事后给予补偿，也并不是意味着可以任意拖延，而应在使用后尽快给予补偿。

总之，国家对他人的财产实行应急征用，是为了应对突发事件的紧急需要；而给予补偿，又是对他人财产的一种保护，有利于平衡和协调他人财产保护和公共利益需要之间的关系。

第十三条 因依法采取突发事件应对措施，致使诉讼、监察调查、行政复议、仲裁、国家赔偿等活动不能正常进行的，适用有关时效中止和程序中止的规定，法律另有规定的除外。

◆ 条文主旨

本条是关于突发事件时效中止和程序中止的规定。

◆ 修改要点

与 2007 年《中华人民共和国突发事件应对法》第十三条相

比，本次修改内容如下：增加不能正常进行的"监察调查、国家赔偿"作为时效中止和程序中止的适用情形。

◆ **核心概念**

时效中止，即诉讼时效中止，是指因法定事由的存在使诉讼时效停止进行，待法定事由消除后继续进行的制度。

程序中止，是指在诉讼和执行过程中，由于出现了某种特殊情况而使诉讼程序、执行程序暂时停止，待这种情况消失后，诉讼程序或者执行程序继续进行。

◆ **条文解读**

突发事件发生后，不稳定不确定因素显著增多，加之采取应对措施，人们的生产生活势必受到影响，其中比较典型的是合同不能履行的情形增多，并由此导致诉讼、监察调查、行政复议、仲裁、国家赔偿等活动不能正常进行。为督促权利人及时行使权利，平衡应急效率价值与秩序价值，本条规定了时效中止和程序中止制度。

一、时效中止和程序中止的法定事由

时效中止和程序中止是因权利人不能正常行使请求权才发生的，因而发生时效中止和程序中止的事由应是阻碍权利人行使权利的客观事实、无法预知的客观障碍。本条明确规定，采取突发事件应对措施，是时效中止和程序中止的法定事由。需要注意的是，采取突发事件应对措施，原则上属于不可抗力的情形，但这并不必然导致时效中止和程序中止，只有发生不可抗力导致权利人在客观上不能行使权利，才能引起诉讼时效中止。比如，在新冠疫情防控期间，申请人及其代理人因新冠病毒感染正在接受隔离、治疗，或者

身在受疫情影响关停交通的地区等原因不能参加行政复议的，依照本法以及《中华人民共和国行政复议法实施条例》的有关规定，依法中止或延期行政复议案件审理。需要注意的是，虽然发生了不可抗力，比如延迟复工、交通管制等措施的实施，但并没有足以影响到权利人行使权利的，时效和程序不能中止。

二、时效中止和程序中止的法律后果

发生时效中止和程序中止的，已经进行的诉讼时效和程序仍然有效，但不将时效中止的时间计入时效期间。比如，《中华人民共和国国家赔偿法》第三十九条规定，赔偿请求人请求国家赔偿的时效为两年，自其知道或者应当知道国家机关及其工作人员行使职权时的行为侵犯其人身权、财产权之日起计算。赔偿请求人在赔偿请求时效的最后六个月内，因不可抗力或者其他障碍不能行使请求权的，时效中止。从中止时效的原因消除之日起，赔偿请求时效期间继续计算。

三、例外规定

现行民事诉讼法、行政诉讼法等均有关于时效中止的例外规定。本法充分尊重现有法律的规定，作出了"法律另有规定的除外"的例外规定。需要注意的是，这里的"法律"仅指狭义的法律，即全国人大及其常委会制定、通过的法律规范。这样规定，主要是考虑了某些案件的特殊性和国际条约的约束力。比如，《中华人民共和国海商法》第二十九条规定，具有船舶优先权的海事请求，自优先权产生之日起满一年不行使而消灭；此处的一年期限，不得中止或者中断。又如，《中华人民共和国民用航空法》第一百七十一条规定，地面第三人损害赔偿的诉讼时效期间为二年，自损害发生之日起计算；但是，在任何情况下，时效期间不得超过自损

害发生之日起三年。

> **第十四条** 中华人民共和国政府在突发事件的预防与应急准备、监测与预警、应急处置与救援、事后恢复与重建等方面，同外国政府和有关国际组织开展合作与交流。

◆ 条文主旨

本条是关于开展突发事件应对国际合作与交流的规定。

◆ 修改要点

与 2007 年《中华人民共和国突发事件应对法》第十五条相比，本次修改内容如下：将"突发事件的预防"，修改为"突发事件的预防与应急准备"。

◆ 条文解读

有效应对各类突发事件，是各国政府和人民长期面临的共同课题。受现代化进程的加快、对资源开发利用的加深、网络通信的普遍运用、人员交往和贸易的增多等因素的影响，经济、社会和自然界都已进入一个各类突发事件发生概率更大、破坏力更大、影响力更大的阶段。加强应急管理、妥善应对突发事件，既需要建立与本国国情相适应的应急管理体系，同时也需要学习借鉴他国的有效做法和经验。一方面，突发事件不分国界，与全人类休戚与共。任何国家都很难置身事外，独善其身，尤其是重特大突发事件对其他国家和地区的经济社会、生态环境、国际关系等领域的冲击和影响更加明显。比如，2011 年日本福岛第一核电站发生事故后，包括中国、韩国在内的多个国家和地区相继开展环境辐射监测评估，并对本区域的原子能设施进行安全检查，德国政府甚至宣布将在 2022 年前逐步完成核电站的关闭工作。因此，必须加强与其他国家在应急管理领域的合作与交流，特别是强化与突发事件相关的信息交流和共享，提前做好预防和准备工作。另一方面，各国在应急管理和科研领域都有自己的专长，也有失败的教训。加强与国外科研机构、国际组织等的合作与交流，推动防灾和应急基础设施建设，加快应急技术的提高和应急装备的发展，相互取长补短，共同借鉴提高，不仅可以节约大量时间和资金成本，而且有利于携手应对人类面临的各种突发事件挑战。党的十八大以来，我国积极加强防灾减灾和灾害管理领域合作，支持联合国在防灾减灾救灾、安全生产和应急响应领域的国际合作中发挥重要作用，向国际社会展示了良好形象。国务院《"十四五"国家应急体系规划》将增进国际交流合作，作为优化要素资源配置、增强创新驱动发展动能的重要抓手，强调加强与联合国减少灾害风险办公室等国际组织的合作，推动构建国际区域减轻灾害风险网络；有序推动"一带一路"自然灾害防治和应急管理国际合作机制建设，创办国际合作部长论坛；推进中国–东盟应急管理合作；积极参与国际大科学装置、科研基地（中心）建设。需要注意的是，突发事件应对国际合作与交流，是建立在相互尊重、平等信任的基础上的，在应急管理国际交流中只有尊重和关切彼此的核心利益，才有可能促进国家间更深层次的合作。

第十五条 对在突发事件应对工作中作出突出贡献的单位和个人，按照国家有关规定给予表彰、奖励。

◆ 条文主旨

本条是关于突发事件应对工作表彰、奖励的规定。

◆ 修改要点

本条为新增条款。

◆ 条文解读

2021 年 11 月 5 日，习近平总书记在北京亲切会见全国应急管理系统先进模范和消防忠诚卫士表彰大会代表，向他们表示热烈祝贺，并向全国应急管理系统广大干部和消防救援指战员致以诚挚问候。党的十八大以来，全国应急管理系统广大干部职工和消防指战员忠实践行对党忠诚、纪律严明、赴汤蹈火、竭诚为民"四句话方针"，为了人民群众安居乐业，为了国家长治久安，冲锋在前、勇打头阵，全力防范化解重大安全风险，有效应对处置一系列重大自然灾害和生产安全事故，打了一场又一场硬仗胜仗，涌现出一大批先进典型。对因工作成绩显著或者贡献突出的先进典型进行表彰和奖励，有利于激励社会各方面人员担当作为，推动应急管理事业改革发展，形成崇尚先进、见贤思齐的浓厚氛围。

按照本法规定，对在突发事件应对工作中作出突出贡献的单位和个人，按照国家有关规定给予表彰、奖励。表彰和奖励的主体，一般是各级人民政府和有关部门，如应急管理部于 2020 年对国家综合性消防救援队伍抗击新冠疫情的先进个人和先进集体进行表彰。表彰和奖励的对象，既包括在突发事件应对工作中作出突出贡献的单位，也包括在突发事件应对工作中做出突出贡献的个人（包括从事行政管理工作的人员、从事应急管理理论与科学技术研究的人员、从事突发事件应急救援的人员，以及从事应急管理宣传、教育培训和其他方面的人员）。"按照国家有关规定给予表彰、奖励"，是指表彰、奖励应当按照有关法律、法规、规章以及规范性文件的要求进行，不得随意开展，以体现表彰、奖励的官方性、严肃性。除政府及其有关部门以外的其他单位和个人给予的奖励，不受本条规定条件的限制。目前，《国家科学技术奖励条例》《评比达标表彰活动管理办法》《应急管理系统奖励暂行规定》《防震减灾工作评比表彰办法》等法规、规章和规范性文件对有关表彰、奖励的内容作了规定，各级政府及其有关部门可以结合贯彻落实上述规定，针对突发事件应对工作的表彰、奖励作出更加详细、明确的规定。

表彰和奖励主要分为两种：一是物质上的奖励，如发给一定数额的奖金、晋升工资等；二是精神上的表彰，如授予光荣称号、通报嘉奖等。比如，应急管理部、人力资源社会保障部印发的《应急管理系统奖励暂行规定》规定，对成绩卓著，有特殊贡献和重大影响，堪称典范的，授予称号。授予个人称号分为"全国应急管理系统一级英雄模范""全国应急管理系统二级英雄模范"；授予集体称号的名称，根据被授予集体的事迹特点确定。

第二章 管理与指挥体制

////////////////////

本章概述>>>

　　本章意在突出国家建立统一指挥、专常兼备、反应灵敏、上下联动的应急管理体制，这既是集中反映我国应急管理体制改革重要成果的重要制度安排，也是国内外相关领域立法的通行做法，有利于完善我国应急管理体制，明确各方责任，推进协调联动。本章共10条，大部分条款源自2007年《中华人民共和国突发事件应对法》的总则部分，同时结合新形势、新任务进行了修改完善。主要包括以下内容：（1）明确应急管理的组织领导体系，分别规定了突发事件应对工作的领导机关，应急指挥机构的设立、运行、权限及相应责任，并对国务院工作组这一应急组织形式依法予以明确。（2）按照分级负责、属地管理的原则，进一步明确县级以上人民政府及应急管理、卫生健康、公安等有关部门，以及乡级人民政府、街道办事处突发事件应对管理的职责分工，并对跨区域突发事件应对的管理职责作出明确。（3）对军队参加突发事件的应急救援和处置工作，以及公民、法人和其他组织的参与义务作了规定。

> **第十六条**　国家建立统一指挥、专常兼备、反应灵敏、上下联动的应急管理体制和综合协调、分类管理、分级负责、属地管理为主的工作体系。

◆ **条文主旨**

本条是关于应急管理体制和工作体系的规定。

◆ **修改要点**

与 2007 年《中华人民共和国突发事件应对法》第四条相比，本次修改内容如下：

1. 将应急管理体制表述为"统一指挥、专常兼备、反应灵敏、上下联动"。

2. 将"综合协调、分类管理、分级负责、属地管理为主"作为应急管理的工作体系。

◆ **核心概念**

应急管理体制，是指应急组织机构的构架和职能的设置，强调一种静态的功能和职责，包括政府行政资源的配置、机构设置及其职权以及与职能配置相关的权限划分等内容。

◆ **条文解读**

我国是灾害多发频发的国家，各种风险相互交织、相互联系、相互作用，风险隐患和突发事件的关联性、衍生性、复合性和非常规性不断增强，跨区域和国际化趋势日益明显，危害性越来越大。

通过抗击"非典"疫情，我们深刻地认识到，传统以部门为单位的管理方式，导致应急管理职能较为分散，权责不清晰，应急机制不健全，信息资源共享不充分，政策保障措施不完善，尤其是过度分工导致的管理职能"碎片化"问题较为突出[1]，使得应急管理工作的系统性、整体性、协同性不强。为整合优化应急力量和资源，进一步健全公共安全体系，中共中央于 2018 年将国家安全监管总局的职责和国办、公安部、民政部、国土资源部、水利部、农业部、林业局、中国地震局涉及应急管理的职责，以及国家防汛抗旱总指挥部、国家减灾委员会、国务院抗震救灾指挥部、国家森林防火指挥部的职责整合，组建应急管理部。2019 年 10 月 31 日，党的十九届四中全会作出的《中共中央关于坚持和完善中国特色社会主义制度　推进国家治理体系和治理能力现代化若干重大问题的决定》，明确将"构建统一指挥、专常兼备、反应灵敏、上下联动的应急管理体制"，作为健全公共安全体制机制的一项重要任务加以部署。应急管理部组建后，国家进一步强化了应急工作的综合管理、全过程管理和力量资源的优化管理，积极推动形成统一指挥、专常兼备、反应灵敏、上下联动的中国特色应急管理体制。这一体制，是结合中国国情并在实践中逐步发展形成的，在应对各类突发事件中显示了我国社会主义制度集中力量办大事的政治优势，非常有必要通过法律手段予以固化。本法规定的"统一指挥"，是指在党和政府统筹之下，主要解决党政军关系以及政府和部门之间的关系问题；"专常兼备"，是指应急管理要兼具常备性和专门性的部门或者队伍配置，发挥应急管理部门的跨灾种综合应对职能；"反应灵敏"，是对应急能力提出的新要求，即对突发事件具有敏锐的

---

①　高小平，刘一弘：《应急管理部成立：背景、特点与导向》，行政法学研究，2018 年第 5 期。

感知力并灵活、快速地整合应急资源和队伍，对突发事件进行有效应对；"上下联动"，指的是上下级政府及其部门之间的关系，简单来讲，就是上级和下级一起行动，不能由上级"大包大揽"，也不能交给某一级人民政府独立负责①。

综合协调、分类管理、分级负责、属地管理为主是应急管理工作体系的核心内涵。这里的"综合协调"，主要是指政府对所属有关部门，上级政府对下级各有关政府，以及政府对社会各有关组织、团体的协调。我国现阶段实行科层制的应急管理体制，应急力量和资源分布在不同层级、不同地区、不同部门。随着我国全面进入风险社会，一些突发事件呈现跨区域、跨部门、复合型的特征，这就需要政府出面综合协调，以实现资源交互、信息沟通和统一行动。

我国突发事件分为自然灾害、事故灾难、公共卫生事件和社会安全事件四大类，这主要是基于突发事件的发生过程、性质和机理的差异所作出的分类。这里的"分类管理"，包括两层含义：一是要区别四类突发事件的不同特性，有针对性地开展风险分析，建立完善监测预警系统，启动不同类型的应急预案，及时、有效地进行处置，控制事态发展；二是按照职责分工，不同类型的突发事件由相应的牵头部门归口管理，采取不同的应急措施，提高应急处置的效率。

"分级负责"，是在综合考虑突发事件危害程度及政府的应急能力的基础上，通过对各类突发事件进行准确识别，将其划分为不同等级，确定不同层级的政府分级进行处置，这也是国内外突发事件管理的通行做法。突发事件实现分级负责的前提，是确定管理规则，明确相应的分级标准。一般而言，突发事件危害程度越大，需

---

① 林鸿潮：《〈中华人民共和国突发事件应对法〉修订研究》，中国法制出版社，2021年版，第28-31页。

要投入的应急资源越多，负责应急响应的政府层级就越高。随着突发事件升级，需要动态调整响应的政府级别。按照各类突发事件的性质、严重程度、可控性和影响范围等因素，我国将突发事件分为四级，即特别重大、重大、较大和一般。相应地，不同级别的突发事件分别由国家、省、市、县级政府负责响应。

"属地管理"，即就地管理、当地管理，以当地之力应对当地之事。属地管理为主，是应急处置的重要原则，其核心是建立和落实突发事件发生地政府负责制，以利于发挥当地政府的积极性，强化属地政府应急管理职责，同时提高应急处置效率。突发事件具有事发突然、决策时间短的典型特征，事发地政府具有信息、资源等诸多天然优势，能统筹力量第一时间进行应急响应。

> **第十七条** 县级人民政府对本行政区域内突发事件的应对管理工作负责。突发事件发生后，发生地县级人民政府应当立即采取措施控制事态发展，组织开展应急救援和处置工作，并立即向上一级人民政府报告，必要时可以越级上报，具备条件的，应当进行网络直报或者自动速报。
>
> 突发事件发生地县级人民政府不能消除或者不能有效控制突发事件引起的严重社会危害的，应当及时向上级人民政府报告。上级人民政府应当及时采取措施，统一领导应急处置工作。
>
> 法律、行政法规规定由国务院有关部门对突发事件应对管理工作负责的，从其规定；地方人民政府应当积极配合并提供必要的支持。

◆ 条文主旨

本条是关于突发事件应对管理实行属地管理为主的规定。

◆ 修改要点

与 2007 年《中华人民共和国突发事件应对法》第七条相比，本次修改内容如下：增加"具备条件的，应当进行网络直报或者自动速报"的规定。

◆ 条文解读

一、县级人民政府对突发事件应对负属地管理责任

突发事件实行属地管理为主，客观上要求以一定的行政区域为单位，凡此区域内的突发事件应对都由当地政府负责。在我国，应急资源整合、救援队伍建设、财政支持、物资储备、设备设施配置等都是以县级以上政府为基础单元来进行的。县级人民政府对本行政区域内发生的突发事件负首要的应对责任，包括信息的收集、险情的监测和预警、组织调动应急队伍，依法采取其他必要的应急处置措施，等等。

按照本条第一款规定，突发事件发生后，发生地县级人民政府应当履行的两项义务：一是立即采取措施控制事态发展，组织开展应急救援和处置工作，至于采取何种应急救援和处置措施，需要根据突发事件种类和级别而定。二是履行向上一级人民政府报告的义务。按照本款规定，突发事件报告以逐级上报为原则，必要时可以越级上报，具备条件的，应当进行网络直报或者自动速报。这主要是基于应急处置效率的考虑。当然，发生地县级人民政府在报告的同时，还要在职责范围内做好相关工作，不能只报告不处置。

属地管理为主，原则上是哪个地方出了事就由哪个地方来负责。但是，当突发事件超出当地政府的处置能力，其不能消除或者

有效控制突发事件引起的严重社会危害时，更高级别的政府或者相关部门就要"介入"，提供必要的支持和帮助，有时甚至直接"接手"。因此，本条第二款规定，突发事件发生地县级人民政府不能消除或者不能有效控制突发事件引起的严重社会危害的，应当及时向上级人民政府报告。上级人民政府应当及时采取措施，统一领导应急处置工作。这里的上级人民政府也是履行统一领导职责的人民政府，至于究竟是指哪级人民政府，要根据突发事件的级别和影响范围而定。

二、国务院有关部门对突发事件应对管理工作负责

基于分类管理的考虑，我国应急管理单行法律、行政法规规定了国务院有关部门对特定领域突发事件应对管理工作负责，其目的是更好地发挥专业部门对特定行业领域应急处置的优势。同时按照"条块结合"原则对地方人民政府的协助义务提出要求。需要注意的是，本条第三款规定的法律、行政法规规定由国务院有关部门负责应对管理的突发事件，主要是指民航、铁路、海事、核行业领域发生的突发事件。比如，《中华人民共和国民用航空法》规定，国务院民用航空主管部门对全国民用航空活动实施统一监督管理，包括民用运输机场及其邻近区域内突发事件的应急救援处置和相关的应急救援管理工作。

第十八条 突发事件涉及两个以上行政区域的，其应对管理工作由有关行政区域共同的上一级人民政府负责，或者由各有关行政区域的上一级人民政府共同负责。共同负责的人民政府应当按照国家有关规定，建立信息共享和协调配合机制。根据共同应对突发事件的需要，地方人民政府之间可以建立协同应对机制。

◆ 条文主旨

本条是关于突发事件应急指挥机制的规定。

◆ 修改提示

与 2007 年《中华人民共和国突发事件应对法》第七条第一款相比，本次修改内容如下：增加"共同负责的人民政府应当按照国家有关规定，建立信息共享和协调配合机制。根据共同应对突发事件的需要，地方人民政府之间可以建立协同应对机制"的规定。

◆ 条文解读

一般情况下，突发事件应对实行统一的领导指挥体制，要求以一定的行政区域为单位，凡在此地域范围内发生的突发事件都由当地政府统一管理。实践中，一些自然灾害或公共卫生事件的发生往往超出某一行政区域的范围。比如，发生在北京郊区并蔓延到邻近河北某县的森林火灾，在应急处置时就涉及两地政府的指挥和协调问题。

按照本条规定，涉及两个以上行政区域的，由有关行政区域共同的上一级人民政府负责，或者由各有关行政区域的上一级人民政府共同负责。不可否认，如果由多地政府共同负责应对某一突发事件，临时性的合作很容易出现沟通不畅、协作不灵等情况，乃至发生尖锐摩擦。因此，有必要建立跨区域间应急管理指挥的协作机制。为更好推动政务信息系统整合共享，近年来国家先后出台《国务院关于印发政务信息资源共享管理暂行办法的通知》《"十四五"国家信息化规划》等规定。共同负责的人民政府应当按照国家有关规定，建立信息共享和协调配合机制。

同时，本条还规定，根据共同应对可能发生的突发事件的需要，地方人民政府之间可以建立协同应对机制。这样规定的理由在于，一旦发生突发事件，相关地方政府可以按照已有的协同应对机制，迅速转入应急协作组织形态，有利于提高应急响应的效率，避免因推诿扯皮而延误最佳处置时机。

第十九条 县级以上人民政府是突发事件应对管理工作的行政领导机关。

国务院在总理领导下研究、决定和部署特别重大突发事件的应对工作；根据实际需要，设立国家突发事件应急指挥机构，负责突发事件应对工作；必要时，国务院可以派出工作组指导有关工作。

县级以上地方人民政府设立由本级人民政府主要负责人、相关部门负责人、国家综合性消防救援队伍和驻当地中国人民解放军、中国人民武装警察部队有关负责人等组成的突发事件应急指挥机构，统一领导、协调本级人民政府各有关部门和下级人民政府开展突发事件应对工作；根据实际需要，设立相关类别突发事件应急指挥机构，组织、协调、指挥突发事件应对工作。

◆ 条文主旨

本条是关于突发事件应急指挥机制的规定。

◆ 修改提示

与 2007 年《中华人民共和国突发事件应对法》第八条、第九条相比，本次修改内容如下：

1. 突发事件应急指挥机构中增加"国家综合性消防救援队伍"。

2. 删除"上级人民政府主管部门应当在各自职责范围内，指导、协助下级人民政府及其相应部门做好有关突发事件的应对工作"。

◆ **核心概念**

应急指挥，是指突发事件发生时，各级政府根据突发事件的实际情况，迅速调度指挥一切应急资源（包括人员、物资、资金、技术等），进行有针对性的抢险救援工作的过程。

◆ **条文解读**

"运筹帷幄之中，决胜千里之外。"应急指挥是应急管理的核心环节，一般包括应急决策和应急指挥两个层面。突发事件具有突发性、复杂性、不可预测性等特点，特别是面对非常规、高度不确定性的突发事件，如何决策并果断采取相应措施，就成了应急处置胜败的关键。成立权责统一、分工明确、综合协调的应急决策和指挥机构，形成政府统一指挥、各部门协同配合、全社会共同参与的应急协调联动机制，是世界各国在应急决策指挥中的共同做法和经验。

一、应急指挥实行党委领导下的行政负责制

我国常态行政管理体制是"以条为主"，行政应急管理体制则是"以块为主"。但无论是在"以块为主"的水平方向，还是在"以条为主"的垂直方向，都存在明确的职责分工。突发事件的突然性、后果不确定性及处置紧迫性，需要在有限的时间内迅速作出反应，客观上要求行政权力集中，并尽可能简化行政程序，以提高应急处置的效率。决策指挥的目标是，充分发挥各级各类应急指挥机构的统一指挥和协调作用，强化各方面的协同配合，形成有效处置突发事件的合力。我国应急决策指挥实行的是党委领导下的行政负责制。根据突发事件级别及严重程度，按照属地管理为主的原则，由县级以上人民政府进行第一响应，作为突发事件应对工作的行政领导机关。

二、国务院是突发事件应急工作的最高行政领导机构

应急决策指挥机构包含在常态行政管理机构之中。在我国应急管理工作组织体系中，国务院是突发事件应急管理工作的最高行政领导机构。在国务院总理的领导下，通过国务院常务会议研究、决定和部署特别重大突发事件应对工作。为加强应急管理工作，全面履行政府职能，根据《国务院关于实施国家突发公共事件总体应急预案的决定》和中编办《关于增设国务院办公厅国务院应急管理办公室的批复》，国务院办公厅设置国务院应急管理办公室（国务院总值班室），承担国务院应急管理的日常工作和国务院总值班工作，履行值守应急、信息汇总和综合协调职能，发挥运转枢纽作用。2018年中共中央印发《深化党和国家机构改革方案》，组建了应急管理部，整合了包括国务院应急管理办公室在内的11个部门的13项相关职责，并承担国家防汛抗旱总指挥部、国家减灾委员会、国务院抗震救灾指挥部、国家森林防火指挥部和国务院安全生产委员会的职责。按照分级负责的原则，一般性灾害由地方各级政府负责，应急管理部代表中央统一响应支援；发生特别重大灾害时，应急管理部作为指挥部，协助中央指定的负责同志组织应急处置工作，保证政令畅通、指挥有效。以国务院抗震救灾指挥部为例，指挥长由一名国务委员担任，成员包括中央宣传部、公安部、民政部、应急管理部、中央军委联合参谋部等多个单位，涵盖党政军等各条战线。需要注意的是，国务院履行突发事件应急管理工作行政领导职责的方式很多，其中一种重要方式就是派出工作组。国务院工作组一般由国务院或者相关部委有关负责同志担任组长，代表国务院深入一线，靠前指挥。这也是新中国成立后我国在历次防范处理重大安全风险方面总结的一条宝贵经验。这里规定的"必要时",是指工作组是否派出需要视情况而定。比较典型的情况是,突发事件发生后,当地方政府应急处置能力不足或者应对不力,或者危机较为严重、引发负面影响,需要国务院"高位介入"。工作组一般是奔着"事"去,既是现场指挥解决问题,同时也是督导检查和严格问责。比如,江苏响水天嘉宜化工有限公司"3·21"特别重大爆炸事故发生后,受党中央、国务院委派,时任国务委员王勇率领由应急管理部、工业和信息化部、公安部、生态环境部、卫生健康委、全国总工会和中央宣传部等有关部门负责同志组成的工作组赶赴现场,指导抢险救援、伤员救治、事故调查和善后处置等工作。

三、县级以上地方人民政府是本行政区应急管理行政领导机关

按照属地管理为主的原则,县级以上地方人民政府是本行政区域突发事件应急管理的行政领导机关,是此项工作的责任主体。县级以上地方人民政府应急管理工作的领导权主要表现为指挥权、协调权。突发事件应对工作中,由于参与突发事件现场处置与救援的部门众多,各方力量归口不一,如何协调、统率好各方成为应急指挥决策机构面临的一个重点难点问题。为此,本法特别规定县级以上地方人民政府设立突发事件应急指挥机构,统一领导、协调本级人民政府各有关部门和下级人民政府开展突发事件应对工作,同时明确了应急指挥机构的组成人员,具体包括:本级人民政府主要负责人、相关部门负责人、国家综合性消防救援队伍和驻当地中国人民解放军、中国人民武装警察部队有关负责人等。其主要目的就是通过整合应急力量,建立扁平化组织指挥架构,破除部门间各自为政、"一盘散沙"等弊病,保证快速协调、步调一致应对突发事件。考虑到一些应急任务较重的地方,完全由应急指挥机构实施应

急决策并不现实，因此本条第三款规定可以根据实际需要，设立相关类别突发事件应急指挥机构，由其承担各专项领域的应急组织、协调、指挥工作。对于现场情况复杂、救援难度大的突发事件，还可以根据需要设立现场指挥部，指定熟悉突发事件应急预案，有较强的组织、指挥和协调能力，并具有相应的应急处置和救援实战经验的人员担任总指挥，负责现场应急处置和救援。

第二十条 突发事件应急指挥机构在突发事件应对过程中可以依法发布有关突发事件应对的决定、命令、措施。突发事件应急指挥机构发布的决定、命令、措施与设立它的人民政府发布的决定、命令、措施具有同等效力，法律责任由设立它的人民政府承担。

◆ 条文主旨

本条是关于突发事件应急指挥机构职权及法律责任的规定。

◆ 修改提示

本条为新增条款。

◆ 条文解读

2007年《中华人民共和国突发事件应对法》虽然规定县级以上地方各级人民政府设立突发事件应急指挥机构，承担突发事件应对领导、指挥、组织、协调职能，但其具体的职责权限及相应法律责任并未明确。这就带来两个问题：一是"承担突发事件应对领导、指挥、组织、协调职能"的描述比较模糊，不利于突发事件应急指挥机构明确职权范围、履行相关职责，也容易突破比例原则的限度。二是这类突发事件应急指挥机构性质上属于议事协调机构，能否以自己名义对外发布突发事件应对的决定、命令、措施等，法律并未授权，相应的法律责任亦不明确，不利于履行突发事件领导、指挥、组织、协调职能。从突发事件应急指挥机构设立、权限及运作看，有的是常设性的，并有明确的设立依据。比如，《中华人民共和国防震减灾法》第六条规定，国务院抗震救灾指挥机构负责统一领导、指挥和协调全国抗震救灾工作。县级以上地方人民政府抗震救灾指挥机构负责统一领导、指挥和协调本行政区域的抗震救灾工作。有的是为了完成某项特殊性或临时性任务而设立的跨部门机构，属于典型的"一事一议"议事协调机构。比如，新冠疫情发生后，一些地方成立的联防联控工作机制。临时性应急指挥机构完成既定任务被解散后，其产生的法律后果由谁来承担成为问题。

为了解决上述问题，本条从以下两个方面作出规定：一方面，规定应急指挥机构开展突发事件应对工作过程中，可以依法发布有关突发事件应对的决定、命令、措施等，以解决应急指挥机构作为独立行政主体行为合法性的问题；另一方面，应急指挥机构解散后，其发布的有关突发事件应对的决定、命令、措施等产生的法律后果由设立它的人民政府承担。需要注意的是，由于突发事件应对措施关涉公民基本权利，按照法律保留原则，本条规定的"依法"是狭义概念，仅指依照本法和应急管理相关的法律、行政法规和国务院发布的相关决定、命令。

第二十一条　县级以上人民政府应急管理部门和卫生健康、公安等有关部门应当在各自职责范围内做好有关突发事件应对管理工作，并指导、协助下级人民政府及其相应部门做好有关突发事件的应对管理工作。

◆ **条文主旨**

本条是关于突发事件应急管理部门和有关部门应对管理职责的规定。

◆ **修改提示**

与 2007 年《中华人民共和国突发事件应对法》第八条第三款相比，本次修改内容如下：

1. 将"上级人民政府主管部门"，修改为"县级以上人民政府应急管理部门和卫生健康、公安等有关部门"。
2. 增加"做好有关突发事件应对管理工作"的要求。
3. 将突发事件的"应对工作"，修改为"应对管理工作"。

◆ **条文解读**

突发事件应对中职责不清、分工不明，是制约应急管理有效开展的一大障碍。应急管理实行以属地管理为主的原则。属地管理为主的核心要义，是建立并落实突发事件发生地政府应急管理责任制。政府应急管理责任制不是一句空话，除了承担应急管理领导、指挥、组织、协调等宏观职能之外，还需要安排一部分专门力量开展风险评估、监测预警、现场救援等具体工作，这些具体职能都是通过具体的组织机构来实现的。从国内外应急管理的实践看，在政府层面设立应急管理专门机构，分配相应事权并明确要求，确保应急管理工作有人抓、有人管，是比较通行的做法。比如，美国在"9·11"事件后，成立了独立、专门、综合性的"捆绑式联邦应急机构"——国土安全部，不仅整合了海岸警卫队、运输安全局、秘书保卫处等 40 多个联邦机构，而且还接管了联邦与州、地方政府的协调职责。俄罗斯于 1994 年成立紧急情况部，属于俄罗斯处理突发事件的核心组织，是与国防部、内务部、司法部和外交部齐名的五大强力部门之一。新中国成立后，为应对严峻的自然灾害，我国建立了单灾种分类管理为主的应急管理体制，即设立若干专门机构分别负责相应灾种的应急管理工作。随着经济社会发展和科技进步，日益复杂的社会系统释放出大量复合型、不确定性的风险，尤其是 2003 年"非典"疫情以来，单灾种分类管理带来的职能分散、缺乏联动等问题凸显。从探索建立"一案三制"的应急管理体系，到党的十八大之后总体国家安全观的提出和应急管理部的组建，我国应急管理政府事权分配总体上朝着从分散管理到综合应急的方向迈进。目前，自然灾害、事故灾难、公共卫生事件、社会安全事件四大类突发事件，由应急管理、卫生健康、公安等"三驾马车"分类管理的格局已经形成，并在处置超强台风"利奇马"、江苏响水化工厂大爆炸、西藏林芝森林火灾等重大灾害风险过程中发挥了至关重要的作用。

本条采取列举加概括的方式规定突发事件应对管理工作部门，也是近年来相关领域立法的一个通行做法。一方面，对突发事件负有重要职责的应急管理部门、卫生健康部门和公安部门进行明确列举，便于"三驾马车"依法履职；另一方面，采取"等有关部门"这样的表述，是为了避免出现挂一漏万，同时也为法律适用留出弹性空间。需要注意的是，这里的"等"应理解为"等外等"，包括其他负有突发事件应对管理职责的行政机关，如生态环境、市场监管、气象等部门。"在各自职责范围内"做好有关突发事件应对管理工作，言下之意是，行政机关的行政行为源于其职责范围并受职责范围限制。依据职权法定原则，行政机关的职权均来源于法律法规的授予，主要依据宪法、组织法或者专门的法律。比如，《中华人民共和国消防法》规定，县级以上地方人民政府应急管理部门对本行政区域内的消防工作实施监督管理，并由本级人民政府消防救援机构负责实施。军事设施的消防工作，由其主管单位监督管理，消防救援机构协助；矿井地下部分、核电厂、海上石油天然气设施的消防工作，由其主管单位监督管理。县级以上人民政府其他有关部门在各自的职责范围内，依照本法和其他相关法律、法规的规定做好消防工作。需要注意的是，对于"职责范围"的把握，除依据常见的法律、法规、规章等规范外，还需考虑"三定规定"、权责清单等。

另外，本条规定有关部门指导、协助下级人民政府及其相应部门做好有关突发事件的应对管理工作，主要基于以下考虑：属地管理为主原则实际上是我国长期以来实行的"条块结合"的应急体系的重要体现，有关部门虽然隶属地方政府，在横向上属于"块"的组成部分，但按照事权层级划分，其同时在"条"的系统发挥"以上率下"的作用，上级应急管理部门对下级政府及其应急管理部门存在业务上协调、指导或者监督检查等职责。比如，应急管理部"三定规定"要求，应急管理部要处理好防灾和救灾的关系，明确与相关部门和地方各自职责分工，建立协调配合机制。如何理顺"条块"关系，加强协调配合，也是我国应急管理体系创新的一个难点。

第二十二条 乡级人民政府、街道办事处应当明确专门工作力量，负责突发事件应对有关工作。

居民委员会、村民委员会依法协助人民政府和有关部门做好突发事件应对工作。

◆ 条文主旨

本条是关于基层政府和群众自治组织突发事件应急管理职责和

定位的规定。

◆ 修改提示

本条为新增条款。

◆ 条文解读

随着社会结构深刻调整，基层工作任务繁重，利益诉求多元、矛盾纠纷多发，这一现状与目前我国基层普遍存在的力量短缺、权责不对等、治理能力弱化等形成极大反差。我国现行的应急管理体制偏重于"顶层设计"，应急资源配置呈现出"倒金字塔"的结构：即越往基层治理任务越重，但人财物等资源配置却不增反减，形成了公共安全治理的短板。从立法来看，无论是作为综合法的《中华人民共和国突发事件应对法》，还是作为单行法的《中华人民共和国传染病防治法》等法律，仅规定了县级以上人民政府的应急管理职责，对处于应急管理第一线的乡镇、街道授权不足，与其实际承担的职责任务和发挥的作用不匹配。

此外，现行法律如《中华人民共和国传染病防治法》仅对居委会、村委会组织居民、村民"参与"突发事件应急管理作了原则规定。重大突发事件应急处置工作实践中，一些地方政府不仅安排居委会、村委会甚至让物业管理和保安人员承担值班值守、信息排查、出入登记等日常任务，有的还赋予其采取强制措施等行政执法权[①]，与《中华人民共和国城市居民委员会组织法》《中华人民共和国村民委员会组织法》关于基层群众性自治组织的身份定位不符。

因此，依法对乡镇、街道进行应急管理授权，同时明确居民委

---

① 郝东伟：《21条措施防控农村地区疫情》，河北日报，2020年2月10日第1版。

员会、村民委员会参与应急管理的角色和定位，成为本次修法的一项重要任务。一方面，规定乡级人民政府、街道办事处应当明确专门工作力量，负责突发事件应对有关工作；另一方面，明确居民委员会、村民委员会在应急管理中的定位，是依法协助人民政府和有关部门做好突发事件应对工作，主要是在风险排查、信息搜集、纠纷化解、邻里守望等方面发挥其群防群治的优势。

第二十三条 公民、法人和其他组织有义务参与突发事件应对工作。

◆ **条文主旨**

本条是关于公民、法人和其他组织参与突发事件应对的义务的规定。

◆ **修改提示**

与 2007 年《中华人民共和国突发事件应对法》第十一条第二款相比，本条未作修改。

◆ **条文解读**

法治就其本质而言是权利义务平衡之治，权利的相对概念就是义务，正所谓"没有无义务的权利，也没有无权利的义务"。《中华人民共和国宪法》第五十一条关于"中华人民共和国公民在行使自由和权利的时候，不得损害国家的、社会的、集体的利益和其他公民的合法的自由和权利"的规定，既可以作为公民基本权的概括性限制条款，同样授权国家机关可因国家利益、社会利益、集体利益及他人利益的保护需要而限制公民的自由。基于这种保护需要，为个人权利在突发事件应对背景下受到限缩提供了理据①。常态秩序下，国家对社会关系进行了制度化安排，并为行政权力划定了行使边界，而在非常态下为快速实现或者恢复法治下的有序，防范风险损害后果的扩大化，国家的行政权力亦会得到相应的扩张，公民的部分权利会受到克减，或者产生新的公民义务②。比如，在新冠疫情防控过程中，接受有关部门开展的流行病调查、如实报告行动轨迹、定期进行核酸检测、有密切接触的实行居家隔离，等等。总体而言，在突发事件应对过程中，政府处置突发事件的权力具有优先性，公民、法人和其他组织要自觉接受这种应急处置权力的限制，并负有较平时更多、更严格的法律义务。

1. **合理注意的义务**。该义务是指公民、法人和其他组织应当对突发事件的发生及应对保持必要的注意、警惕和反应的义务。具体包括：（1）预防义务，有些事件或事故是可以预防的，如果预见到因自己的行为或者财产可能引起突发事件的发生，应当立即采取措施进行处理。比如，《中华人民共和国安全生产法》明确了生产经营单位、安全管理人员及相关从业人员预防生产安全事故，防范化解安全风险的任务，包括风险分级管控、事故隐患排查治理、应急预案及演练等。（2）报告义务，即一旦发现突发事件发生或者可能发生，应当及时报告有关部门，并根据情况采取必要的应急措施。比如，《中华人民共和国消防法》第五条规定，任何单位和个人都有维护消防安全、保护消防设施、预防火灾、报告火警的义务。任何单位和成年人都有参加有组织的灭火工作的义务。

---

① 赵宏：《疫情防控下个人的权利限缩与边界》，比较法研究，2020 年第 2 期。
② 钟南山，曾益康，陈伟伟：《我国公共卫生治理现代化的法治保障》，法治社会，2022 年第 2 期。

2. **接受管理或控制的义务**。该义务是指公民、法人和其他组织应当遵守和接受政府及其行政机关的应急措施或者命令的义务。这些措施或者命令包括隔离治疗、交通管制、信息登记或者披露、排除妨碍等。这些义务要求当事人积极主动接受和配合突发事件的应急处置措施，是一种法定的作为义务。比如，《中华人民共和国传染病防治法》规定，在中华人民共和国领域内的一切单位和个人，必须接受疾病预防控制机构、医疗机构有关传染病的调查、检验、采集样本、隔离治疗等预防、控制措施，如实提供有关情况。

3. **不作为的义务**。该义务是指突发事件应对期间公民、法人和其他组织须容忍自己合法权益受合理限制的不作为义务，如暂停营业、限制出行、不举行或者参与集会或者聚会等。这实际上也是个体利益为了公共利益做出的必要牺牲。当然，如果这种牺牲不是普遍的而是特别的，则应根据"公共负担平等"原则给予合理补偿。比如，《中华人民共和国宪法》规定，国家为了公共利益的需要，可以依照法律规定对公民的私有财产实行征收或者征用并给予补偿。

4. **协助义务**。该义务主要包括参与突发事件预防、救援、恢复重建的义务，具体包括制定并演练应急预案、排查和消除风险隐患、参加应急救援、为应急处置提供力所能及的支持、执行有关决定和命令等。

第二十四条　中国人民解放军、中国人民武装警察部队和民兵组织依照本法和其他有关法律、行政法规、军事法规的规定以及国务院、中央军事委员会的命令，参加突发事件的应急救援和处置工作。

◆ **条文主旨**

本条是关于武装力量和民兵参与突发事件应对的规定。

◆ **修改提示**

与 2007 年《中华人民共和国突发事件应对法》第十四条相比，本条未作修改。

◆ **条文解读**

《中华人民共和国宪法》第二十九条明确规定，中华人民共和国的武装力量属于人民。它的任务是巩固国防，抵抗侵略，保卫祖国，保卫人民的和平劳动，参加国家建设事业，努力为人民服务。这一规定，为武装力量参与突发事件应对提供了依据。中国武装力量，由中国人民解放军、中国人民武装警察部队和民兵组成。为适应安全威胁新变化，我国重视和平时期武装力量运用。中国人民解放军在拓展和深化军事斗争准备的同时，积极参加和支援国家经济社会建设，坚决完成抢险救灾等急难险重任务。中国人民武装警察部队担负执勤、处置突发社会安全事件、防范和处置恐怖活动、海上维权执法、抢险救援和防卫作战以及中央军事委员会赋予的其他任务。民兵是不脱产的群众武装组织，是人民解放军的助手和后备力量。民兵担负参加社会主义现代化建设、执行战备勤务、参加防卫作战、协助维护社会秩序和参加抢险救灾等任务。

依据《军队参加抢险救灾条例》，中国武装力量主要担负解救、转移或者疏散受困人员，保护重要目标安全，抢救、运送重要物资，参加道路（桥梁、隧道）抢修、海上搜救、核生化救援、疫情控制、医疗救护等专业抢险，排除或者控制其他危重险情、灾情，协助地方人民政府开展灾后重建工作等任务。国务院新闻办公室 2019 年 7 月发布的《新时代的中国国防》白皮书显示：2012 年以来，解放军和武警部队共出动 95 万人次、组织民兵 141 万人次，动用车辆及工程机械 19 万台次、船艇 2.6 万艘次、飞机（直升机）820 架次参加抢险救灾。先后参加云南鲁甸地震救灾、长江中下游暴雨洪涝灾害抗洪抢险、雅鲁藏布江堰塞湖排险等救灾救援行动，协助地方政府解救、转移安置群众 500 余万人，巡诊救治病员 21 万余人次，抢运物资 36 万余吨，加固堤坝 3600 余千米。2017 年，驻澳门部队出动兵力 2631 人次，车辆 160 余台次，协助特别行政区政府开展强台风"天鸽"灾后救援。

由于武装力量和地方政府之间互不统属，因此我国国防动员体系以议事协调为主，军地联合应对突发事件要做到"师出有名"。为此，本法明确规定武装力量参加突发事件的应急救援和处置工作，必须依照本法和其他有关法律、行政法规、军事法规的规定以及国务院、中央军事委员会的命令。这里的"其他有关法律、行政法规、军事法规"，包括《中华人民共和国传染病防治法》《中华人民共和国戒严法》《中华人民共和国国防法》《中华人民共和国国家安全法》《突发公共卫生事件应急条例》《军队参加抢险救灾条例》《中国人民解放军卫生条例》《中国人民解放军传染病防治条例》等。特别是 2006 年，中央军委颁布实施的《军队处置突发事件总体应急预案》，明确了军队处置突发事件行动的五项基本任务（参与处置重大恐怖破坏事件、处置军事冲突突发事件、参加地方抢险救灾、协助地方维护社会稳定、参与处置突发公共安全事件）。比如，《中华人民共和国戒严法》规定，在发生严重危及国家的统一、安全或者社会公共安全的动乱、暴乱或者严重骚乱，不采取非常措施不足以维护社会秩序、保护人民的生命和财产安全的紧急状态时，国家可以决定实行戒严。戒严任务由人民警察、人民武装警察执行；必要时，国务院可以向中央军事委员会提出，由中央军事委员会决定派出人民解放军协助执行戒严任务。总体而言，目前军地联合行动保障模式是靠临时协调、协商完成①。

第二十五条　县级以上人民政府及其设立的突发事件应急指挥机构发布的有关突发事件应对的决定、命令、措施，应当及时报本级人民代表大会常务委员会备案；突发事件应急处置工作结束后，应当向本级人民代表大会常务委员会作出专项工作报告。

◆ 条文主旨

本条是关于突发事件应对工作备案监督的规定。

◆ 修改提示

与 2007 年《中华人民共和国突发事件应对法》第十六条相比，本次修改内容如下：

1. 将"县级以上人民政府作出应对突发事件的决定、命令"，修改为"县级以上人民政府及其设立的突发事件应对指挥机构发布的有关突发事件应对的决定、命令、措施"。

2. 增加"及时"二字。

◆ 条文解读

按照《中华人民共和国立法法》和《规章制定程序条例》等相关规定，县级以上人民政府制定、发布具有普遍约束力的决定、命令，一般应当履行立项、起草、审查、决定、公布等法定程序，

---

① 成义敏：《军地联合应对突发事件的立法展望》，http：//www.cssn.cn/zx/bwyc/202011/t20201105_5211636.shtml，访问日期：2024 年 3 月 25 日。

但履行程序往往需要较长的周期。突发事件应对的决定、命令与一般性的决定、命令不同，属于应急性法律制度，需要迅速决策并实施。比如，在发生情况不明的突发事件时，可能需要立即采取限制或者停止人群聚集活动、关闭或者限制使用场所、实施交通卫生检疫等措施。在这种情况下，为政府实施必要的应急措施安排"绿色通道"，依法保障应急权的扩张显得非常必要。

需要指出的是，应急状态下公权力的扩张，构成了平时法治原则的例外，但这并不意味着突发事件应对的决定、命令可以不受任何限制。《法治中国建设规划（2020—2025年）》明确了建设法治中国，应当实现法律规范科学完备统一，执法司法公正高效权威，权力运行受到有效制约监督，人民合法权益得到充分尊重保障，法治信仰普遍确立，法治国家、法治政府、法治社会全面建成。备案审查是维护法治统一，保护公民权益的重要法律制度。《中华人民共和国宪法》规定，地方性法规报全国人大常委会备案。全国人大常委会有权撤销国务院制定的同宪法、法律相抵触的行政法规，有权撤销省、自治区、直辖市国家权力机关制定的同宪法、法律和行政法规相抵触的地方性法规；县级以上的地方各级人大常委会有权撤销本级政府的不适当的决定和命令。上述规定为突发事件应对的有关决定、命令、措施实施备案审查提供了明确的宪法依据。按照本条规定，应急状态下，县级以上人民政府及其设立的突发事件应对指挥机构作出有关决定、命令、措施，可以走"绿色通道"，但有条件、时限、范围和责任的严格限定，并应当及时报本级人民代表大会常务委员会备案；一旦应急状态结束，就必须终止各项应急措施，恢复到平时状态。同时，向本级人民代表大会常务委员会作出专项工作报告，接受评估和质询。

第三章　预防与应急准备

本章概述 >>>

　　预防是最经济最有效的应急管理策略。预防为主、预防与应急相结合，是我国突发事件应对工作的总原则。突发事件应对是一个动态发展的过程，包括突发事件的预防与应急准备、监测与预警、应急处置与救援、事后恢复与重建等阶段。突发事件预防与应急准备是应急管理的第一阶段，将其放在优先的位置予以规定，充分体现了突发事件应对工作坚持预防为主的方针。

　　本章主要规定了应急预案、应急规划、应急避难场所、风险评估、安全防范、培训与宣传、应急救援队伍以及应急保障体系建设等方面的内容。本章共32条，占整部法律近三分之一的篇幅，其重要性不言而喻。

第二十六条　国家建立健全突发事件应急预案体系。

国务院制定国家突发事件总体应急预案，组织制定国家突发事件专项应急预案；国务院有关部门根据各自的职责和国务院相关应急预案，制定国家突发事件部门应急预案并报国务院备案。

地方各级人民政府和县级以上地方人民政府有关部门根据有关法律、法规、规章、上级人民政府及其有关部门的应急预案以及本地区、本部门的实际情况，制定相应的突发事件应急预案并按国务院有关规定备案。

◆ 条文主旨

本条是关于突发事件应急预案体系的规定。

◆ 修改要点

与 2007 年《中华人民共和国突发事件应对法》第十七条相比，本次修改内容如下：

1. 对于国务院有关部门根据各自的职责和国务院相关应急预案制定的国家突发事件部门应急预案，增加了"并报国务院备案"的规定。

2. 对于地方各级人民政府和县级以上地方人民政府有关部门制定的应急预案，增加了"并按国务院有关规定备案"的规定。

3. 将 2007 年《中华人民共和国突发事件应对法》第十七条的"应急预案制定机关应当根据实际需要和情势变化，适时修订应急预案。应急预案的制定、修订程序由国务院规定"从本条移除，作为修改后的第二十八条部分内容加以规定。

◆ 核心概念

预案，即预先制定的行动方案。

应急预案，是指各级人民政府及其部门、基层组织、企事业单位和社会组织等为依法、迅速、科学、有序应对突发事件，最大程度减少突发事件及其造成的损害而预先制定的方案。

备案，是指向主管机关报告事由存案以备查考。从行政法角度看，备案实践中主要适用《中华人民共和国立法法》和《法规规章备案条例》的规定。在我国，法律、行政法规、地方性法规、自治条例和单行条例、规章应当在公布后一定期间内，由其制定机关依法报送同级司法机关存档并接受司法机关的审查。通过备案审查，司法机关能够全面了解法定机关的立法情况，并能结合审判实践及时发现问题、研究问题、解决问题，从而有效维护法制的统一和权威。

◆ 条文解读

"凡事预则立，不预则废。"突发事件具有突发性、危害性和不确定性等特点，最大限度地预防和减少损失，必须建立健全突发事件应急预案体系，以便于在突发事件发生后迅速反应，妥善处置。制定突发事件应急预案，就是未雨绸缪，预先准备好各种防范措施，防患于未然。

一、国家建立健全突发事件应急预案体系

预案与其他计划文书相比，针对性更强，内容更加系统、详尽。编制应急预案有助于识别潜在突发事件、了解突发事件的发生机理、明确应急救援的范围和体系，为应对突发事件做较为充分的准备。

为加强应急预案体系建设，国务院办公厅在 2004 年 4 月 6 日发布了《国务院有关部门和单位制定和修订突发公共事件应急预案框架指南》，并于 2004 年 5 月 22 日颁发了《省（区、市）人民政府突发公共事件总体应急预案框架指南》。2006 年 1 月 8 日，国务院发布了《国家突发公共事件总体应急预案》。随后，国务院各有关部门及时编制了国家专项预案和部门预案，全国各省、自治区、直辖市也编制完成了省级突发公共事件总体应急预案，各地还结合实际编制了专项应急预案，许多市县以及企事业单位也制定了应急预案，全国应急预案体系初步形成。2008 年以来，我国进入了应急预案体系的逐步完善阶段。2013 年 10 月，国务院办公厅印发了《突发事件应急预案管理办法》，重新对应急预案的概念、分类、内容、编制、备案以及演练等问题进行界定，建立起应急预案的持续改进机制。2021 年 12 月 30 日，《国务院关于印发"十四五"国家应急体系规划的通知》，对应急预案管理机制、预案制修订以及预案演练评估等方面部署了任务措施。2024 年 1 月 31 日，国务院办公厅印发了修订后的《突发事件应急预案管理办法》。

本条第一款规定的国家应急预案体系包括两个层次的要求：一是要求全国各地区、各行业、各单位都应依法建立突发事件应急预案；二是要求预案之间能够相互衔接，形成有机的整体。中央政府、地方政府和各个部门在体系中的职能清晰明确，既相对独立，又相互协调。

二、明确各级政府及其部门制定应急预案的职责及其工作分工

应急预案管理遵循统一规划、综合协调、分类指导、分级负责、动态管理的原则。国务院统一领导全国应急预案体系建设和管理工作，县级以上地方人民政府负责领导本行政区域内应急预案体系建设和管理工作。突发事件应对有关部门在各自职责范围内，负责本部门（行业、领域）应急预案管理工作。按照制定主体划分，应急预案分为政府及其部门应急预案、单位和基层组织应急预案两大类。政府及其部门应急预案包括总体应急预案、专项应急预案、部门应急预案等。单位和基层组织应急预案包括企事业单位、村民委员会、居民委员会、社会组织等编制的应急预案。总体应急预案是人民政府组织应对突发事件的总体制度安排。总体应急预案围绕突发事件事前、事中、事后全过程，主要明确应对工作的总体要求、事件分类分级、预案体系构成、组织指挥体系与职责，以及风险防控、监测预警、处置救援、应急保障、恢复重建、预案管理等内容。专项应急预案是人民政府为应对某一类型或者某几种类型突发事件，或者针对重要目标保护、重大活动保障、应急保障等重要专项工作而预先制定的涉及多个部门职责的方案。部门应急预案是人民政府有关部门根据总体应急预案、专项应急预案和部门职责，为应对本部门（行业、领域）突发事件，或者针对重要目标保护、重大活动保障、应急保障等涉及部门工作而预先制定的方案。

三、规定应急预案备案的要求

修改后的条文增加了应急预案的备案，完善了应急预案制度。在我国，"政府备案制度"是相对于人大机关备案制度而言的特定概念，是行政自我规制的一种体现，也是现阶段保障行政规范性文件合法性的重要方式。它在20世纪80年代逐渐萌芽到90年代开始走向制度化，是我国政治现实发展的产物，是一个具有中国特色的制度。备案属于事后审查、事后监督，是约束应急预案的一种方式。

本条第三款中的"国务院有关规定"，主要是指国务院办公厅制定的《突发事件应急预案管理办法》。根据该办法，应急预案审批单位应当在应急预案印发后的 20 个工作日内，将应急预案正式印发文本（含电子文本）及编制说明，依照下列规定向有关单位备案并抄送有关部门：（1）县级以上地方人民政府总体应急预案报上一级人民政府备案，径送上一级人民政府应急管理部门，同时抄送上一级人民政府有关部门。（2）县级以上地方人民政府专项应急预案报上一级人民政府相应牵头部门备案，同时抄送上一级人民政府应急管理部门和有关部门。（3）部门应急预案报本级人民政府备案，径送本级应急管理部门，同时抄送本级有关部门。（4）联合应急预案按所涉及区域，依据专项应急预案或者部门应急预案有关规定备案，同时抄送本地区上一级或者共同上一级人民政府应急管理部门和有关部门。（5）涉及需要与所在地人民政府联合应急处置的中央单位应急预案，应当报所在地县级人民政府备案，同时抄送本级应急管理部门和突发事件应对牵头部门。（6）乡镇（街道）应急预案报上一级人民政府备案，径送上一级人民政府应急管理部门，同时抄送上一级人民政府有关部门。村（社区）应急预案报乡镇（街道）备案。（7）中央企业集团总体应急预案报应急管理部备案，抄送企业主管机构、行业主管部门、监管部门；有关专项应急预案向国家突发事件应对牵头部门备案，抄送应急管理部、企业主管机构、行业主管部门、监管部门等有关单位。中央企业集团所属单位、权属企业的总体应急预案按管理权限报所在地人民政府应急管理部门备案，抄送企业主管机构、行业主管部门、监管部门；专项应急预案按管理权限报所在地行业监管部门备案，抄送应急管理部门和有关企业主管机构、行业主管部门。

这里需要注意的是应急预案的法律地位问题。一般认为，预案是为完成某项工作任务所作的全面、具体的实施方案。应急预案是"一案三制"的重要组成部分，在我国突发事件应对中发挥着重要的作用。应急预案不是法律，但它实际上有着相当重要的地位。2003 年"非典"疫情发生后，我国建立了以"一案三制"为核心的应急管理体系。"一案三制"中的四个要素——应急预案、应急体制、应急机制和应急法制，既是相互独立的子系统，又是一个有机整体，它们相互影响、相互制约。其中，应急预案以规范性文件的形式暂时弥补了法律体系的不足，为此后应急管理方面法律的完善提供了基础①。为了应对迫在眉睫的突发事件，考虑到立法周期问题，中央政府采取"立法滞后、预案先行"的思路，推动应急预案体系迅速建立。作为政府应对突发事件的行动方案，应急管理的各种行政措施在应急预案中多有体现，在很多方面正在替代法律体系功能。这在当时是具有合理性的②。

> **第二十七条**　县级以上人民政府应急管理部门指导突发事件应急预案体系建设，综合协调应急预案衔接工作，增强有关应急预案的衔接性和实效性。

◆ **条文主旨**

本条是关于应急管理部门指导突发事件应急预案体系建设的规定。

◆ **修改要点**

本条为新增条款。

---

① 高小平：《"一案三制"对政府应急管理决策和组织理论的重大创新》，湖南社会科学，2010 年第 5 期。

② 代海军：《应急法要义》，中国法制出版社，2023 年版，第 106 页。

◆ 条文解读

应急预案体系建设是应急预案发挥作用的前提和根本保证。实践中，应急预案存在各自为战、互不衔接，以及实效性不强等问题，导致应急预案未能充分发挥作用。针对这些问题，本条规定了应急管理部门指导应急预案体系建设，综合协调应急预案衔接工作，增强有关应急预案的衔接性和实效性。

一、应急管理部门指导应急预案体系建设

国家应急预案体系是全面覆盖、职能明确的有机体系，各级各类预案既相对独立，又相互协调，构成应急准备的"一张网"。这张网的形成需要专业部门的指导和协调，以确保不同的应急预案步调一致、相互衔接。由于应急预案体系建设涉及面广，因此客观上需要一个部门来牵头把总，协调解决应急预案工作中存在的突出问题。根据"三定规定"，应急管理部门是综合部门，指导应急预案体系建设是其法定职责。本条明确了应急管理部门指导应急预案体系建设的主体地位，强调了应急管理部门综合协调应急预案衔接的职责。

二、应急预案的衔接性和实效性要求

预案体系的有效性在很大程度上取决于不同层级的预案之间或者同一层级的不同预案之间的衔接匹配程度。对预案之间的衔接性要求主要来自两个方面：一是风险事件发展演化的内在联系决定了在应对特定风险事件时，需要同时启动多个预案，以便及时全面应对原发事件及各种次生衍生事件；二是同一事件的应对处置可能需要不同部门分工合作，协同联动，随着预案体系日渐健全，参与应对的部门实际都需要启动自己相应的应急预案，这些预案之间必然

需要紧密衔接①。

因为应急预案所应对的风险是动态变化的，应急预案实施所需要的资源情况也是动态变化的，所以要保持预案的针对性和实效性，就必须建立长效机制，对应急预案进行科学系统的评估，全面梳理分析其薄弱环节，指明修订改进的方向和关键因素。预案的实效性：一是从预案实施效果反映出的预案实效性，主要反映的是预案在促进推动应急准备工作方面的实效性；二是从实际应急（预警）响应效果反映出的预案实效性，主要反映的是预案在应急响应方面的实效性。

编制应急预案应在尊重突发事件产生和发展的客观规律基础上，根据组织运行的现行架构，充分考虑应急处置可能涉及的联动需要，以及预案体系内同类属的预案之间的衔接关系和实际操作需要。

第二十八条 应急预案应当根据本法和其他有关法律、法规的规定，针对突发事件的性质、特点和可能造成的社会危害，具体规定突发事件应对管理工作的组织指挥体系与职责和突发事件的预防与预警机制、处置程序、应急保障措施以及事后恢复与重建措施等内容。

应急预案制定机关应当广泛听取有关部门、单位、专家和社会各方面的意见，增强应急预案的针对性和可操作性，并根据实际需要、情势变化、应急演练中发现的问题等及时对应急预案作出修订。

应急预案的制定、修订、备案等工作程序和管理办法由国务院规定。

————————

① 唐玮，姜传胜，佘廉：《提高突发事件应急预案有效性的关键问题分析》，中国行政管理，2013 年第 9 期，第 51－54 页。

◆ 条文主旨

本条是关于突发事件应急预案制定依据、内容以及修订的规定。

◆ 修改要点

与 2007 年《中华人民共和国突发事件应对法》第十七条第四款、第十八条相比，本次修改内容如下：

1. 将"突发事件应急管理工作"，修改为"突发事件应对管理工作"。

2. 增加"应急预案制定机关应当广泛听取有关部门、单位、专家和社会各方面的意见，增强应急预案的针对性和可操作性"的规定。

3. 将原第十七条中的"应急预案制定机关应当根据实际需要和情势变化，适时修订应急预案。应急预案的制定、修订程序由国务院规定"修改后作为本条的第二款和第三款。

◆ 条文解读

应急预案是应急准备的重要内容，也是"防患于未然"的内在要求。实践中，一些地方和部门的应急预案制定较为随意，存在上下一般粗、针对性不强等问题，导致应急预案"中看不中用"。针对这些问题，本条规定了应急预案依据什么制定，应当规定什么内容，以及如何制定等关键问题。

一、应急预案制定应满足合法性、合理性要求

应急预案的合法性要求，是指制定应急预案的依据为本法和《突发事件应急预案管理办法》，以及其他有关法律、法规。制定应急预案是法律的要求。具体哪些单位需要制定应急预案、不同行业

又对应急预案有什么具体的要求，需要依据本法和其他有关法律法规来确定。只有符合所有上位法要求的应急预案才是合法的应急预案。应急预案的合理性要求，是指应急预案必须针对突发事件的性质、特点和可能造成的社会危害，综合考虑、具体安排应对力量和措施。不同类型的突发事件有不同的特征，只有综合考虑事件的性质、特点和可能造成的社会危害制定的应急预案才是合理的应急预案。

二、应急预案的内容应包括规定要件

应急预案的主要内容包括：组织指挥体系与职责、预防和预警机制、处置程序、应急保障措施以及事后恢复与重建措施等。制定突发事件应急预案应当科学、严密、具体。

1. 组织指挥体系与职责。明确负有应急职责的组织和人员构成，明确负有指挥责任的人员及其具体职责分工，用于统一指挥、协调、调度各方面资源和力量的组织架构，以确保指挥的科学性和高效性。

2. 预防与预警机制。预警是对各类风险隐患信息进行综合科学分析后，对有可能发生或即将发生的突发事件的情况及时发布预警信息。预警信息包括突发事件的类别、预警级别、起始时间、可能影响范围、警示事项、应采取的措施和发布机关等内容。

3. 处置程序。突发事件应急预案一般应规定以下四个步骤：第一是信息报告。突发公共事件发生后，各地区、各部门要立即报告，同时通报有关地区和部门。应急处置过程中，要及时续报有关情况。第二是先期处置。突发公共事件发生后，事发地的人民政府在报告信息的同时，根据职责和规定的权限启动相关应急预案，及时有效地进行处置，控制事态。第三是应急响应。对于突发公共事件，要及时启动应急预案，开展处置工作。第四是应急结束。突发公共事件应急处置工作结束或者相关危险因素消除后，现场应急指挥机构予以撤销。

4. 应急保障措施。"任何一种社会实践活动，都要投入一定的人力、物力和财力等资源。应急管理作为人类应对突发事件或紧急状态的一种方式，是一项涉及多方面因素的系统工程，只有通过实践活动才能得以实现，因此必然需要投入一定的资源。"[1] 应急保障是应急管理必不可少的重要环节，其实是一种应急机制。应急保障包括人力保障、资金保障、物资保障、通信保障和知识技能保障等[2]。

5. 事后恢复与重建措施。一是善后处置。对突发事件中的伤亡人员、应急处置工作人员，以及紧急调集、征用有关单位及个人的物资，按照规定给予抚恤、补助或补偿，并提供心理服务及司法援助。做好疫病防治和环境污染消除工作。二是调查与评估。对突发事件的起因、性质、影响、责任、经验教训和恢复重建等问题进行调查评估。三是恢复重建。根据受灾地区恢复重建计划，组织和实施恢复重建。四是信息发布。突发事件的信息发布应当及时、准确、客观、全面。事件发生的第一时间向社会发布简要信息，随后发布初步核实情况、政府应对措施和公众防范措施等，并根据事件处置情况做好后续发布工作。

三、不同层级、类别应急预案应各有侧重

按照《突发事件应急预案管理办法》，总体应急预案围绕突发事件事前、事中、事后全过程，主要明确应对工作的总体要求、事件分类分级、预案体系构成、组织指挥体系与职责，以及风险防

---

[1] 陈国华，张新梅，金强：《区域应急管理实务——预案、演练及绩效》，化学工业出版社，2008年版，第32页。

[2] 莫于川：《应急预案法治论——突发事件应急预案的法治理论与制度构建》，法律出版社，2020年版，第84和125页。

控、监测预警、处置救援、应急保障、恢复重建、预案管理等内容。针对突发事件应对的专项和部门应急预案，主要规定县级以上人民政府或有关部门相关突发事件应对工作的组织指挥体系和专项工作安排，不同层级预案内容各有侧重，涉及相邻或相关地方人民政府、部门、单位任务的应当沟通一致后明确。国家层面专项和部门应急预案侧重明确突发事件的应对原则、组织指挥机制、预警分级和事件分级标准、响应分级、信息报告要求、应急保障措施等，重点规范国家层面应对行动，同时体现政策性和指导性。省级专项和部门应急预案侧重明确突发事件的组织指挥机制、监测预警、分级响应及响应行动、队伍物资保障及市县级人民政府职责等，重点规范省级层面应对行动，同时体现指导性和实用性。市县级专项和部门应急预案侧重明确突发事件的组织指挥机制、风险管控、监测预警、信息报告、组织自救互救、应急处置措施、现场管控、队伍物资保障等内容，重点规范市（地）级和县级层面应对行动，落实相关任务，细化工作流程，体现应急处置的主体职责和针对性、可操作性。乡镇（街道）应急预案重点规范乡镇（街道）层面应对行动，侧重明确突发事件的预警信息传播、任务分工、处置措施、信息收集报告、现场管理、人员疏散与安置等内容。

应急预案涉及的有关部门、单位等可以结合实际编制应急工作手册，内容一般包括应急响应措施、处置工作程序、应急救援队伍、物资装备、联络人员和电话等。应急救援队伍、保障力量等应当结合实际情况，针对需要参与突发事件应对的具体任务编制行动方案，侧重明确应急响应、指挥协同、力量编成、行动设想、综合保障、其他有关措施等具体内容。

四、应急预案编制应体现民主性、可行性

应急预案服务于应急管理实践，也应当来自于实践。应急预案制定得合不合理、可不可行，需要有关部门、单位和专家共同论证。听取有关部门、单位和专家的意见建议，既是科学决策、民主决策的必要环节，也是科学编制应急预案的重要保证。有关部门、单位立足工作实际，专家发挥各自专业优势，结合实际建言献策，有助于确保应急预案具有针对性和可操作性。同时，为确保应急预案切实发挥作用，应急预案制定后，应当根据实际需要、情势变化、应急演练中发现的问题等，及时修订。各级各类突发事件应急预案的制定机关应当根据实际情况和情势变化，适时修改、调整预案，使预案针对性更强，内容更详尽具体。保持预案的时效性和实用性是制定主体的法定职责，只有一切从实际出发、尊重科学、尊重实践，才能让应急预案真正发挥作用。

本条第三款规定，应急预案的制定、修订、备案等工作程序和管理办法由国务院规定。这里的"国务院规定"，是指2024年1月31日国务院办公厅印发的《突发事件应急预案管理办法》。该办法共8章43条，分总则，分类与内容，规划与编制，审批、发布、备案，培训、宣传、演练，评估与修订，保障措施，附则，自印发之日起施行。

第二十九条 县级以上人民政府应当将突发事件应对工作纳入国民经济和社会发展规划。县级以上人民政府有关部门应当制定突发事件应急体系建设规划。

◆ **条文主旨**

本条是关于将突发事件应对工作纳入国民经济和社会发展规划，以及制定突发事件应急体系规划的规定。

◆ 修改要点

本条为新增条款。

◆ 核心概念

突发事件应急体系建设规划，是对一定时期的安全生产、防灾减灾救灾等应急管理工作进行全面部署的文件。

◆ 条文解读

突发事件应对工作是国民经济和社会发展的重要内容，是国家治理体系和治理能力的重要组成部分，承担防范化解重大安全风险、及时应对处置各类灾害事故的重要职责，担负保护人民群众生命财产安全和维护社会稳定的重要使命。同时，突发事件应对工作对国民经济和社会发展有着重要保障作用。安全是发展的基础，统筹好发展和安全，是确保经济持续健康发展和社会大局稳定的关键。

一、政府应当将突发事件应对工作纳入国民经济和社会发展规划

中央多次强调，必须坚持高质量发展和高水平安全良性互动，以高质量发展促进高水平安全，以高水平安全保障高质量发展[①]。将突发事件应对工作纳入国民经济和社会发展规划，是促进突发事件应对工作与经济社会协调发展的需要，是提升我国突发事件应对能力的重要途径。我国的规划体系，包括国民经济和社会发展规

---

① 《以高质量发展促进高水平安全　以高水平安全保障高质量发展》，https：//politics. gmw. cn/2023 – 12/19/content_37037618. htm，访问日期：2024 年 1 月 22 日。

划、专项规划、区域规划以及国土规划等类型，覆盖从国家到省、市、县、乡镇的各级行政层面。国民经济和社会发展规划是全国或者某一地区经济、社会发展的总体纲要，是具有战略意义的指导性文件，统筹安排和指导全国或某一地区的社会、经济、文化建设工作。预防和减少突发事件，做好应急管理工作，是国民经济和社会发展规划涉及的重点内容之一，二者是整体与专项的关系。

将突发事件应对工作纳入国民经济和社会发展规划有利于政府统筹发展和安全，确保经济社会发展和应急管理协调共进。《中华人民共和国国民经济和社会发展第十四个五年规划和 2035 年远景目标纲要》在第五十四章全面提高公共安全保障能力的第四节以"完善国家应急管理体系"为题对突发事件应对工作进行全面部署。主要包括：构建统一指挥、专常兼备、反应灵敏、上下联动的应急管理体制，优化国家应急管理能力体系建设，提高防灾减灾抗灾救灾能力。坚持分级负责、属地为主，健全中央与地方分级响应机制，强化跨区域、跨流域灾害事故应急协同联动。开展灾害事故风险隐患排查治理，实施公共基础设施安全加固和自然灾害防治能力提升工程，提升洪涝干旱、森林草原火灾、地质灾害、气象灾害、地震等自然灾害防御工程标准，等等。随后，各地均在贯彻落实《中共中央关于制定国民经济和社会发展第十四个五年规划和二〇三五年远景目标的建议》的基础上，立足新发展阶段、贯彻新发展理念、构建新发展格局，绘制了具有区域特色的"航向图"，明确了应急管理的发展趋势和前进方向[1]。

二、政府有关部门应当制定突发事件应急体系建设规划

编制突发事件应急体系建设的专项规划，是推进应急管理事

---

① 《各地陆续明确应急管理领域远景目标和方向》，https：//www.mem.gov.cn/xw/gdyj/202102/t20210220_380141.shtml，访问日期：2024 年 1 月 22 日。

业发展，逐步推进应急管理体系和能力现代化的重要保障。应急体系规划属于专项规划，应与国民经济和社会发展规划纲要同部署同研究同编制。《"十四五"国家应急体系规划》由应急管理部、国家发展和改革委员会牵头编制，经国务院批准后发布实施。省级应急体系规划由该省应急管理部门、发展改革部门牵头编制，经省人民政府同意，以省政府文件印发，作为本省应急管理领域规划的最上位规划。在此之下，可根据本省实际，编制安全生产、防灾减灾等规划。市、县级应急体系规划由本地应急管理部门和发展改革部门牵头编制，指导本地方应急管理各项事业发展。应急体系规划的适用周期与国民经济和社会发展规划的适用周期一致。

应急体系规划应当总结上一个五年的应急管理工作成效；分析研判下一个五年应急管理的形势；针对当前面临的问题和挑战，从总体要求（一般包括指导思想、基本原则、主要目标）、主要任务（一般包括体制、机制、法治、队伍、资源等）、重点工程、保障措施等方面提出应急管理领域各项事业发展的重点和方向，全面规划和部署应急管理工作。

　　第三十条　国土空间规划等规划应当符合预防、处置突发事件的需要，统筹安排突发事件应对工作所必需的设备和基础设施建设，合理确定应急避难、封闭隔离、紧急医疗救治等场所，实现日常使用和应急使用的相互转换。

◆ 条文主旨

本条是关于国土空间规划应当符合预防、处置突发事件需要的规定。

◆ 修改要点

与 2007 年《中华人民共和国突发事件应对法》第十九条相比，本次修改内容如下：

1. 将"城乡规划"，修改为"国土空间规划等规划"。

2. 将"统筹安排应对突发事件"，修改为"统筹安排突发事件应对工作"。

3. 将"合理确定应急避难场所"，修改为"合理确定应急避难、封闭隔离、紧急医疗救治等场所，实现日常使用和应急使用的相互转换"。

◆ 核心概念

国土空间规划，是对一定区域国土空间开发保护在空间和时间上作出的安排，是国家空间发展的指南、可持续发展的空间蓝图，是各类开发保护建设活动的基本依据。

◆ 条文解读

应对突发事件，需要有长远性和战略性的考虑。实践中，一些地方制定国土空间规划等规划时忽视应对突发事件的需要，导致突发事件应对工作所必需的设备和基础设施不足，应急避难、封闭隔离、紧急医疗救治等场所难以满足实际需求等严重后果。为此，本条规定国土空间规划等规划应当符合预防、处置突发事件的需要，真正实现规划统筹安排建设活动的目的和功能。按照本条的要求，国土空间规划等规划应当满足三方面要求。

一、国土空间规划等规划应当符合预防、处置突发事件的需要

国土空间规划与应急体系规划都是国民经济和社会发展规划纲

要下的专项规划，应当相互协调，符合专项事业发展的需要。国土空间规划由原来的城乡规划发展而来，主要为建设服务，计划经济时代就被认为是国民经济计划的落实和具体化。改革开放以来，我国城乡规划不断改进、充实和完善，各类规划不断拓展规划内容的外延。2018 年，自然资源部将之前分属于不同部门组织编制的规划合并为统一的国土空间规划，实现"多规合一"。2019 年 8 月 26 日修正的《中华人民共和国土地管理法》明确规定，"已经编制国土空间规划的，不再编制土地利用总体规划和城乡规划"。

如何在国土空间规划等规划设计中充分体现国土属性、底线思维和问题导向，是提升公共安全治理能力必须正视并要解决的重大问题。国土空间规划不仅要考虑经济社会发展问题，还应该重视突发风险防控。在编制国土空间规划过程中，应牢固树立风险防范意识，将预防为主、预防与应急相结合的原则贯穿到国土空间规划等规划体系中，重视灾害风险评估和风险管控，提升应急管理能力。比如，《全国国土规划纲要（2016—2030 年）》围绕增强防灾减灾能力，要求完善灾害监测预警网络、加强重点区域灾害防治、提升灾害综合应对能力。需要注意的是，这里的"等规划"，说明其他规划也应满足本条要求。

二、根据突发事件应对工作的需要，统筹安排所必需的设备和基础设施建设，合理确定应急避难、封闭隔离、紧急医疗救治等场所

一是统筹安排应对突发事件所必需的设备和基础设施建设。国土空间规划应合理规划建设用地和控制城市规模，实现总体空间布局的合理化。避让地震活动断层等危险区，结合地区实际，加强公共设施和基础设施的抗灾能力。综合考虑人口分布、资源环境承载能力、应急需求等，统筹安排用于应对突发事件所必需的设备和基础设施建设。二是合理确定应急避难、封闭隔离、紧急医疗救治等场所。合理确定应急避难场所，创造更多的开阔空间和疏散避难场地。加强应急避难场所和紧急疏散通道的建设，拓展广场、绿地、公园、学校、体育场馆等公共场所的应急避难功能，设置必要的基本生活设施。推进台风、地震、地质灾害、洪涝等多灾、易灾的农村地区，以及国家规划的防洪保护区等区域的避难场所基础设施建设。新冠疫情防控初期，暴露出缺少隔离空间、紧急医疗救治场所不足等问题。在汲取相关经验教训的基础上，将封闭隔离和紧急医疗救治等场所写入法条，为今后防控和应对类似突发事件作好充分准备。

三、实现日常使用和应急使用的相互转换

本条所规定的"日常使用和应急使用相互转换"，就是做到"平急结合""平急两用"，即"平时"作日常功能使用，"急时"可以迅速转换为应急功能，最大限度发挥公共设施的功能，同时避免资源浪费。目前，我国已经有关于超大城市"平急两用"的指导意见，日常使用和应急使用的相互转换正在规范开展。2023年7月，国务院常务会议审议通过《关于积极稳步推进超大特大城市"平急两用"公共基础设施建设的指导意见》，要求推进超大特大城市"平急两用"公共基础设施建设，提升城市应急保障能力。"平急两用"公共基础设施建设是指在公共基础设施建设中，将平时使用和应急使用有机结合，打造一个既具备日常运营功能，又具备应急响应能力的基础设施系统。"平急两用"公共基础设施是集隔离、应急医疗和物资保障为一体的重要应急保障设施，"平时"可用作旅游、康养、休闲等，"急时"可转换为隔离场所，满足应急隔离、临时安置、物资保障等需求。"平急两用"基础设施在平时、应急两种情景下均能发挥作用，用于防范和应对重大灾害事故。

第三十一条 国务院应急管理部门会同卫生健康、自然资源、住房城乡建设等部门统筹、指导全国应急避难场所的建设和管理工作，建立健全应急避难场所标准体系。县级以上地方人民政府负责本行政区域内应急避难场所的规划、建设和管理工作。

◆ 条文主旨

本条是关于应急避难场所的规划、建设和管理工作的规定。

◆ 修改要点

本条为新增条款。

◆ 核心概念

应急避难场所，是为应对自然灾害、事故灾难、公共卫生等突发事件，经规划、建设，具有应急避难生活服务设施，可供居民紧急疏散、临时生活的安全场所。应急避难场所必须设置保障避难人员基本生活需求的基本设施，包括但不限于救灾帐篷，医疗救护和卫生防疫设施，应急供水、供电、排污设施等。应急避难场所应设置明显标识，以引导、指示应急避难场所位置。应急避难场所一般可选在公园、绿地、广场、体育场、室内公共的场馆等。

◆ 条文解读

应急避难场所作为公共安全和应急管理的重要组成部分，在重大突发事件预警响应、抢险救援、过渡安置过程中，发挥转移避险、安置避难群众和维护社会稳定的重要作用。截至 2023 年 11 月底，我国已建成各级各类应急避难场所超过 13.7 万个，但场址选择、分级分类、功能设施等布局设计参差不齐，大多数缺乏统一规划①。为解决上述问题，本条从以下两个层面作出相应规定。

一、全国层面应急避难场所建设和管理

按照本条规定，国务院应急管理部门会同卫生健康、自然资源、住房城乡建设等部门统筹、指导全国应急避难场所的建设和管理工作。应急避难场所的建设和管理与防疫需要、国土空间规划、建设工程规划选址等有密切联系，应统筹考虑，使其具备多种需求下的综合应急避难功能。统筹利用各类应急避难资源合理建设，强调既要满足各类灾害事故的应急避难需求，也要防止造成资源浪费。2023 年，应急管理部、国家发展改革委、教育部、财政部、自然资源部、住建部、水利部、文旅部、卫健委、市场监管总局、体育总局、国家疾控局十二个部门联合印发《关于加强应急避难场所建设的指导意见》，对应急避难场所怎么建作出了详细规定。

根据应急管理部、自然资源部联合印发的《应急避难场所专项规划编制指南》，应急避难场所需符合本级国民经济和社会发展规划、国土空间总体规划，并与应急体系、人民防空、综合防灾减灾、恢复重建等规划相衔接。要科学布局各级各类应急避难场所，统筹利用各类应急避难资源合理建设，加强室内型及综合性应急避难场所建设，加强城镇应急避难场所标准化改造，加强乡村应急避难场所建设，科学设置应急避难场所功能与设施，充分考虑特殊条件下应急避难需要。

二、地方层面应急避难场所规划、建设和管理

按照分级负责、属地为主的应急管理原则，县级以上地方人民

---

① 《应急管理部和自然资源部相关司局负责人解读〈应急避难场所专项规划编制指南〉》，https：//www. mem. gov. cn/gk/zcjd/202312/t20231226_473147. shtml。

政府是属地管理的主体，负责本行政区域内突发事件的应对管理工作。按照本条规定，在应急避难场所方面，县级以上地方人民政府的职责有以下三个方面。

1. **规划**。在遵循国土空间规划、开展国土空间规划专项评估的前提下，合理规划本级应急避难场所发展布局，按照建筑及场地类别、总体功能定位及避难时长、避难种类、避难面积、避难人数、服务半径和设施设备及物资配置等，科学设置室内型和室外型、综合型和单一型，以及紧急、短期、长期应急避难场所。可根据特殊需求及功能需要设置特定应急避难场所。

2. **建设**。新建应急避难场所与新建城乡公共设施、场地空间和住宅小区等同步规划、建设、验收和交付；改造应急避难场所要充分利用学校、文体场馆、酒店、公园绿地、广场，以及乡镇（街道）和村（社区）的办公用房、文化服务中心等公共设施和场地空间，合理调整；通过政府组织评估、指定等方式，充分利用集贸市场、文旅设施、福利院、农村空旷场地等资源设置临时应急避难场所。应急避难场所要满足及时可达要求，不同级别和类型的应急避难场所都有一定的服务半径，以满足公众工作生活地点的周边一般都有应急避难场所。每个应急避难场所通常都有至少两条不同方向与外界相通的进出通道，这样即使发生灾害事故也不易出现因道路受阻而难以抵达的情况。

3. **管理**。应急避难场所不能只建不管，要建好也要管好，关键时候才能发挥作用。县级以上人民政府要对应急避难场所的日常维护、检查检修、使用等进行管理，确保应急避难场所的正常使用。应急避难场所内、外及周边区域都应规范设置明显的指示标志，指引公众前往应急避难场所。向公众主动公开应急避难场所分布及地址、主要功能设施、应急避难路线等信息，以便公众及时查询应急避难场所相关服务信息。

三、应急避难场所标准体系

根据《中华人民共和国标准化法》的规定，标准包括国家标准、行业标准、地方标准和团体标准、企业标准。国家标准分为强制性标准、推荐性标准，行业标准、地方标准是推荐性标准。2008 年 5 月，国家质量监督检验检疫总局、国家标准化管理委员会发布了《地震应急避难场所　场址及配套设施》（GB 21734），这是关于应急避难场所最早的国家标准。2017 年，国家质量监督检验检疫总局、国家标准化管理委员会发布《地震应急避难场所　运行管理指南》（GB/T 33744）和《城镇应急避难场所通用技术要求》（GB/T 35624）两项国家标准。2024 年，国家市场监管总局、国家标准化管理委员会发布《应急避难场所　术语》（GB/T 44012）、《应急避难场所分级及分类》（GB/T 44013）、《应急避难场所　标志》（GB/T 44014）三项国家标准。2024 年 2 月，应急管理部批准发布《应急避难场所　设施设备及物资配置》（YJ/T 26）行业标准。各地可结合本地实际，按照上述标准开展应急避难场所的规划、建设和管理工作。

第三十二条　国家建立健全突发事件风险评估体系，对可能发生的突发事件进行综合性评估，有针对性地采取有效防范措施，减少突发事件的发生，最大限度减轻突发事件的影响。

◆ 条文主旨

本条是关于突发事件风险评估体系的规定。

◆ 修改要点

与 2007 年《中华人民共和国突发事件应对法》第五条相比，

本次修改内容如下：

1. 将"国家建立重大突发事件风险评估体系"，修改为"国家建立健全突发事件风险评估体系"。

2. 增加了"有针对性地采取有效防范措施"的规定。

◆ 核心概念

风险评估，是指对不良结果或不期望事件发生的概率进行描述及定量的系统过程，也是指对突发事件可能造成的社会影响、财产损失和人员伤亡结果的预测。

◆ 条文解读

现代社会是风险社会，社会经济的发展始终伴随着各种风险。一般而言，如果不能得到及时的处理，风险会不断地累积并被引爆，形成突发事件。风险评估就是对突发事件发生的可能性、影响程度和影响后果进行评估的过程，是突发事件风险管理的基础，也是各级人民政府和有关部门获得突发事件准确信息的重要途径。为更好地实行预防为主、预防与应急相结合的原则，本条对突发事件风险评估作出规定。

一、国家建立健全突发事件风险评估体系

从 2007 年《中华人民共和国突发事件应对法》的"国家建立重大突发事件风险评估体系"到现在的"国家建立健全突发事件风险评估体系"，强调风险评估体系从建立到建立健全，从重大突发事件到涵盖不同等级的突发事件的不断完善的体系化进程。突发事件风险评估是突发事件危机管理的一项重要内容。建立健全突发事件风险评估体系，对人类预防、减轻和消除突发事件可能带来的风险，提高应对突发事件的主动性、前瞻性、科学性和有效性至关重要。突发事件风险评估包括风险事件的可能性分析、风险事件的影响或后果分析、风险评价、可接受风险水平。可能性是对一个威胁变为现实或事件发生的概率的估算。可以依据历史事件发生频率、预测性模型或者专家判断等进行评估。突发事件所造成的影响或后果主要包括人员损伤、经济损失、环境影响、社会秩序影响、政府信誉影响，以及社会心理影响等，可以对其进行定量或定性分析。风险评价是将风险分析过程中得出的风险水平与预先设定的风险准则进行比较，确定风险等级以及是否可接受或可容忍，并对各种风险进行综合排序，为进一步的风险管理决策提供依据。综合考虑一个区域的总体经济社会发展水平，以及风险承受能力和风险控制能力，得出一个区域面对不同类别的突发事件的可接受风险水平①。

二、对可能发生的突发事件进行综合性评估

习近平总书记强调，要坚持以防为主、防抗救相结合，坚持常态减灾和非常态救灾相统一，努力实现从注重灾后救助向注重灾前预防转变，从应对单一灾种向综合减灾转变，从减少灾害损失向减轻灾害风险转变，全面提高全社会抵御自然灾害的综合防范能力。风险评估是减少突发事件的发生、减轻突发事件的影响的基础。综合性评估是综合减灾的基础。按照《"十四五"国家应急体系规划》，"十四五"期间，我国将以第一次全国自然灾害综合风险普查为基准，编制自然灾害风险和防治区划图，加强综合性风险评估。从加强地震构造环境精细探测和重点地区与城市活动断层探察、推进城镇周边火灾风险调查等方面着手揭示灾害隐患。以健全

---

① 范维澄，闪淳昌：《公共安全与应急管理》，科学出版社，2017 年版，第 235 - 242 页。

安全风险评估管理制度，推动重点行业领域企业建立安全风险管理体系等方式补强薄弱环节。通过全面开展城市安全风险评估，定期开展重点区域、重大工程和大型油气储存设施等安全风险评估，动态掌握风险情况和减灾能力，为中央和地方各级政府提高综合防范能力、应对突发事件风险提供科学依据。

三、有针对性地采取有效防范措施，减少突发事件的发生，最大限度减轻突发事件的影响

在风险评估的基础上，针对不可接受的风险采取降低或规避等措施的具体管理过程就是风险管理①。风险管理是从减少灾害损失向减轻灾害风险转变的重要手段。通过风险评估发现风险，对相关主体可能遭受的风险情况、风险发生概率以及可能带来的负面影响做出预估和评价，并对其风险承受能力进行评判，为降低风险提供科学、系统的方法。根据综合性风险评估的结果，结合风险特征和实际防范能力，找出隐患点和薄弱环节，有针对性地采取有效防范措施，科学防范和管控风险，就有可能减少突发事件的发生，最大限度减轻突发事件的影响。

第三十三条　县级人民政府应当对本行政区域内容易引发自然灾害、事故灾难和公共卫生事件的危险源、危险区域进行调查、登记、风险评估，定期进行检查、监控，并责令有关单位采取安全防范措施。

省级和设区的市级人民政府应当对本行政区域内容易引发特

---

① 向喜琼，黄润秋：《地质灾害风险评价与风险管理》，地质灾害与环境保护，2000 年第 11 期。

别重大、重大突发事件的危险源、危险区域进行调查、登记、风险评估，组织进行检查、监控，并责令有关单位采取安全防范措施。

县级以上地方人民政府应当根据情况变化，及时调整危险源、危险区域的登记。登记的危险源、危险区域及其基础信息，应当按照国家有关规定接入突发事件信息系统，并及时向社会公布。

◆ 条文主旨

本条是关于县级以上人民政府对危险源、危险区域的调查、登记、风险评估，检查、监控和公布等管理职责的规定。

◆ 修改要点

与2007年《中华人民共和国突发事件应对法》第二十条相比，本次修改内容如下：

1. 将"县级以上地方各级人民政府"，修改为"县级以上地方人民政府"。

2. 增加"应当根据情况变化，及时调整危险源、危险区域的登记"的规定。

3. 将"应当按照国家规定及时向社会公布"，修改为"应当按照国家有关规定接入突发事件信息系统，并及时向社会公布"，增加"接入突发事件信息系统"的规定。

◆ 核心概念

危险源，是事故发生的根源，是系统中具有潜在危险能量和物质的区域、场所、岗位、装置及设施，这些部位在一定的触发因素作用下可导致事故发生。危险源是危险能量、物质集中的核心，是能量传出或爆发的地方。危险源可能是具体的一个企业，也可能是生产经营单位内的某一车间或者某台设备。危险源一般由三个要素构成：潜在危险性、存在条件和触发因素。潜在危险性是指一旦触发事故，可能带来的危害程度或损失大小，或者说危险源可能释放的能量强度或危险物质量的大小。存在条件是指危险源所处的物理、化学状态和约束条件状态。触发因素虽然不属于危险源的固有属性，但它是危险源转化为事故的外因，而且每一类型的危险源都有相应的敏感触发因素。在触发因素的作用下，危险源转化为危险状态，继而转化为事故。

危险区域，是指容易引发自然灾害、事故灾难或公共卫生事件，可能会对位于此环境内的人员造成健康或安全威胁的区域。比如，泥石流多发地区，核电站周边，可能聚集易燃或易爆气体、蒸汽、粉尘或爆炸物的区域都属于危险区域。

◆ 条文解读

一、县级以上人民政府对本行政区域内容易引发自然灾害、事故灾难和公共卫生事件的危险源和危险区域负有管理职责

县级人民政府的主要管理职责是调查、登记和风险评估。调查即收集有关危险源和危险区域的信息，保证信息收集的全面性。登记即对调查收集的信息登录记载在册，作为风险管理的基础。风险评估是对可能发生的突发事件的可能性、影响程度和影响后果进行评估的过程。由于危险源和危险区域存在潜在的发生突发事件的可能性，因此需要对危险源、危险区域进行调查、登记，并根据对危险源、危险区域的分析、辨识情况，选择合适的评估方法，对危险源、危险区域可能导致事故发生的可能性和严重程度进行定性和定量评价，在此基础上进行危险等级划分，以确定管理的重点。县级人民政府在对危险源、危险区域的监督检查过程中，如果发现有关单位没有按照要求采取安全防范措施的，应当责令有关单位及时采取预防措施，防止突发事件的发生。

二、省级和设区的市级人民政府应当对本行政区域内容易引发特别重大、重大突发事件的危险源、危险区域负有管理责任

为了与各级人民政府处置突发事件的职责相一致，本条将容易引发不同级别的突发事件的危险源、危险区域的管理职责分别赋予了县级以上各级地方人民政府。省级和设区的市级人民政府对本行政区域内容易引发特别重大、重大突发事件的危险源、危险区域负有管理职责。应通过调查、登记、风险评估等手段了解风险底数，采用组织检查、监控等方式掌握风险动态，并责令有关单位采取安全防范措施，有效管控危险源和危险区域。

三、县级以上地方人民政府应当根据情况变化，及时调整危险源、危险区域的登记

危险源和危险区域有时是变化的，应当对其定期进行检查、监控，掌握危险源和危险区域的动态变化情况。对容易引发突发事件的危险源、危险区域进行重点监控防范，可防患于未然；发现问题及时整改，可以将发生突发事件的可能性降至最低。主动发现危险源也有利于在处置时采取正确有效的应对措施。通过对风险的识别，可判断风险存在的概率大小，并分析属于哪一类突发事件，在此基础上，启动相应的应急预案，采取正确的应急措施。登记的目的是使收集到的信息条理化和清晰明确，以便能够从整体上把握收集到的信息，同时对信息进行辨别，排除那些不必要的信息。对于经过核实真实存在的危险源、危险区域，应当登记造册，便于管理

和查阅。对于经过确认登记的危险源、危险区域，组织具备相关专业知识的专家及对应对突发事件有着丰富经验的人员进行分析、论证，得出有关结论，为应对处置工作作好准备。

四、登记的危险源、危险区域及其基础信息，应当按照国家有关规定接入突发事件信息系统，并及时向社会公布

接入突发事件信息系统，是为了国家全面掌握危险源、危险区域及基础信息情况。按照国家规定及时向社会公布是为了保障人民群众的知情权，提高人民群众的自我防范意识。县级以上地方人民政府对于登记的危险源、危险区域，应当及时向社会公布。政府向社会公布危险源、危险区域必须按照国家规定进行。这里的"国家规定"应当做广义理解，既包括法律、行政法规、政府规章，也包括国务院及其部门颁布的有关文件等。公布可以是通过统一的信息服务平台、官方网站，或者报刊、电视等媒体公布，也可以是设置警示标志、张贴公告等。

第三十四条 县级人民政府及其有关部门、乡级人民政府、街道办事处、居民委员会、村民委员会应当及时调解处理可能引发社会安全事件的矛盾纠纷。

◆ 条文主旨

本条是关于基层人民政府、街道办事处以及群众性自治组织调处矛盾纠纷工作的规定。

◆ 修改要点

与2007年《中华人民共和国突发事件应对法》第二十一条相

比，本条未作修改。

◆ 核心概念

矛盾纠纷，是指各种矛盾、冲突和纠纷引发的争端或争议。矛盾纠纷调解，是指通过说服、疏导等方法，促使当事人在平等协商基础上自愿达成调解协议，解决民间纠纷的活动。

◆ 条文解读

一、县级人民政府及其有关部门、乡级人民政府、街道办事处、居民委员会、村民委员会负有调解处理可能引发社会安全事件的矛盾纠纷的责任

随着社会经济快速发展，利益主体日益多元化、复杂化，各类社会矛盾纠纷日益凸显。矛盾纠纷如果不能及时得到疏导化解，有可能将矛盾激化或者发展为群体性事件，影响社会稳定和经济的持续发展。因此，及时有效地化解矛盾纠纷，对于维护社会稳定和人民群众的安定幸福，具有十分重要的意义。县级人民政府和乡级人民政府作为基层政府组织，担负维护社会稳定的职责。相较于设区的市级以上政府，县级和乡级人民政府与广大人民群众的联系更直接也更紧密，对于本地区的情况也更熟悉，由它们负责矛盾纠纷的调解处理，有利于更好地化解矛盾，防止社会安全事件的发生。街道办事处是市辖区、不设区的市人民政府根据需要，经上一级人民政府批准设立的派出机关，是城市地区的基层行政组织。目前街道办事处担负的一项重要工作就是人民调解工作。居民委员会和村民委员会是群众性自治组织，调解民间纠纷是居民委员会和村民委员会的一项重要的经常性工作。这项工作主要由居民委员会下设的人民调解委员会和村民委员会下设的人民调解委员会完成。在日常生活中，由于各种利益的冲突，邻里之间、家庭内部、群众之间不可避免地会发生一些纠纷，如婚姻、家庭、继承、房屋、财产、借贷、宅基地、买卖、委托、保管、水利、土地、山林、损害赔偿等纠纷，还会发生一些轻微违法的刑事纠纷。群众之间发生的这些纠纷，并不是根本利益的对立和冲突，往往是因为某种局部或者暂时的利益引起的纠纷，但如不及时调解，或者调解不当，就会引起矛盾激化，发生刑事案件，有的甚至引发社会安全事件。在实际中，因为一些小的纠纷而引起斗殴、凶杀、放火、投毒等恶性案件的事例并不鲜见。民间纠纷是大量的，单靠司法机关处理难以及时解决，有些纠纷也不宜由司法机关去解决。基层政府组织和群众性自治组织对本地区的情况比较熟悉，有条件和能力及时调解和解决纠纷，制止矛盾的发展，避免矛盾的激化，防止引发社会安全事件。

二、应依法履行调解职责

按照《中华人民共和国人民调解法》第三条规定，调解民间纠纷应当遵循下列原则：一是在双方当事人自愿平等的基础上进行调解。要在查明事实、分清是非的基础上，讲道理、论利害，晓之以理、动之以情，充分说理，耐心疏导，帮助当事人消除隔阂，互相让步，达成协议。二是不违背法律、法规和国家政策。依照法律、法规、规章和政策进行调解，是正确处理民间纠纷的根本保证。三是尊重当事人的权利，不得因调解而阻止当事人依法通过仲裁、行政、司法等途径维护自己的权利。尊重当事人的诉讼权利，不得把调解作为起诉的必经程序，以未经调解或者调解不成而阻止当事人向人民法院起诉，侵犯公民享有的诉讼权利。对于经过反复调解达不成协议的，可以告知当事人向人民法院起诉。

> **第三十五条** 所有单位应当建立健全安全管理制度，定期开展危险源辨识评估，制定安全防范措施；定期检查本单位各项安全防范措施的落实情况，及时消除事故隐患；掌握并及时处理本单位存在的可能引发社会安全事件的问题，防止矛盾激化和事态扩大；对本单位可能发生的突发事件和采取安全防范措施的情况，应当按照规定及时向所在地人民政府或者有关部门报告。

◆ 条文主旨

本条是关于单位建立安全管理制度并及时处理可能引发社会安全事件的问题的规定。

◆ 修改要点

与2007年《中华人民共和国突发事件应对法》第二十二条相比，本次修改内容如下：

1. 增加"定期开展危险源辨识评估，制定安全防范措施"的规定。

2. 将"应当按照规定及时向所在地人民政府或者人民政府有关部门报告"，修改为"应当按照规定及时向所在地人民政府或者有关部门报告"。

◆ 条文解读

基础不牢，地动山摇。近年来事故灾难多发频发，其中一个重要原因，就是有关生产经营单位安全基础薄弱，管理制度不健全，安全防范措施落实不力。为了堵塞安全管理漏洞，需要从制度上进一步强化单位的主体责任，夯实安全发展的根基。为此，本条对此作了相应规定。

一、所有单位应当建立健全安全管理制度，制定安全防范措施

应对突发事件最好的方式就是提前预防。安全管理制度是根据本单位存在的事故隐患和具体情况，制定的各项安全防范措施的总和。建立健全安全管理制度，是有效预防这些突发事件发生的根本途径。建立安全管理制度是基本要求，在实践中不断健全安全管理制度是必然要求。所有单位都负有预防突发事件的义务。这里的所有单位，既包括国家各级各类机关，也包括各类企业、事业单位。突发事件一旦发生，不仅本单位受到影响，整个区域甚至社会都会受到影响。因此，所有单位都应当担负起预防突发事件发生的义务，采取各种有效的措施消除突发事件发生的各种因素，在保障自身安全的同时，也保障社会安全。根据本条的规定，为预防自然灾害、事故灾难、公共卫生事件等突发事件的发生，所有单位应当建立健全安全管理制度。

二、单位负有及时消除事故隐患、防止矛盾激化和事态扩大的责任

安全管理制度包括具体安全防范措施，其制定应当基于本单位的安全风险情况。为使安全管理制度和安全防范措施有针对性和有效性，本条要求应定期开展危险源辨识评估，在此基础上制定安全防范措施。制定安全管理制度的目的在于执行，执行的目的在于防范或降低安全风险，因此应定期检查本单位各项安全防范措施的落实情况，并根据检查结果，及时消除事故隐患。依照本条规定，单位的安全防范义务还包括本单位存在的可能引发社会安全事件的问题。对于社会安全事件，随时掌握并及时处理各种可能引发社会安全事件的问题，防止矛盾激化和事态扩大，是有效预防这类突发事件发生的根本途径。社会安全事件的发展通常会经历一个从萌芽到

发生发酵的过程，应尽早发现并采取措施。

各单位的主要负责人应当组织力量开展风险隐患普查工作，全面掌握本单位各类风险隐患情况，建立分级、分类管理制度，落实综合防范和处置措施，实行动态管理和监控，加强各个部门之间的配合；要定期检查本单位各项安全防范措施的落实情况，对可能引发突发事件的风险隐患，要组织力量限期治理，尽快消除隐患。

三、单位负有报告本单位可能发生的突发事件和采取安全防范措施的情况的责任

为使政府和有关部门及时掌握所辖地区突发事件情况，单位应将本单位可能发生的突发事件和采取安全防范措施的情况向所在地人民政府或者有关部门报告，以便政府和有关部门及时采取干预措施和预防准备，防止突发事件的发生或者减轻突发事件的影响。本条规定既能实现报告上级知情的目的，也能通过报告制度对单位进行督促和约束，促使单位自我检查、自我要求，管好自身安全。

本条规定的"所在地人民政府或者有关部门"，就是本级人民政府和分类管理的专门部门，不局限于所在地本级人民政府所属的部门，这样规定尊重了专门部门的职责特征，体现了我国突发事件实行属地管理为主与分类管理的实际情况。

第三十六条　矿山、金属冶炼、建筑施工单位和易燃易爆物品、危险化学品、放射性物品等危险物品的生产、经营、运输、储存、使用单位，应当制定具体应急预案，配备必要的应急救援器材、设备和物资，并对生产经营场所、有危险物品的建筑物、构筑物及周边环境开展隐患排查，及时采取措施管控风险和消除隐患，防止发生突发事件。

◆ **条文主旨**

本条是关于高危行业生产经营单位预防突发事件义务的规定。

◆ **修改要点**

与 2007 年《中华人民共和国突发事件应对法》第二十三条相比，本次修改内容如下：

1. 将"矿山、建筑施工单位和易燃易爆物品、危险化学品、放射性物品等危险物品"，修改为"矿山、金属冶炼、建筑施工单位和易燃易爆物品、危险化学品、放射性物品等危险物品"，增加了"金属冶炼"的规定。

2. 将"生产、经营、储运、使用单位"，修改为"生产、经营、运输、储存、使用单位"。

3. 增加"配备必要的应急救援器材、设备和物资"的规定。

4. 将"及时采取措施消除隐患"，修改为"及时采取措施管控风险和消除隐患"。

◆ **核心概念**

隐患，即事故隐患，是导致事故发生的主要根源之一。隐患主要源于人的不安全行为、物的不安全状态和管理上的缺陷。

◆ **条文解读**

矿山、金属冶炼、建筑施工单位和易燃易爆物品、危险化学品、放射性物品等危险物品的生产、经营、运输、储存、使用单位（以下简称"高危行业生产经营单位"）从事的生产、经营等活动危险性大，一旦发生事故，将会对人民群众的生命财产造成严重损害。因此，本条规定高危行业生产经营单位应当加强事故预防

117

和应急准备。

一、制定具体应急预案，配备必要的应急救援器材、设备和物资

为预防、处置突发事件，高危行业生产经营单位应当制定具体应急预案，确保一旦发生突发事件第一时间作出应对，最大限度减少人员伤亡和财产损失。一般而言，所有生产经营单位制定的应急预案都应当符合有关法律、法规、规章和标准的规定。按照国务院办公厅印发的《突发事件应急预案管理办法》，单位应急预案侧重明确应急响应责任人、风险隐患监测、主要任务、信息报告、预警和应急响应、应急处置措施、人员疏散转移、应急资源调用等内容。此外，应急预案要符合本单位的实际情况，内容要简明、管用、注重实效，有针对性和可操作性，明确可能发生突发事件的具体应对措施。单位要根据有关法律、法规、标准的变动情况，应急预案演练情况，以及实际作业条件、设备状况、产品品种、人员、技术、外部环境等不断变化的实际情况，及时评估和补充修订完善预案。

为了保障相关人员在突发事件发生时能及时得到救护，尽可能减少人员伤亡和财产损失，高危行业生产经营单位还应当配备必要的应急救援器材、设备和物资。对此，《中华人民共和国安全生产法》《生产安全事故应急条例》等法律法规明确规定，危险物品的生产、经营、储存、运输单位以及矿山、金属冶炼、城市轨道交通运营、建筑施工单位应当配备必要的应急救援器材、设备和物资，并进行经常性维护、保养，保证正常运转。本条对此予以回应，以做好与相关法律法规的衔接。这里的"应急救援器材、设备和物资"，包括必要的灭火、排水、通风以及危险物品稀释、掩埋、收集等应急救援器材、设备和物资。高危行业生产经营单位应当根据本单位可能发生的突发事件的特点和危害予以配备，并进行经常性

维护、保养，保证正常运转。

二、开展隐患排查，及时采取措施管控风险和消除隐患，防止发生突发事件

高危行业生产经营单位应当组织力量，重点针对本单位生产经营场所、有危险物品的建筑物、构筑物及周边环境等认真开展隐患排查，全面分析可能发生的灾害。对查处的隐患，及时治理整改，制定切实可行的整改方案，并采取可靠的安全保障措施。对于重大事故隐患，要立即停止受影响区域的生产经营活动，并从危险区域撤出作业人员，防止发生突发事件。对于重大危险源，应当登记建档，进行定期检测、评估，实时监控，并告知从业人员和相关人员在紧急情况下应当采取的应急措施。高危行业生产经营单位因其本身高风险，法律要求其必须承担更高的安全责任，尽可能做充分准备、管控好风险，防止发生突发事件。

第三十七条 公共交通工具、公共场所和其他人员密集场所的经营单位或者管理单位应当制定具体应急预案，为交通工具和有关场所配备报警装置和必要的应急救援设备、设施，注明其使用方法，并显著标明安全撤离的通道、路线，保证安全通道、出口的畅通。

有关单位应当定期检测、维护其报警装置和应急救援设备、设施，使其处于良好状态，确保正常使用。

◆ **条文主旨**

本条是关于人员密集场所的经营单位或者管理单位预防突发事件义务的规定。

◆ 修改要点

与 2007 年《中华人民共和国突发事件应对法》第二十四条相比，本条未作修改。

◆ 核心概念

公共交通工具，是指公共交通中供乘客乘用的车、船等交通工具。最高人民法院《关于审理抢劫案件具体应用法律若干问题的解释》第二条将公共交通工具界定为"主要是指从事旅客运输的各种公共汽车、大、中型出租车、火车、船只、飞机等正在运营中的公共交通工具"。

公共场所，是供公众从事社会生活的各种场所的总称。公共场所属人为环境，是人们日常生活中不可缺少的组成部分。

◆ 条文解读

公共交通工具和公共场所的共同特点是人员密集集中，往往在某一特定时间聚集成群，一旦发生意外情况，非常容易造成人员伤亡的严重后果。因此，本法规定了公共交通工具、公共场所和其他人员密集场所的经营单位或者管理单位预防突发事件的义务。根据本法的规定，上述单位应当承担的义务具体包括：

一是制定具体应急预案。上述单位应当根据相应的法律、法规和有关主管部门的预案，结合本单位经营管理的具体情况，制定具体的应急预案。这项要求与高危行业生产经营单位制定具体预案的规定并无二致。二是为有关场所和交通工具配备报警装置和必要的应急救援设备、设施，注明其使用方法。在有关场所配备报警装置和应急救援设备、设施，可以在发生紧急情况时，第一时间发现并及时作出反应，利用预先配备的应急救援设备和设施展开自救和他救工作，以更有效地应对和处置突发事件。三是保障安全通道、出口的畅通。安全通道是指发生紧急情况时，能够迅速安全通过的道路或出口。根据国家的有关规定，有关单位应当保证安全出口的畅通；不得封闭、堵塞安全出口;安全出口处不得设置门槛。安全出口和疏散通道及其转角处应当设置发光疏散指示标志。指示标志应当能够在断电且无自然光照明时,指引疏散位置和疏散方向。安全出口、疏散通道和重点部位应当设置应急照明灯。四是保障报警装置和应急救援设备、设施的正常使用。有关单位应当定期检测、维护其报警装置和应急救援设备、设施,使其处于良好状态,确保正常使用。

> **第三十八条** 县级以上人民政府应当建立健全突发事件应对管理培训制度，对人民政府及其有关部门负有突发事件应对管理职责的工作人员以及居民委员会、村民委员会有关人员定期进行培训。

◆ 条文主旨

本条是关于突发事件应对管理培训制度的规定。

◆ 修改要点

与 2007 年《中华人民共和国突发事件应对法》第二十五条相比，本次修改内容如下：

1. 将"突发事件应急管理培训制度"，修改为"突发事件应对管理培训制度"。

2. 扩大了培训人员的范围，由"人民政府及其有关部门负有处置突发事件职责的工作人员"扩展为"人民政府及其有关部门负有突发事件应对管理职责的工作人员以及居民委员会、村民委员会有关人员"。

3. 将"处置突发事件",修改为"突发事件应对管理"。

◆ 条文解读

培训是实现规范突发事件应对活动的基础性工作。本条规定建立健全突发事件应对管理培训制度,其目的就是通过培训,提高相关人员的业务素质和工作水平,实现突发事件应对管理目标。

突发事件应对管理是专业性很强的一项工作,承担具体职责的工作人员应具备所需的知识和技能。县级以上人民政府作为突发事件应对管理的责任主体,应当从属地管理的角度,建立健全突发事件应对管理培训制度,包括制定突发事件应对管理的培训规划和培训大纲,明确培训内容、标准和方式,充分运用多种方法和手段,做好培训工作,并加强培训资质管理。按照本条规定,培训对象主要是人民政府及其有关部门负有突发事件应对管理职责的工作人员,其目的是增强应急管理队伍的素质,为突发事件应对工作提供人才储备和技能训练,培训和造就一支能应对各种突发事件,适应现代化建设需要的高素质、专业化的危机应对管理队伍。有关领导干部和工作人员培训的重点是熟悉、掌握应急预案和相关工作制度、程序、要求等,提高为领导决策服务和开展应急管理工作的能力。基层工作人员培训的重点是增强公共安全意识,提高突发事件隐患排查监管和第一时间应对突发事件的能力。

除了对人民政府及其有关部门负有处置突发事件职责的工作人员进行培训外,居民委员会、村民委员也是培训的重点对象。需要注意的是,按照全国人大法工委拟定的《立法技术规范(试行)(一)》规定,本条规定的"以及"说明"人民政府及其有关部门负有处置突发事件职责的工作人员"是主要的,"居民委员会、村民委员会有关人员"的培训要求没有前者高。之所以将其纳入培训，主要考虑居民委员会、村民委员会有关人员处于基层应急管理第一线，直接影响突发事件应对工作的成效。实践中，部分基层单位人才储备不足、应急管理专业知识技能参差不齐，其工作能力和水平亟待提升。

将"处置突发事件"修改为"突发事件应对管理"，是根据实际情况对需要培训的人员的范围和内容做出的调整。"突发事件应对管理"工作包括突发事件的事前、事中和事后全过程，涵盖风险管理和应急处置的知识内容和实战技能。与"处置突发事件"相比，从内涵到外延都更加丰富和完整了，是基于对突发事件应对工作的不断深入理解和实践需要做出的修改，更符合突发事件应对工作的实际。

第三十九条　国家综合性消防救援队伍是应急救援的综合性常备骨干力量，按照国家有关规定执行综合应急救援任务。县级以上人民政府有关部门可以根据实际需要设立专业应急救援队伍。

县级以上人民政府及其有关部门可以建立由成年志愿者组成的应急救援队伍。乡级人民政府、街道办事处和有条件的居民委员会、村民委员会可以建立基层应急救援队伍，及时、就近开展应急救援。单位应当建立由本单位职工组成的专职或者兼职应急救援队伍。

国家鼓励和支持社会力量建立提供社会化应急救援服务的应急救援队伍。社会力量建立的应急救援队伍参与突发事件应对工作应当服从履行统一领导职责或者组织处置突发事件的人民政府、突发事件应急指挥机构的统一指挥。

县级以上人民政府应当推动专业应急救援队伍与非专业应急救援队伍联合培训、联合演练，提高合成应急、协同应急的能力。

◆ 条文主旨

本条是关于应急救援队伍建设的规定。

◆ 修改要点

与 2007 年《中华人民共和国突发事件应对法》第二十六条相比，本次修改内容如下：

1. 增加"国家综合性消防救援队伍是应急救援的综合性常备骨干力量，按照国家有关规定执行综合应急救援任务"的规定。

2. 将"人民政府有关部门可以根据实际需要设立专业应急救援队伍"，修改为"县级以上人民政府有关部门可以根据实际需要设立专业应急救援队伍"，增加了"县级以上"。

3. 增加"乡级人民政府、街道办事处和有条件的居民委员会、村民委员会可以建立基层应急救援队伍，及时、就近开展应急救援"的规定。

4. 增加"国家鼓励和支持社会力量建立提供社会化应急救援服务的应急救援队伍。社会力量建立的应急救援队伍参与突发事件应对工作应当服从履行统一领导职责或者组织处置突发事件的人民政府、突发事件应急指挥机构的统一指挥"的规定。

5. 将第四款中的"加强"，修改为"推动"；删除"的合作"。

◆ 核心概念

应急救援队伍，是指参与突发事件应急救援的国家综合性消防救援队伍、专业应急救援力量、社会应急力量和基层应急救援力量。国家综合性消防救援队伍是应急救援的综合性常备骨干力量，按照国家有关规定执行综合应急救援任务。专业应急救援队伍主要包括抗洪抢险、地方森林（草原）灭火、地震和地质灾害救援、生产安全事故救援、航空应急救援等力量。社会应急队伍是指从事防灾减灾救灾工作的社会组织和应急志愿者，以及相关群团组织和企事业单位指导管理的、从事防灾减灾救灾等活动的组织。基层应急救援队伍是指乡镇街道、村居社区等组建的，从事本区域灾害事故防范和应急处置的应急救援队伍。

◆ 条文解读

实践充分证明，防范化解风险，离不开专业救援队伍和社会应急力量的支持。近年来，我国应急救援能力现代化虽迈出新步伐，但应急救援能力不足的现状尚未得到根本改变，专业应急救援力量、社会应急力量和基层应急救援力量亟待加强。习近平在中央政治局第十九次集体学习时强调，"要加强应急救援队伍建设，建设一支专常兼备、反应灵敏、作风过硬、本领高强的应急救援队伍"[①]。

我国应急救援队伍体系由国家综合性消防救援队伍、县级以上人民政府有关部门设立的专业应急救援队伍、成年志愿者组成的应急救援队伍、基层应急救援队伍，以及单位应急救援队伍组成。在这个体系中，国家综合性消防救援队伍是主力军，是综合性常备骨干力量，具备开展各种突发事件应急救援的能力，是执行综合应急救援任务的国家队。在此基础上，县级以上人民政府有关部门可以根据本地实际，设立专业应急救援队伍，突出专长，以实现专业应急救援力量各有所长、社会应急力量有效辅助、基层应急救援力量有效覆盖的建设目标，为人民群众生命财产安全和社会稳定提供坚实保障。

---

① 《习近平在中央政治局第十九次集体学习时强调　充分发挥我国应急管理体系特色和优势　积极推进我国应急管理体系和能力现代化》，http://www.qstheory.cn/yaowen/2019 – 11/30/c_1125293191.htm，访问日期：2024 年 1 月 28 日。

一、明确国家综合性消防救援队伍作为应急救援的综合性常备骨干力量的地位和作用

国家综合性消防救援队伍是根据党中央改革决策部署，由原公安消防部队、武警森林部队转制而来。2018 年 2 月，党的十九届三中全会审议通过《中共中央关于深化党和国家机构改革的决定》和《深化党和国家机构改革方案》，明确公安消防部队、武警森林部队全部退出现役，"公安消防部队、武警森林部队转制后，与安全生产等应急救援队伍一并作为综合性常备应急骨干力量，由应急管理部管理，实行专门管理和政策保障，采取符合其自身特点的职务职级序列和管理办法，提高职业荣誉感，保持有生力量和战斗力"。2018 年 11 月 9 日，习近平向国家综合性消防救援队伍授旗并致训词："改革转制后，你们作为应急救援的主力军和国家队，承担着防范化解重大安全风险、应对处置各类灾害事故的重要职责，党和人民对你们寄予厚望"，并要求国家消防救援队伍要"对党忠诚、纪律严明、赴汤蹈火、竭诚为民"①。这既是对国家综合性消防救援队伍地位作用和职责使命作出的明确定位，也是构建新时代国家应急救援体系的战略举措。国家综合性消防救援队伍按照《中华人民共和国消防救援衔条例》等相关规定，采取准现役、准军事化管理，实行统一领导、分级指挥，发生重大灾害事故时，由应急管理部统一调动指挥，发挥应急救援主力军和国家队作用。

二、地方人民政府及其有关部门、基层有关单位可以根据需要组建专兼职的应急救援队伍

一是县级以上人民政府可以根据本行政区处置突发事件的实际

---

① 《习近平向国家综合性消防救援队伍授旗并致训词》，https://www.gov.cn/xin-wen/2018 – 11/09/content_5338742.htm，访问日期：2024 年 1 月 28 日。

需要，组建专业性的应急救援队伍，主要从事抗洪抢险、地方森林（草原）灭火、地震和地质灾害救援、生产安全事故救援、航空应急救援等工作，与国家综合性消防救援队伍共同实施应急救援行动。专业力量毕竟有限，且维持成本较高，因此本条第二款授权县级以上人民政府及其有关部门可以建立由志愿者组成的应急救援队伍。应急救援专业性强，对救援人员身体等各方面有一定要求，因而第二款特别强调必须是"成年志愿者"，这也是国际上通行的做法。二是乡级人民政府、街道办事处和有条件的居民委员会、村民委员会可以建立基层应急救援队伍，及时、就近开展应急救援。乡级人民政府、街道办事处和居民委员会、村民委员会是处置突发事件的第一线，建立基层应急救援队伍，能够在最短时间到达现场开展应急救援，发挥响应快速、救早救小作用，成为日常风险防范和第一时间先期处置的重要力量。三是单位应当建立由本单位职工组成的专职或者兼职应急救援队伍。这里的"专职或者兼职"，应当按照法律法规的相关要求，视本单位的实际情况而定。比如，按照《中华人民共和国安全生产法》的相关规定，危险物品的生产、经营、储存单位以及矿山、金属冶炼、城市轨道交通运营、建筑施工单位应当建立应急救援组织；生产经营规模较小的，可以不建立应急救援组织，但应当指定兼职的应急救援人员。《煤矿安全生产条例》规定，煤矿企业应当设立专职救护队；不具备设立专职救护队条件的，应当设立兼职救护队，并与邻近的专职救护队签订救护协议。发生事故时，专职救护队应当在规定时间内到达煤矿开展救援。

三、国家鼓励和支持社会力量依法有序参与应急救援

近年来，我国社会应急力量发展迅猛。目前，我国在民政等部门注册登记的社会应急力量约 1700 余支计 4 万余人。据不完全统计，2018—2020 年，全国社会应急力量累计参与救灾救援约 30 万人次，参与应急志愿服务约 180 万人次，已逐步成为应急救援力量体系的重要组成部分①。与此同时，国家需要出台配套政策，尤其需要在法律上明确其地位，积极引导社会应急力量有序发展。因此，本条明确国家鼓励和支持社会力量建立提供社会化应急救援服务的应急救援队伍。比如，鼓励社会应急力量深入基层社区排查风险隐患、普及应急知识、就近就便参与应急处置等。

2013 年 4 月 20 日 8 时 2 分，四川省芦山县发生 7.0 级地震。由于社会力量迅速动员，社会组织以及群众迅速前往灾区，各路救援力量向雅安地震灾区汇集，使得灾区救援的公路"生命线"出现大量拥堵现象，造成"伤员出不来，资源进不去"的现象，暴露出社会力量在救灾运作行为中存在缺乏规制、救灾效果不彰等问题②。鉴于此，本条第三款规定，社会力量建立的应急救援队伍参与突发事件应对工作应当服从履行统一领导职责或者组织处置突发事件的人民政府、突发事件应急指挥机构的统一指挥。

四、推动专业应急救援队伍与非专业应急救援队伍的协同

不可否认，目前社会救援力量依然缺乏系统管理和整合，受各种因素的制约，社会救援力量普遍面临管理松散、装备低下、专业欠缺等发展问题，有必要将其纳入政府整体应急救援体系加以规范。本条第四款规定了县级以上人民政府的一项重要职责，即推动专业应急救援队伍与非专业应急救援队伍的合作，联合培训、联合演练，提高合成应急、协同应急的能力。这样规定，主要考虑的是专业队伍与非专业队伍在管理体制、人员机制和日常管理训练上的

---

① 《应急部关于印发〈"十四五"应急救援力量建设规划〉的通知》，https：//www. gov. cn/gongbao/content/2022/content_5675949. htm，访问日期：2024 年 1 月 28 日。

② 薛澜，陶鹏：《从自发无序到协调规制：应急管理体系中的社会动员问题——芦山抗震救灾案例研究》，行政管理改革，2013 年第 6 期。

不同，日常的各自为战和应急时的协同作战的配合度问题，需要通过联合培训和演练等方式，加深了解和融合，以便形成协同应急能力，达成应急救援目标。本次将"加强"修改为"推动"，是对县级以上人民政府现阶段开展此项工作的行动和程度的要求，即要求有明确的"推动"举措和成效，而不只是"加强"。

> **第四十条**　地方各级人民政府、县级以上人民政府有关部门、有关单位应当为其组建的应急救援队伍购买人身意外伤害保险，配备必要的防护装备和器材，防范和减少应急救援人员的人身伤害风险。
>
> 专业应急救援人员应当具备相应的身体条件、专业技能和心理素质，取得国家规定的应急救援职业资格，具体办法由国务院应急管理部门会同国务院有关部门制定。

◆ 条文主旨

本条是关于政府和有关单位应当为应急救援人员提供人身安全保障和专业应急救援人员应当具备的条件的规定。

◆ 修改要点

与 2007 年《中华人民共和国突发事件应对法》第二十七条相比，本次修改内容如下：

1. 将"国务院有关部门、县级以上地方各级人民政府及其有关部门、有关单位"，修改为"地方各级人民政府、县级以上人民政府有关部门、有关单位"。

2. 将"应当为专业应急救援人员购买人身意外伤害保险"，修改为"应当为其组建的应急救援队伍购买人身意外伤害保险"。

3. 将"减少应急救援人员的人身风险",修改为"防范和减少应急救援人员的人身伤害风险"。

4. 增加"专业应急救援人员应当具备相应的身体条件、专业技能和心理素质,取得国家规定的应急救援职业资格,具体办法由国务院应急管理部门会同国务院有关部门制定"的规定。

◆ 核心概念

人身意外伤害保险,是指投保人向保险公司缴纳一定金额的保费,当被保险人在保险期限内遭受意外伤害,并以此为直接原因造成死亡或者残废时,保险公司按照保险合同的约定向被保险人或者受益人支付一定数量保险金的一种保险。政府和有关单位作为投保人与保险公司订立保险合同,支付保险费,以专业应急救援人员作为被保险人,当被保险人在突发事件应急救援和处置中发生意外伤害事故时,由保险公司依照合同约定向被保险人或受益人支付保险金。

◆ 条文解读

抢险救灾工作本身具有风险。应急救援人员是突发事件应急处置的基本力量,在抢险救灾工作时,其人身健康和生命安全面临突发事件的威胁。为了保证抢险救灾工作的顺利进行,首先必须保证应急救援人员的安全,解决其后顾之忧。

一、政府及有关部门、相关单位负有为专业应急救援人员提供必要保障的义务

应急救援队伍在突发事件救援和应急处置工作中发挥着重要作用,同时也面临各种风险的威胁,应当加强对应急救援队伍和人员的保障力度。人民政府及其有关部门应当关心爱护应急救援队伍和人员，为其提供必要的保障。因此，本条第一款规定，地方各级人民政府、县级以上人民政府有关部门、有关单位应当为其组建的应急救援队伍购买人身意外伤害保险，配备必要的防护装备和器材，以防范和减少应急救援人员的人身伤害风险。目前，各地正在积极推进应急救援人身意外伤害保险工作。比如，河南省人民政府办公厅印发的《河南省应急救援队伍建设管理办法（试行）》规定，省、市、县级政府及其有关部门、有关单位应当为专业应急救援队伍购买人身意外伤害保险，鼓励为其他救援队伍购买人身意外伤害保险。各级政府和保险行业监管部门应当支持保险企业研发推广灾害事故风险相关保险产品，鼓励单位和个人参加保险。按照本条规定，为应急救援队伍提供保障的原则是"谁组建、谁保障"，主体范围是地方各级人民政府、县级以上人民政府有关部门、有关单位，不包括中央政府。

本法除规定为应急救援队伍购买人身意外伤害保险外，还规定了政府和单位应对为其配备必要的防护装备和器材，减少应急救援人员的人身伤害风险。在面临突发事件时，保护人的生命是应当首先考虑的。专业应急救援人员战斗在突发事件的第一线，面对着更大的危险，因此应为他们配备必要的防护装备和器材，使他们在应急救援过程中的人身风险降至最低。同时，必要的防护设备和器材也是应急救援工作顺利进行的有利保障。

二、国家对专业应急救援人员实行职业资格准入管理

专业应急救援人员不同于一般的志愿者，往往需要具备相应的身体条件、专业技能和心理素质。为此，国家对专业应急救援人员实行职业资格准入管理，经有关部门考核合格，颁发应急救援员职业资格，方可从事专业应急救援工作。这也是国际通用的做法。2019年国家正式把应急救援员设为新职业，设定国家职业技能标准和准入门槛。根据《中华人民共和国劳动法》有关规定，2019年1月14日，人力资源社会保障部办公厅、应急管理部办公厅颁布了《应急救援员国家职业技能标准》，"应急救援员"（职业编码：3－02－03－08）取代"紧急救助员"正式成为国家职业技能标准之一。民政部《社区公共场所紧急救援管理要求》规定社区、公共场所配备应急救援员。应急救援员资格证是由应急管理部紧急促进中心与人社部联合颁发，共设有五个等级，五级到一级。五级是最初级的资格证（新手入门），五级为应急救援通用技能鉴定，四级是中级资格，三级是高级资格。其中四级至二级区分陆地搜索与救援、危险化学品应急救援、矿山（隧道）救援、水域搜索与救援四个专业方向的技能鉴定，一级为综合应急救援指挥员能力鉴定（最高级别）。应急救援知识包括心脏复苏急救技能、急症和气道梗塞、初级火灾扑灭、创伤紧急止血包扎术等。报考应急救援员证的年龄要求是18周岁以上、不超过55周岁，学历是高中毕业及同等学力，智力、色觉等正常。应急救援员证是国家级资格证书，全国范围内都能使用，违法情况下可以吊销。

第四十一条　中国人民解放军、中国人民武装警察部队和民兵组织应当有计划地组织开展应急救援的专门训练。

◆ 条文主旨

本条是关于中国人民解放军、中国人民武装警察部队和民兵组织开展应急救援专门训练的规定。

◆ 修改要点

与2007年《中华人民共和国突发事件应对法》第二十八条相

比，本条未作修改。

◆ 条文解读

中国人民解放军、中国人民武装警察部队和民兵组织是中华人民共和国的武装力量，也是我国应对突发事件过程中的骨干和突击力量，在应急救援中发挥着重要作用。为了科学高效地完成救援任务，法律要求他们有计划地组织开展应急救援专门训练。

一、中国人民解放军、中国人民武装警察部队和民兵组织依法参加应急救援

历次突发事件的应对实践充分表明，人民解放军、武装警察部队和民兵组织在应对处置突发事件中，发挥着重要的作用。本法第二十四条规定，中国人民解放军、中国人民武装警察部队和民兵组织依照本法和其他有关法律、行政法规、军事法规的规定以及国务院、中央军事委员会的命令，参加突发事件的应急救援和处置工作。《军队参加抢险救灾条例》第二条规定："军队是抢险救灾的突击力量，执行国家赋予的抢险救灾任务是军队的重要使命。"第十七条规定："中国人民武装警察部队参加抢险救灾，参照本条例执行。"

军队、武警和民兵组织作为应对突发事件的骨干和突击力量，担负着应急救援和处置的重要使命。为了更好地完成这种使命，必须增强队伍应急救援和处置能力，提高队伍的战斗力。根据《军队参加抢险救灾条例》，军队参加抢险救灾主要担负下列任务：（1）解救、转移或者疏散受困人员。（2）保护重要目标安全。（3）抢救、运送重要物资。（4）参加道路（桥梁、隧道）抢修、海上搜救、核生化救援、疫情控制、医疗救护等专业抢险。（5）排除或者控制其他危重险情、灾情。必要时，军队可以协助地方人民政府开展灾后重建等工作。

二、中国人民解放军、中国人民武装警察部队和民兵组织应当有计划地组织开展应急救援的专门训练

开展应急救援的专门训练是有效应对突发事件的需要。突发事件的应急救援和处置需要专门的知识和技能，只有通过经常的培训和演练，才能有效掌握相关的知识技能，面对突发事件时，才能采取有效的救援和处置措施。开展应急救援训练也是适应应急处置工作中不断发展变化的新情况的需要。《军队参加抢险救灾条例》第八条第二款规定："在经常发生险情、灾情的地方，县级以上地方人民政府应当组织军地双方进行实地勘察和抢险救灾演习、训练"。随着社会的发展，各种新类型的突发事件不断出现，需要应急队伍不断适应这种新情况的发展变化，通过专门的训练掌握应对最新事件的技能。武装力量开展应急救援的专门训练，应着眼于处理实际问题的能力、出现复杂情况的应变能力，从当地突发事件的实际情况及其类型特点出发。

三、应急救援专门训练的主要内容

应急救援专门训练主要是指中国人民解放军、中国人民武装警察部队和民兵组织在日常训练的基础上，结合当地的实际情况，针对突发事件应急救援可能遇到的特殊情况进行的训练。训练的主要内容包括对队伍进行基本的应急救援能力和基本素质的教育、学习和训练；对应急救援有关的法律、法规、方针、政策、方案、措施的学习和掌握；对各种应急救援器材和装备的使用技能训练；排除各种障碍物或危险物的训练，解决问题、排除困难能力的训练，以及应急救援的战术训练等。

第四十二条 县级人民政府及其有关部门、乡级人民政府、街道办事处应当组织开展面向社会公众的应急知识宣传普及活动和必要的应急演练。

居民委员会、村民委员会、企业事业单位、社会组织应当根据所在地人民政府的要求，结合各自的实际情况，开展面向居民、村民、职工等的应急知识宣传普及活动和必要的应急演练。

◆ 条文主旨

本条是关于开展应急知识宣传普及活动和必要的应急演练的规定。

◆ 修改提示

与2007年《中华人民共和国突发事件应对法》第二十九条第一款和第二款相比，本次修改内容如下：

1. 将"面向社会公众的"和"面向居民、村民、职工等的"增加为应急知识宣传普及活动和必要的应急演练的限定词，明确了行为对象，并删去了"应急知识的宣传普及活动"中的"的"。

2. 将"社会组织"增加为开展应急知识宣传普及活动和必要的应急演练的责任主体。

◆ 条文解读

"明者防祸于未萌，智者图患于将来"。开展应急知识的宣传普及和应急演练，提高全社会的危机意识和自救与互救能力，是做好突发事件应对的基础工作。为了更好地开展日常宣传普及应急知识、进行必要的应急演练，本条专门明确了履行职责的主体。

在本条第一款中，明确规定了组织开展应急知识的宣传普及活动和进行必要的应急演练的责任主体为县级人民政府及其有关部门、乡级人民政府和街道办事处。这些主体最了解当地的自然和社会情况、与所在地的单位和民众联系最密切，又是突发事件发生后最早最直接的应对者，因此由其承担宣传和演练工作，最能结合所在地实际情况，也最有针对性、最有实效。

在本条第二款中，还规定了其他主体，既包括居民委员会、村民委员会等群众性自治组织，还包括企业事业单位和社会组织等社会主体，这体现了突发事件应对治理体系中的"社会协同、公众参与"原则。当然，这些主体的义务与前款中政府机构的权责有所不同，这些主体应当根据所在地政府的要求，结合自身实际情况，开展相关应急知识宣传普及活动和必要的应急演练，并应当注意以下几点：

1. **在第二款的义务主体中增加了"社会组织"。**一方面，从立法技术上体现了总则第六条"组织动员企事业单位、社会组织……依法有序参与……"原则的内容和总体性要求。另一方面，也是对社会组织制度改革和发展成效的立法回应。根据民政部文件，中央财政设立支持社会组织参与社会服务项目，至2021年9月已经累计投入资金15.8亿元，广大社区社会组织在促进居民参与、提供社区服务、丰富社区文化、化解基层矛盾等方面发挥了积极作用。

2. **法条中使用了"应当"一词，强调了开展有关突发事件应急知识宣传普及活动和必要的应急演练是居民委员会、村民委员、企业事业单位和社会组织等主体必须履行的法定义务。**这主要是考虑到突发事件关系国家安全、公共安全、生态环境和社会秩序，必须提高全社会各方面应对突发事件的能力，以及时、有效地预防、控制、减轻或者消除突发事件及其造成的损害。

3. 在开展有关突发事件应急知识宣传普及活动和必要的应急演练工作时，居民委员会、村民委员、企业事业单位和社会组织等主体要"根据所在地人民政府的要求，结合各自的实际情况"进行。地方政府是预防、发现和处理突发事件的应对工作负责人，是突发事件应急预案的制定者，是突发事件发生时迅速反应和正确应对的指挥者。因此，在进行应急知识宣传活动和应急演练时，应当根据地方政府的相关要求进行。但同时，居民委员会、村民委员会、企业事业单位和社会组织在开展具体工作时也要结合各自的实际情况，既不能"越俎代庖"，也不能"削足适履"，尤其是不能盲目开展不适宜本地区或本单位的应急演练，否则可能会在突发事件真正发生时出现"南辕北辙"、适得其反的后果。

> **第四十三条**　各级各类学校应当把应急教育纳入教育教学计划，对学生及教职工开展应急知识教育和应急演练，培养安全意识，提高自救与互救能力。
>
> 教育主管部门应当对学校开展应急教育进行指导和监督，应急管理等部门应当给予支持。

◆ 条文主旨

本条是关于学校开展应急教育和教育主管部门对学校开展应急教育进行指导监督的规定。

◆ 修改提示

与2007年《中华人民共和国突发事件应对法》第三十条相比。本次修改内容如下：

1. 将"把应急知识教育纳入教学内容，对学生进行应急知识教育，培养学生的安全意识和自救与互救能力"，修改为"把应急教育纳入教育教学计划，对学生及教职工开展应急知识教育和应急演练，培养安全意识，提高自救与互救能力"。

2. 将第二款中的"应急知识教育"，修改为"应急教育"；增加"应急管理等部门应当给予支持"的规定。

◆ 条文解读

安全意识和自救与互救能力培养要从娃娃抓起，学校应急知识教育是应急教育体系的基础性工程[①]。学生处于价值观和行为模式形成的重要时期，且学习时间集中，求知欲及知识接受能力较强。对学生开展应急知识教育，不仅可以使学生本人一生受用，更能将其学到的相关应急知识辐射或者传播影响到家人、朋友和其他社交对象，还能为社会培养一名能够有效应对灾难的成员，提高民众整体的突发事件应对能力，又能推动全民应急知识教育的普及。此外，由于学生多数年纪小、体力不足、缺乏突发事件应对经验，是突发事件中最容易受到伤害的群体之一，对其进行应急知识教育，在突发事件发生时能够正确避险、自救或者互救，尽可能减少伤亡或者损害[②]。许多国家和地区，如俄罗斯、日本、美国等，也都特别重视对学生进行应急知识教育。

一、学校开展应急教育的具体方式和内容

1. **将应急教育纳入教育教学内容，是各级各类学校的义务。**本款规定的应急知识教育的责任主体为各级各类学校，包括但不限于小学、中学、大中专院校、职业技术学校、特殊教育学校、有学

---

① 吴晓涛，姬东燕：《我国小学应急教育体系优化研究》，灾害学，2017 年第 2 期。
② 单大生：《完善全民减灾教育体系，提高综合防灾减灾能力》，中国减灾，2014 年第 21 期。

位授予权的科研院所等。

2. **将应急教育纳入教育教学内容，应当包括应急的理论知识和实践应对技能**。学校对学生进行应急教育，应当以树立安全意识、培养应急能力为目标。第一步就是要让学生增强安全意识，提高防范意识。培养应急能力，在理论方面要使学生掌握基本、常见的应急知识，如预警信号、常见突发事件的应对方法、逃生指南、急救常识、物资储备、家庭应急、避难场所、安置场所等；同时，还要结合应急实践教育，进行必要的实操课程或应急演练，尤其注重实践性、实用性和实效性。

3. **将应急教育纳入教育教学内容，应当根据学生的年龄、能力等不同情况展开针对性教育**。中小学可以根据学生的不同年级和知识掌握能力，逐步教授与之能力相适应的应急知识，尤其是义务教育阶段，应当将树立安全意识、突发事件的预防与紧急应对措施、自救与互救知识、突发事件应对相关的法律法规作为重点内容。在高等教育阶段，还可以结合不同专业学生的学科特点和未来就业方向，展开针对性的应急教育。对女学生、特殊教育学校的学生，也应当展开针对其生理特点的应急教育。同时，不同地区的学校既要进行常规性应急教育，还应当根据所在地不同情况，例如地震多发地区、台风多发地区、洪水多发地区等，展开针对性的专项应急教育。

4. **应急教育应当强调科学性和适用性**。应当丰富应急教育内容和形式，及时更新前沿应急教育知识，增强教学和宣传形式的多样性和趣味性，并争取以学生带动更广泛的主体参与应急教育。

5. **要重视应急教育的师资队伍建设**。既可以专门对本校教师队伍展开相关知识和教学技能培训，还可以与地震、消防、卫生等部门建立密切联系，聘请相关人员兼任学校职务或者教师，承担部分应急教育的内容。

二、教育主管部门应当对学校开展应急教育进行指导和监督，应急管理等部门应当给予支持

1. **教育主管部门要对学校开展应急教育的方式和内容进行指导**。一方面，教育主管部门应当组织专门人员编写应急教育相关系列教材、教学大纲和教参资料等，供各级各类学校开展应急教育时使用。另一方面，教育主管部门还要指导学校在进行具体应急教育时的体系性、正确性和教学实际效果。

2. **教育主管部门要对学校开展应急教育的方式和内容展开监督**。教育主管部门要将应急教育纳入教育评价体系标准，将应急教育课程的实际完成度和学生的掌握程度作为教师考核、校长考核和教学评估的重要指标之一，尤其要重点保证应急教育有效教学时长，避免应急教育被边缘化或者形式化。在此过程中，教育主管部门还应当根据发现的问题，不断改进和完善学校应急教育工作的制度和内容。

3. **应急管理等部门应当给予支持**。教育部门和学校通常对于应急教育知识和应急演练的具体内容并不熟悉，在展开教育、指导和监督工作时需要专业部门或者人员的支持，此时应急管理等部门应当予以相关的支持。

第四十四条 各级人民政府应当将突发事件应对工作所需经费纳入本级预算，并加强资金管理，提高资金使用绩效。

◆ **条文主旨**

本条是关于突发事件应对工作经费保障的规定。

◆ 修改提示

与 2007 年《中华人民共和国突发事件应对法》第三十一条相比，本次修改内容如下：

1. 将"国务院和县级以上人民政府"，修改为"各级人民政府"。

2. 将"应当采取财政措施，保障突发事件应对工作所需经费"，修改为"应当将突发事件应对工作所需经费纳入本级预算"。

3. 增加"并加强资金管理，提高资金使用绩效"的内容。

◆ 条文解读

给突发事件应对工作以经费保障，是实现本法立法目的和落实各项具体法律制度和具体工作的物质前提，对于承担突发事件应对工作的部门和单位有效履行职责、提高工作效率、增强突发事件应对工作能力，具有重要意义。

一、保障的方式是将所需经费纳入本级预算

纳入财政预算，即纳入相应级别政府财政政策的预算支出范围，由政府财政予以保障，从而建立稳定的突发事件应对工作经费保障机制。财政预算也称政府预算，是政府的基本财政收支计划，即经法定程序批准的国家年度财政收支计划。我国的财政预算由中央预算和地方预算组成，根据《中华人民共和国预算法》的规定，我国的财政预算体制是：国家实行一级政府一级预算；中央政府预算由中央各部门（含直属单位）的预算组成；地方各级政府预算由本级各部门（含直属单位）的预算组成；各部门预算由本部门所属各单位预算组成；单位预算是指列入部门预算的国家机关、社会团体和其他单位的收支预算。将突发事件应对工作纳

入财政预算，就是一种有助于维护国家安全的预算形式。

需要说明的是，本次修法时，将"国务院和县级以上人民政府"修改为了"各级人民政府"。根据《中华人民共和国预算法》，国家实行一级政府一级预算，设立中央，省、自治区、直辖市，设区的市、自治州，县、自治县、不设区的市、市辖区，乡、民族乡、镇五级预算。因此，本次修法将突发事件应对工作的经费预算扩展和下沉到了乡镇一级政府。

2013年11月12日，党的十八届三中全会通过的《中共中央关于全面深化改革若干重大问题的决定》中提出，建立事权和支出责任相适应的制度。所谓事权，就是政府承担职能和事务的责任与权力。国家公共权力纵向配置就是事权划分。明确划分各级政府、政府与政府之间的事权关系，才能进一步明晰一级政府在公共事务和服务中应当承担的任务和责任，进一步明晰其权利义务①。本法对各级人民政府在突发事件应对工作中应当履行的职责和承担的任务作了规定，那么按照事权与财政相匹配的原则，应当按照该政府所承担的事权，根据财力状况匹配财政，作出相关经费预算，对突发事件应急相关工作予以保障。

值得注意的是，2018年1月，国务院办公厅印发了《基本公共服务领域中央与地方共同财政事权和支出责任划分改革方案》，旨在加快建立现代财政制度，建立权责清晰、财力协调、区域均衡的中央与地方财政关系的要求，遵循相关法律法规规定，科学界定中央与地方权责，明确基本公共服务领域中央与地方共同财政事权范围，制定基本公共服务保障国家基础标准，规范中央与地方支出责任分担方式，加大基本公共服务投入，加快推进基本公共服务均

---

① 楼继伟：《推进各级政府事权规范化法律化》，人民日报，2014年12月01日07版。

等化，织密扎牢民生保障网，不断满足人民日益增长的美好生活需要。该方案将八大类18项基本公共服务事项首先纳入了中央与地方共同财政事权范围，其中就包括了受灾人员救助。

二、加强资金管理，提高资金使用绩效

《中华人民共和国预算法》第十二条规定，各级预算应当遵循统筹兼顾、勤俭节约、量力而行、讲求绩效和收支平衡的原则。第六十三条规定，各部门、各单位应当加强对预算收入和支出的管理，不得截留或者动用应当上缴的预算收入，不得擅自改变预算支出的用途。第五十七条规定，各级政府财政部门必须依照法律、行政法规和国务院财政部门的规定，及时、足额地拨付预算支出资金，加强对预算支出的管理和监督。各级政府、各部门、各单位的支出必须按照预算执行，不得虚假列支。各级政府、各部门、各单位应当对预算支出情况开展绩效评价。党的十八届三中全会将财政定位为国家治理的基础和重要支柱，强调预算是财政的核心，预算治理是推动国家治理体系和治理能力现代化的重点环节、关键手段、重要支撑。加强资金管理，提高资金使用绩效，体现了全面依法治国、政府依法行政的理念，也是确保突发事件应对制度取得实效的要求。

但这并不意味着未被纳入预算的突发事件，尤其是突发重大灾害时的救援资金难以保障。在预算执行中，由于发生自然灾害等突发事件，必须及时增加预算支出的，应当先动支预备费；预备费不足支出的，各级政府可以先安排支出，属于预算调整的，列入预算调整方案。

目前，我国形成了以《中华人民共和国预算法》和本法为基础，以《自然灾害救助条例》《中央对地方专项转移支付管理办法》等为补充的财政应急预算法制框架，内容涉及应对突发事件处理的预备费和预算调整制度、突发事件应急物资储备保障制度、应急类财政专项转移支付制度等。尽管如此，由于我国应急财政立法内容较为分散，且相关制度法律位阶参差不齐，我国应对突发事件的财政立法依然不够完善，内容衔接不足。比如，《中华人民共和国预算法》仅规定预备费用于当年预算执行中的自然灾害等突发事件处理增加的支出及其他难以预见的开支，而本法中的财政资金来源包括"工作经费""救助资金""救灾资金"等财政项目，两部法律在支出内容和事项上缺乏有效对接。此外，实践中预备费的支出范围为何、"其他难以预见的开支"指向为何等不够明确。这些具体的制度性问题还有待进一步规定和完善①。

> **第四十五条** 国家按照集中管理、统一调拨、平时服务、灾时应急、采储结合、节约高效的原则，建立健全应急物资储备保障制度，动态更新应急物资储备品种目录，完善重要应急物资的监管、生产、采购、储备、调拨和紧急配送体系，促进安全应急产业发展，优化产业布局。
>
> 国家储备物资品种目录、总体发展规划，由国务院发展改革部门会同国务院有关部门拟订。国务院应急管理等部门依据职责制定应急物资储备规划、品种目录，并组织实施。应急物资储备规划应当纳入国家储备总体发展规划。

◆ 条文主旨

本条是关于国家应急物资储备保障的规定。

---

① 王婷婷：《常态化疫情防控视域下中国应急财政干预的法治路径》，上海交通大学学报（哲学社会科学版），2020 年第 3 期。

◆ **修改提示**

与 2007 年《中华人民共和国突发事件应对法》第三十二条第一款相比，本次修改内容如下：

1. 将"国家建立健全应急物资储备保障制度"中增加了"按照集中管理、统一调拨、平时服务、灾时应急、采储结合、节约高效的原则"。

2. 将"完善重要应急物资的监管、生产、采购、储备、调拨和紧急配送体系"中增加了"动态更新应急物资储备品种目录"和"采购"。

3. 在第一款结尾增加了"促进安全应急产业发展，优化产业布局"。

4. 增加"国家储备物资品种目录、总体发展规划，由国务院发展改革部门会同国务院有关部门拟订。国务院应急管理等部门依据职责制定应急物资储备规划、品种目录，并组织实施。应急物资储备规划应当纳入国家储备总体发展规划"作为第二款。

◆ **核心概念**

应急物资，是指为有效应对自然灾害和事故灾难等突发事件，所必需的抢险救援保障物资、应急救援力量保障物资和受灾人员基本生活保障物资。其中，抢险救援保障物资包括森林草原防灭火物资、防汛抗旱物资、大震应急救灾物资、安全生产应急救援物资、综合性消防救援应急物资；应急救援力量保障物资是指国家综合性消防救援队伍和专业救援队伍参与抢险救援所需的应急保障物资；受灾人员基本生活保障物资是指用于受灾群众救助安置的生活类救灾物资。

◆ 条文解读

《左传》有言："居安思危，思则有备，备则无患"。应急物资储备是灾害应急救助体系建设的重要组成部分，是应对突发事件的重要保障。想要在突发事件发生时具备足够的应急能力，及时控制、减轻或者消除突发事件引起的危害或者损失，就需要充分的物资储备保障作为基础。在突发事件未发生时做好应急物资储备保障，在发生后能够及时调配，是突发事件应对"常态化"的重要工作。

一、国家建立应急物资储备保障制度

应急物资储备保障制度，按不同流程环节可分为监管、生产、采购、储备、调拨和紧急配送等。目前，应急物资保障在结构布局、地方储备能力、产能保障、调运能力、科技化水平等方面还存在短板和弱项，对此，习近平总书记明确提出要"健全统一的应急物资保障体系"，把应急物资保障作为国家应急管理体系建设的重要内容。应急物资保障是推进我国应急管理体系和能力现代化的重要支撑。只有不断优化国家应急物资保障体系，才能让物资保障在应急管理活动中发挥关键作用，才能在各种危机处置中彰显中国特色社会主义制度优势。因此，本条第一款规定，按照集中管理、统一调拨、平时服务、灾时应急、采储结合、节约高效的原则，建立健全我国的应急物资储备保障制度。所谓"集中管理、统一调拨"，是指发挥中国特色社会主义制度优越性，建立政府集中管理的应急物资保障制度，打破部门、区域、政企壁垒，实行统一指挥、统一调拨、统一配送，确保应急物资调运快捷高效。所谓"平时服务、灾时应急"，是指在保障应急需求的前提下，充分发挥市场机制作用，合理扩大应急物资使用范围，提高应急物资的平时轮换和服务效率。应急期间，启动重大灾害事故应急物资保障相关工作机制，确保应急物资保障有序有力。所谓"采储结合、节约高效"，是要把储备和采购等环节统一起来，完善应急物资采购机制，开展常态化统筹管理和动态监控，综合运用实物储备、协议储备、产能储备等多种储备方式，提高应急物资使用效率，提升应急物资储备效能。

在基本原则的指导下，国家应建立健全应急物资储备保障制度，动态更新应急物资储备品种目录，完善重要应急物资的监管、生产、采购、储备、调拨和紧急配送体系，促进安全应急产业发展，优化产业布局。应急物资储备保障工作要坚持实事求是、需求导向的应急物资保障逻辑，进一步强化应急物资需求调查与评估，动态更新应急物资储备品种目录，建设统一的智能化管理系统，强化重要应急物资监管制度，抓好应急物资生产和供应，完善便捷化应急采购机制，构建多元的应急物资储备体系，构建公开科学的应急物资调配体系和准军事化的应急物流系统，促进、引导安全应急产业发展，进一步优化安全应急产业产品布局，以历史经验、模拟演练、数据算法等为基础，不断完善源于实践、服务实际的应急物资储备保障机制①。

二、国务院相关部门拟订国家储备总体发展规划、制定并实施应急物资储备规划

为适应国家安全和发展战略需要，服务国防建设，应对突发事件，参与宏观调控，国家建立物资储备制度。根据《国家物资储备管理规定》，国家储备物资，是指由中央政府储备和掌握的，国家安全和发展战略所需的关键性矿产品、原材料、成品油以及具有特殊用途的其他物资。国家发展改革委负责国家物资储备工作。国

---

① 王丛虎：《如何构建和完善应急物资保障体系》，http://www.rmlt.com.cn/2022/0523/647712.shtml，访问日期：2022年7月6日。

家发展改革委国家物资储备局及其所属储备物资管理局、办事处具体履行国家物资储备管理和监督职责。国家储备物资实行目录管理，国家发展改革委会同财政部等部门拟订国家物资储备发展规划，报国务院审批。

按照职责分工，国务院应急管理、粮食和储备、工业和信息化、交通运输等部门负责制定应急物资储备规划、品种目录，并组织实施。需要注意的是，应急物资储备规划、品种目录与国家储备物资品种目录、总体发展规划，是整体与部分的关系。因此，本条第二款规定，应急物资储备规划应当纳入国家储备总体发展规划。

> **第四十六条** 设区的市级以上人民政府和突发事件易发、多发地区的县级人民政府应当建立应急救援物资、生活必需品和应急处置装备的储备保障制度。
>
> 县级以上地方人民政府应当根据本地区的实际情况和突发事件应对工作的需要，依法与有条件的企业签订协议，保障应急救援物资、生活必需品和应急处置装备的生产、供给。有关企业应当根据协议，按照县级以上地方人民政府要求，进行应急救援物资、生活必需品和应急处置装备的生产、供给，并确保符合国家有关产品质量的标准和要求。
>
> 国家鼓励公民、法人和其他组织储备基本的应急自救物资和生活必需品。有关部门可以向社会公布相关物资、物品的储备指南和建议清单。

◆ 条文主旨

本条是关于县级以上地方人民政府和有条件的企业开展应急储备的规定。

◆ **修改提示**

与 2007 年《中华人民共和国突发事件应对法》第三十二条第二款和第三款相比，本次修改内容如下：

1. 将"储备制度"，修改为"储备保障制度"。

2. 将"县级以上地方人民政府应当根据本地区的实际情况，与有关企业签订协议"，修改为"县级以上地方人民政府应当根据本地区的实际情况和突发事件应对工作的需要，依法与有条件的企业签订协议"，其中增加了"和突发事件应对工作的需要"和"依法"，并将"有关企业"改为"有条件的企业"。

3. 在第二款中增加了"有关企业应当根据协议，按照县级以上地方人民政府要求，进行应急救援物资、生活必需品和应急处置装备的生产、供给，并确保符合国家有关产品质量的标准和要求"的内容。

4. 增加"国家鼓励公民、法人和其他组织储备基本的应急自救物资和生活必需品。有关部门可以向社会公布相关物资、物品的储备指南和建议清单"作为第三款。

◆ **条文解读**

应急物资保障工作的发展是一个渐进过程。在各方面的共同努力下，近年来，我国应急物资储备基础虽不断夯实，但仍面临应急物资储备结构布局不够优化，社会协同参与保障水平较低，应急物资产能保障不足等问题。为打牢应急物资保障的能力基础，提升社会协同参与保障水平，本条对应急物资内容以及储备模式等作出规定。

一、建立应急救援物资、生活必需品和应急处置装备的储备保障制度

1. 建立储备保障制度的责任主体。一是设区的市级以上人民政府，二是突发事件易发、多发地区的县级人民政府。设区的市级以上人民政府，包括国务院、各省政府、各自治区政府、各直辖市政府以及各设区的市政府。这些政府级别高、辖区广、人口多，发生突发事件的概率也较大。在一般情况下，以设区的市为基础单位，做好突发事件应急救援物资、生活必需品和应急处置装备的储备保障，确有其必要性和科学性。设区的市向下级区、县调拨物资，交通运输速度较快；本省其他地市或者相邻地市发生突发事件时，若有需要，支援速度也较快；各市的物资储备可以形成资源网络，在需要时实现资源最优、最快配置。突发事件易发、多发地区的县级人民政府，建立应急救援物资、生活必需品和应急处置装备的储备保障制度，主要是考虑在突发事件发生时，能够第一时间采取有效措施，阻止灾情蔓延，尽可能降低受灾损失。对于辖区内发生突发事件概率较低的县级人民政府，特别是财政相对紧张的地区，根据本地区实际情况和突发事件应对工作的需要，若无单独储备保障的必要，由所属市一级政府统筹保障即可，这样也可以避免物资浪费。

2. **建立储备保障制度的内容**。主要包括应急救援物资、生活必需品和应急处置装备三类。根据国务院发布的《国家突发公共事件总体应急预案》，要建立健全应急物资监测网络、预警体系和应急物资生产、储备、调拨及紧急配送体系，完善应急工作程序，确保应急所需物资和生活用品的及时供应，并加强对物资储备的监督管理，及时予以补充和更新。地方各级人民政府应根据有关法律、法规和应急预案的规定，做好物资储备保障工作。要做好受灾群众的基本生活保障工作，确保灾区群众有饭吃、有水喝、有衣穿、有住处、有病能得到及时医治。此外，防灾减灾还要注重应急处置装备的储备保障，保障及时、有效供给，并随着科技的发展不断完善应急处置装备。

二、政府与企业签订协议，保障应急救援物资、生活必需品和应急处置装备生产和供给

应急物资储备主要包括实物储备以及生产能力储备等不同形式。县级以上地方人民政府除了做好实物储备之外，还应当高度重视生产能力储备。实践中，有些物资生产周期较短，不易长期储存，或者储存需要占用较多空间。对此，政府可以委托某些物资的生产企业，储备一定的富余生产能力，以便在发生突发事件时迅速生产、转产应急物资。为此，本条第二款从两方面作出规定：

一方面，县级以上地方人民政府应当根据本地区的实际情况和突发事件应对工作的需要，依法与有条件的企业签订协议，保障应急救援物资、生活必需品和应急处置装备的生产、供给。这里规定的"有条件的企业"，指的是既要有生产能力，也要有生产特殊物资的资质或牌照。所签订的合同性质是行政合同，也就是说合同不仅反映了合同双方的一致意思表示，政府还对合同的履行有监督权和指挥权，以避免在突发事件发生后应急物资供不应求。另一方面，规定有关企业应当根据协议，按照县级以上地方人民政府要求，进行应急救援物资、生活必需品和应急处置装备的生产、供给，并确保符合国家有关产品质量的标准和要求。这是突发事件应对的现实要求，直接关系着防灾减灾的效果，是物资、装备生产或供给的底线。

三、公民、法人和其他组织储备基本的应急自救物资和生活必需品

突发事件发生的不确定性和应急物资储备的高成本，仅靠地方政府的能力进行应急物资储备，往往难以完全满足应急物资的峰值需求，因而需要各级政府、企业和社会力量合理分担应急物资储备保障责任。因此，本条第三款明确规定，国家鼓励公民、法人和其

他组织储备基本的应急自救物资和生活必需品。需要注意的是，这是一项倡导性规定，不能强制推行。对此，有关政府和行政机关特别是新闻媒体，应当加强对公民、法人和其他组织储备基本的应急自救物资和生活必需品的宣传，发布指导性的家庭（或者单位）防灾物资储备清单及注意事项等。

> **第四十七条** 国家建立健全应急运输保障体系，统筹铁路、公路、水运、民航、邮政、快递等运输和服务方式，制定应急运输保障方案，保障应急物资、装备和人员及时运输。
>
> 县级以上地方人民政府和有关主管部门应当根据国家应急运输保障方案，结合本地区实际做好应急调度和运力保障，确保运输通道和客货运枢纽畅通。
>
> 国家发挥社会力量在应急运输保障中的积极作用。社会力量参与突发事件应急运输保障，应当服从突发事件应急指挥机构的统一指挥。

◆ **条文主旨**

本条是关于应急运输保障的规定。

◆ **修改提示**

本条为新增条款。

◆ **条文解读**

交通是兴国之要、强国之基。应急运输保障是突发事件应急处置行动顺利开展和应急救援工作顺利完成的关键因素之一，对于有效应对各类突发事件具有重要的作用。对此，党的十九大提出要建设交通强国，党中央、国务院先后印发的《交通强国建设纲要》《国家综合立体交通网规划纲要》对建立健全综合交通应急管理体制机制、完善交通运输应急保障体系作出了明确部署，提出了具体要求。但目前我国运输保障体系尚不健全，一些地区在突发事件应对过程中出现运输通道受阻、应急物资分拨不畅等问题。鉴于此，本条就建立健全应急运输保障体系作出规定。

应急运输是突发事件应对管理的"生命线"工程。为保障应急物资和人员及时运输，确保生命线畅通，就要做到统一指挥、步调一致、协同高效。一方面，国家应当建立健全应急运输保障体系，统筹包括铁路、公路、水运、民航、邮政、快递等多元运输方式，制定应急运输保障方案。应急运输保障方案应当包括日常应急工作的运输保障与突发事件发生后的紧急运输保障等多套针对不同状态的保障方案内容。应急运输保障体系涉及中央、地方，涵盖铁路、公路、水运等不同方式，包括专业力量以及社会力量，这需要不同层级、不同部门、不同领域"协同有力、反应灵敏、运转高效"。另一方面，县级以上地方人民政府守土有责、守土尽责，应当根据国家应急运输保障方案，结合本地区的各方面实际做好应急调度和运力保障，以确保运输通道和客货运枢纽畅通，保障实际需要时的应急物资和人员及时运输。

社会应急力量具有贴近基层、组织灵活、行动迅速、便于展开等优势。实践证明，社会力量积极参与应急物资的运输保障并发挥了重要作用，但是由于缺乏一体化的运输保障组织机制，突发事件发生后未能迅速有效地将各参与者组织、协调起来，也未能有效地与政府应急指挥体系对接起来，使得在实际应急物资运输过程中不得不采取临时措施，从而影响应急物资运输时效[①]。鉴于此，本条

---

① 朱晔：《突发公共卫生事件下应急物资运输保障对策》，城市交通，2020 年第 5 期。

第三款规定，国家发挥社会力量在应急运输保障中的积极作用。同时要求社会力量参与突发事件应急运输保障，应当服从突发事件应急指挥机构的统一指挥。比如，参加向灾区运送救灾物资的社会力量，进入灾区后，要第一时间向当地政府或者现场指挥机构报到，严格服从灾区道路交通管制和救援现场指挥管理，不得在规划任务区域之外的地区擅自行动。任务结束后，应按要求有序撤离现场等。

第四十八条 国家建立健全能源应急保障体系，提高能源安全保障能力，确保受突发事件影响地区的能源供应。

◆ **条文主旨**

本条是关于能源应急保障的规定。

◆ **修改提示**

本条为新增条款。

◆ **条文解读**

能源是人类赖以生存与发展的物质基础和动力，能源安全攸关国计民生、国家安全和社会发展。能源应急保障制度建设，在关键时刻发挥保底线的调节作用。我国是世界上最大的能源消费国，对外依存度比较高。据国家统计局发布的数据，2021年中国原油对外依存度超过了70%，天然气对外依存度超过40%。因此构建科学合理的能源应急保障体系，加强煤炭、石油、有色金属、稀土等资源的安全战略措施势在必行。目前我国能源安全储备体系尚不完善，储备方式较为单一，储备能力不适应保障能源安全的需要，制约了受突发事件影响地区的能源供应。鉴于此，有必要结合突发事件应对工作的需要，从法律的角度就建立健全能源应急保障体系作出明确规定。

1. 国家建立健全能源应急保障体系。总体而言，我国能源应急保障体系，尤其是重要物资保障体系的发展滞后于现阶段应急管理的需求。突发事件发生后，往往伴随着电力、成品油、天然气、煤炭等能源供应缺口，如极端灾害天气导致的大面积停电、油气中断等情形。因而有必要从国家层面建立健全能源应急保障体系，提高能源系统保供灵活性。国务院办公厅印发的《能源发展战略行动计划（2014—2020 年)》明确提出，建立健全国家能源应急保障体系，提高能源安全保障能力。围绕提高能源安全保障能力，国家发展改革委、国家能源局在《"十四五"现代能源体系规划》中，就"十四五"期间加强煤炭安全托底保障，提升天然气储备和调节能力等作出具体部署。

2. 提高能源安全保障能力，确保受突发事件影响地区的能源供应。能源应急保障体系建设的核心之一是能源储备制度。国内外实践充分证明，完善的能源储备制度，有助于改善能源系统脆弱性、缓解能源断供带来的危害。20 世纪 70 年代的石油危机后，国际能源署要求成员国至少储备相当于上年 90 天净进口量的石油，以防止供应中断。美国战略石油储备的紧急动员在"卡特里娜"飓风等突发事件中发挥了稳定供应的重要作用[①]。目前，我国能源储备尚处于探索实施阶段，存在储备品种和方式单一等问题。完善能源安全储备制度，建立政府储备与企业储备相结合、能力储备与实物储备相衔接、战略储备与运行调节储备并举的储备体系，是提高能源安全保障能力，确保受突发事件影响地区的能源供应的重要

---

① 《强化能源安全储备能力建设》，https：//cpnn. com. cn/news/hy/202208/t20220831_1547975. html，访问日期：2024 年 4 月 5 日。

手段。之所以建立多元化的能源储备体系，主要考虑的是，能源储备涉及面广，单纯依靠政府储备和实物储备并不现实，也容易造成资源浪费，需要产能储备等其他方式作为补充，推进储备方式多元化，提高储备运转的效率。比如，国家发展改革委、国家能源局发布的《关于完善能源绿色低碳转型体制机制和政策措施的意见》要求，健全煤炭产品、产能储备和应急储备制度，完善应急调峰产能、可调节库存和重点电厂煤炭储备机制，建立以企业为主体、市场化运作的煤炭应急储备体系；建立健全地方政府、供气企业、管输企业、城镇燃气企业各负其责的多层次天然气储气调峰和应急体系。

第四十九条 国家建立健全应急通信、应急广播保障体系，加强应急通信系统、应急广播系统建设，确保突发事件应对工作的通信、广播安全畅通。

◆ 条文主旨

本条是关于应急通信、应急广播保障的规定。

◆ 修改提示

与 2007 年《中华人民共和国突发事件应对法》第三十三条相比，本次修改内容如下：

1. 将"国家建立健全应急通信保障体系"，修改为"国家建立健全应急通信、应急广播保障体系"，其中增加了"应急广播"的内容。

2. 将"完善共用通信网，建立有线与无线相结合、基础电信网络与机动通信系统相配套的应急通信系统"，修改为"加强应急通信系统、应急广播系统建设"。

3. 将"通信畅通",修改为"通信、广播安全畅通"。

◆ 条文解读

通信和广播系统在日常生产生活和工作中发挥着重要作用。在突发事件发生时,及时有效传递、收集信息,对快速响应、防灾减灾、恢复重建都具有极为重要的意义。国务院印发的《"十四五"国家应急体系规划》对提高极端条件下应急通信保障能力,推进应急广播系统建设等提出明确要求。为确保突发事件应对通信畅通无阻,本条对建立健全应急通信、应急广播保障体系作了相应规定。

一、建立健全应急通信保障体系

国家对应急通信系统建设非常重视,不仅在本法中作出了规定,在其他相关部门法中也有明确表述,如《中华人民共和国气象法》第二十六条规定,"信息产业部门应当与气象主管机构密切配合,确保气象通信畅通,准确、及时地传递气象情报、气象预报和灾害性天气警报。气象无线电专用频道和信道受国家保护,任何组织或者个人不得挤占和干扰";《中华人民共和国防洪法》第四十三条规定,"在汛期,气象、水文、海洋等有关部门应当按照各自的职责,及时向有关防汛指挥机构提供天气、水文等实时信息和风暴潮预报;电信部门应当优先提供防汛抗洪通信的服务;运输、电力、物资材料供应等有关部门应当优先为防汛抗洪服务"等。

为加强应急通信系统的建设工作,2021 年 11 月,工业和信息化部发布了《"十四五"信息通信行业发展规划》,其中专门对"全面提升应急通信保障水平"进行了部署,提出要加强国家应急通信保障体系建设,完善跨部门、跨区域的应急通信协调机制;统筹政府、企业等各方应急通信指挥系统和技术手段建设,推动指挥系统间互联互通;空天地海一体化应急通信网络初步构建,推进灾害频发地区建设超级基站，升级国家通信网应急通信指挥调度系统；统筹卫星与地面、公网与专网建设，综合利用5G、卫星通信、短波等通信技术，提高公众通信网的抗灾能力和预警信息发布能力，等等。

二、建立健全应急广播保障体系

应急广播是指在突发事件发生时，通过广播向公众传递紧急信息的一种应急手段。应急广播是一种迅速快捷的讯息传输通道，可以在第一时间把突发事件的相关信息传递到民众，使涉突发事件的民众能够在第一时间知道发生了什么、应该怎么办，从而将生命财产损失降到最低；还能传达政令、稳定人心、鼓舞士气、凝聚力量、进行社会动员与社会整合。此外，各类突发事件的应对实践也一再说明应急广播的重要性。比如，2008年5月12日14时28分，震中汶川的山崩地裂迅速波及77公里外的成都，14时55分成都人民广播电台果断中断正常节目，在交通频道推出抗震救灾特别报道《我们在一起——抗震救灾大型特别节目》，在成都上空迅速构建起了一个"空中调度平台"。当时，在通信完全中断的情况下，成都市交管局局长和交警各分局，依靠电台播出的信息进行指挥和决策，紧急调配全市的警力，使应急处置工作迅速有序地展开①。

本次立法专门增加了国家建立健全应急广播保障体系，加强应急广播体系建设，确保突发事件应对工作的广播安全畅通的内容。应急广播系统建设是应急广播指挥体系的重要组成部分，主要包括应急广播平台、传输覆盖网络和多级平台及终端对接等内容。不同级别的应急广播系统可以实现国家、省、市、区、镇（街道）、村

---

① 《致敬地震中"永不消逝的电波"，孙静：我们在一起》，https：//www. sohu. com/a/364122807_120503517，访问日期：2024 年 6 月 24 日。

之间的多级应急信息联动，纵向上下贯通、横向协调联动、可管可控，能够打通应急发布的"最后一公里"，消除信息孤岛，更加及时、精准、广泛地服务广大群众。实践经验也证明，应急广播体系能够及时有效地发布权威信息，正确引导舆论，在基层社区管理、居民防灾宣传、疫情防控等方面发挥了较好作用，取得了良好社会效益①。

> **第五十条** 国家建立健全突发事件卫生应急体系，组织开展突发事件中的医疗救治、卫生学调查处置和心理援助等卫生应急工作，有效控制和消除危害。

◆ 条文主旨

本条是关于突发事件卫生应急体系建设的规定。

◆ 修改提示

本条为新增条款。

◆ 条文解读

突发事件卫生应急包括突发自然灾害、事故灾难和社会安全事件应对中的卫生应急和因重大传染病疫情、群体性不明原因疾病、重大食物和职业中毒等引发的突发公共卫生事件，前者卫生应急主要是服务协助相关突发事件的处置，后者本身是应对的主体②。目

---

① 《广州应急广播系统正式运行》，https：//www. 163. com/dy/article/HBOQ29T4053 0K411. html，访问日期：2024 年 3 月 25 日。
② 许安标：《〈基本医疗卫生与健康促进法〉最新解读》，中国法律评论，2020 年第 3 期。

前，我国各类突发事件形势严峻，不同类型事件频发、并发，导致应急指挥体系种类多元，层次复杂，如以传染病为主的公共卫生事件频发，因食品药品安全造成的公共卫生事件防控难度加大，由生物技术误用、缪用导致的公共卫生事件风险提高等①。为进一步规范突发事件卫生应急工作，有效减轻各类突发事件对人民群众身心健康和生命安全的危害，维护人民群众健康权益，本条从以下两个方面作出相应规定。

一、国家建立健全突发事件卫生应急体系

《中华人民共和国宪法》规定，国家发展医疗卫生事业，保护人民健康；公民在疾病等情况下，有从国家和社会获得物质帮助的权利；国家发展为公民享受这些权利所需要的社会保险、社会救济和医疗卫生事业。从基本医疗与卫生覆盖情况看，突发事件卫生应急体系是一个薄弱点。为强化公共卫生法治保障，我国专门制定了《中华人民共和国传染病防治法》《中华人民共和国基本医疗卫生与健康促进法》《突发公共卫生事件应急条例》等法律、行政法规。《中华人民共和国基本医疗卫生与健康促进法》第十九条明确规定，国家建立健全突发事件卫生应急体系，制定和完善应急预案，组织开展突发事件的医疗救治、卫生学调查处置和心理援助等卫生应急工作，有效控制和消除危害。国务院办公厅2022年4月印发的《"十四五"国民健康规划》从提高疾病预防控制能力、完善监测预警机制、健全应急响应和处置机制、提高重大疫情救治能力四个方面作出部署，旨在全面织牢公共卫生防护网络。本条对国家建立健全突发事件卫生应急体系专门作出规定，既是全面防范化解重大风

---

① 薛澜，彭宗超，钟开斌，等：《中国公共卫生应急指挥体系探析》，中国工程科学，2021年第5期。

险的重要举措，也是加强公共卫生应急管理体系建设的应有之义。

二、明确了突发事件卫生应急工作的主要任务

按照本条规定，突发事件卫生应急工作的主要任务包括突发事件中的医疗救治、卫生学调查处置和心理援助等。突发事件中的医疗救治，主要是指卫生部门负责组建医疗卫生应急专业技术队伍，根据需要及时赴现场开展医疗救治、疾病预防控制等卫生应急工作，及时为受灾地区提供药品、器械等卫生和医疗设备。卫生学调查处置，主要是指卫生部门在突发事件中，应当按照突发事件处理的有关规定和工作流程开展流行病学调查，调查完成后作出流行病学调查报告，并进行卫生处理或提出处置建议。值得注意的是，本条还特别在卫生应急工作中规定了心理援助，以期有效预防和减少心理危机的发生，达到维护社会稳定、保障公众心理健康的效果。该项工作的服务对象应当既包括受灾群众，也包括处理突发事件的工作人员。

第五十一条　县级以上人民政府应当加强急救医疗服务网络的建设，配备相应的医疗救治物资、设施设备和人员，提高医疗卫生机构应对各类突发事件的救治能力。

◆ **条文主旨**

本条是关于县级以上人民政府加强急救医疗服务网络建设的规定。

◆ **修改提示**

本条为新增条款。

◆ 条文解读

根据本法规定，县级以上人民政府对本行政区域内突发事件的应对工作负责，应当制定突发事件应急体系建设规划，特别是要加强急救医疗服务网络建设，满足人民群众在突发事件应对过程中急救医疗服务需求。本条规定可以从以下两个方面理解：

1. **本条规定的工作内容是县级以上人民政府的法定职责，是不可推卸、必须落实的**。本法第二十九条规定，县级以上人民政府应当将突发事件应对工作纳入国民经济和社会发展规划，县级以上人民政府有关部门应当制定突发事件应急体系建设规划。县级以上人民政府应当将本条中急救医疗服务的相关内容纳入相关规划中。同时，应急医疗服务网络建设涉及面广，需要政府出面统筹，协调不同部门的资源。此外，"加强"不仅仅要列入规划，还需要从人财物等方面予以倾斜。

2. **要加强急救医疗服务网络的建设，配备相应的医疗救治物资、设施设备和人员，提高医疗卫生机构应对各类突发事件的救治能力**。传统的急救模式以医院作为院前急救的主导，而急救医疗服务网络（新模式）可以尽可能地将更多医院纳入急救网络管理，实行统一受理、统一调度、统一指挥、统一管理。在发生重大突发事件时，新模式可以在短时间内集合有限的医疗急救资源，进行有效统筹和合理利用，尽可能实现院前急救工作高效、及时、准确。当然，急救医疗服务网络的建设需要强大的网络支持、先进的调度平台、装备优良的急救车辆、专业的调度和院前急救队伍作为支撑，缺一不可[①]。因此，无论是急救医疗服务网络的建设和应用，

---

① 赵新，李洪峰，王正福：《网络化急救管理新模式在重大突发事件医疗救援中的作用》，海南医学，2009 年第 10 期。

还是公共卫生事件和其他突发事件的救治，都必须配备相应的医疗救治药物、设备和人员，提高医疗卫生机构的应对和救治能力。

> **第五十二条**　国家鼓励公民、法人和其他组织为突发事件应对工作提供物资、资金、技术支持和捐赠。
>
> 接受捐赠的单位应当及时公开接受捐赠的情况和受赠财产的使用、管理情况，接受社会监督。

◆ 条文主旨

本条是关于国家鼓励社会力量支持突发事件应对工作的规定。

◆ 修改提示

与 2007 年《中华人民共和国突发事件应对法》第三十四条相比，本次修改内容如下：

1. 将"……为人民政府应对突发事件工作提供……"，修改为"……为突发事件应对工作提供……"。

2. 增加"接受捐赠的单位应当及时公开接受捐赠的情况和受赠财产的使用、管理情况，接受社会监督"作为第二款。

◆ 条文解读

"一方有难，八方支援"，是中华民族的传统美德。在应对突发事件的实践中，企事业单位、社会组织和广大人民群众秉持公益宗旨，积极捐款、捐物、出力，成为应急处置和恢复重建中一支重要的救助力量。

在本法中规定国家鼓励公民、法人和其他组织为突发事件应对工作提供物资、资金、技术支持和捐赠，是从法律层面对此类行为作出了肯定，并进行了倡导。在本法之外，国家还从多个方面对此类行为表示了鼓励和倡导。比如，企业和个人税收减免政策（如《财政部、税务总局关于支持新型冠状病毒感染的肺炎疫情防控有关捐赠税收政策的公告》）、组织开展救灾捐赠宣传及表彰等活动（如《应急管理部特别重大自然灾害救灾捐赠工作方案》）等。

本条第二款规定，接受捐赠的单位应当及时公开接受捐赠情况和受赠财产的使用、管理情况，接受社会监督。相关单位在接受捐赠后，应当及时分类统计捐赠资金和物资信息，统筹管理，合理分配，建立台账，严防出现捐赠物资的贪污侵占、截留私分、优亲厚友、虚报冒领等违纪违法行为的发生，强化监督管理，确保物尽其用。虽然本条本款只规定了"接受社会监督"，但是纪检监察、会计监督等依法依规进行的监督也是应有之义。

第五十三条 红十字会在突发事件中，应当对伤病人员和其他受害者提供紧急救援和人道救助，并协助人民政府开展与其职责相关的其他人道主义服务活动。有关人民政府应当给予红十字会支持和资助，保障其依法参与应对突发事件。

慈善组织在发生重大突发事件时开展募捐和救助活动，应当在有关人民政府的统筹协调、有序引导下依法进行。有关人民政府应当通过提供必要的需求信息、政府购买服务等方式，对慈善组织参与应对突发事件、开展应急慈善活动予以支持。

◆ 条文主旨

本条是关于红十字会、慈善组织参与应对突发事件的规定。

◆ 修改提示

本条为新增条款。

◆ 条文解读

一、关于红十字会参与应对突发事件的规定

1. 红十字会参与应对突发事件的主体地位。根据《中华人民共和国红十字会法》，中国红十字会是中华人民共和国统一的红十字组织，是从事人道主义工作的社会救助团体，其职责包括：（1）开展救援、救灾的相关工作，建立红十字应急救援体系；在自然灾害、事故灾难、公共卫生事件等突发事件中，对伤病人员和其他受害者提供紧急救援和人道救助。（2）开展应急救护培训，普及应急救护、防灾避险和卫生健康知识，组织志愿者参与现场救护等。根据国务院发布的《国家突发公共事件总体应急预案》，"卫生部门负责组建医疗卫生应急专业技术队伍，根据需要及时赴现场开展……必要时，组织动员红十字会等社会卫生力量参与医疗卫生救助工作"。也就是说，红十字会是以社会救助团体或社会卫生力量的主体地位依法参与应对突发事件，提供紧急救援和人道救助。

2. 红十字会参与应对突发事件的行为性质。本法明确规定了突发事件应对工作由"党委领导、政府负责、部门联动、军地联合、社会协同、公众参与、科技支撑、法治保障"，"国家建立有效的社会动员机制，组织动员企业事业单位、社会组织、志愿者等各方力量依法有序参与突发事件应对工作"，"县级以上人民政府是突发事件应对工作的行政领导机关"，"红十字会……提供紧急救援和人道救助，并协助人民政府开展与其职责相关的其他人道主义服务活动"。也就是说，红十字会在参与应对突发事件时，要服从人民政府的统一领导，听从指挥，在其法定职责范围内，协助人民政府开展人道主义服务活动。

3. **有关人民政府应当给予红十字会支持和资助，保障其参与应对突发事件。**红十字会是从事人道主义工作的社会救助团体，是政府在人道工作领域的有力助手。中国作为日内瓦公约的缔约国，有履行日内瓦公约的义务，有责任按照日内瓦公约和《国际红十字与红新月运动章程》规定支持本国红十字会开展工作，这种支持是多方面的，包括但不限于人力、财力、物力、政策等方面的支持。

二、关于慈善组织参与应对突发事件的规定

1. **慈善组织的主体资格。**在我国，慈善组织是依法成立、符合《中华人民共和国慈善法》规定，以面向社会开展慈善活动为宗旨的非营利性组织。并不是任何出于慈善目的而行动或者成立的组织都是慈善组织。设立慈善组织，必须符合相关条件，并且需要向县级以上人民政府民政部门申请登记，准予登记后向社会公告。慈善组织可以采取基金会、社会团体、社会服务机构等不同组织形式。中国红十字会并不属于该法律意义上的慈善组织。

2. **慈善组织参与应对的方式为开展募捐和救助活动。**本条款明确规定了慈善组织在发生重大突发事件时，参与应对相关工作的方式有且只有开展募捐和救助活动两种，并且这两种行为应当在有关人民政府的统筹协调、有序引导下依法进行。《中华人民共和国慈善法》第三十条也规定，在发生重大自然灾害、事故灾难和公共卫生事件等突发事件，需要迅速开展救助时，有关人民政府应当及时有序引导开展募捐和救助活动。

3. **人民政府对慈善组织工作的支持方式。**《中华人民共和国慈善法》规定了有关人民政府"应当建立协调机制，提供需求信息"

作为支持方式，及时有序引导慈善组织开展募捐和救助活动。本条第二款结合实践经验进一步丰富细化，增强了可操作性，规定了有关人民政府要统筹协调、有序引导，应当通过提供必要的需求信息、政府购买服务等方式对慈善组织参与应对突发事件、开展慈善活动予以支持。

4. 慈善组织要依法开展突发事件应对相关活动。慈善应急活动是民间活动，具有自治性、独立性、民间性的基本特质[①]，但也要依法开展活动。首先，慈善组织参与应对突发事件的活动方式和内容要依法进行；其次，作为社会力量，慈善组织参与突发事件应对工作，也要在政府的统筹协调和有序引导下进行。需要注意的是，慈善组织应当按照《中华人民共和国慈善法》的相关规定，执行国家统一的会计制度，依法进行会计核算，建立健全会计监督制度，并接受政府有关部门的监督管理。尤其是在开展募捐和救助活动后，应及时或者定期对慈善财产、物资进行核对，保证慈善财产规范、有效使用，接受民政、财政、审计、纪检监察等有关部门监督和社会监督。

> **第五十四条** 有关单位应当加强应急救援资金、物资的管理，提高使用效率。
>
> 任何单位和个人不得截留、挪用、私分或者变相私分应急救援资金、物资。

◆ **条文主旨**

本条是关于应急救援资金、物资管理的规定。

---

① 李德健，杨思斌：《我国慈善应急法制的理论反思与完善路径》，浙江工商大学学报，2022 年第 3 期。

◆ 修改提示

本条为新增条款。

◆ 条文解读

应急救援资金、物资是提升应急保障能力的重要物质基础。确保应急救援资金、物资合理使用，规范其管理是关键。

本条分为两款，第一款对加强应急救援资金、物资的管理，提高使用效率提出了要求。有关单位应包括第四十五条、第四十六条、第四十七条、第五十二条、第五十三条、第五十五条内容中涉及的各级人民政府、医疗卫生机构、接受（为突发事件应对工作提供的）捐赠的单位、红十字会和慈善组织。可以从筹集、分配、调拨、发放、使用等环节入手，建立健全应急救援资金、物资管理的规章制度，做到专账管理、专人负责，堵塞各种漏洞，提高使用效率。

第二款规定，任何单位和个人不得截留、挪用、私分或者变相私分应急救援资金、物资。这是明确的禁止性规定，对于截留、挪用、私分或者变相私分应急救援资金、物资的违法违纪行为，无论自然人或法人，都将依法依规被追究相关法律责任。

第五十五条　国家发展保险事业，建立政府支持、社会力量参与、市场化运作的巨灾风险保险体系，并鼓励单位和个人参加保险。

◆ 条文主旨

本条是关于国家发展保险事业、建立巨灾风险保险体系的规定。

◆ **修改提示**

与 2007 年《中华人民共和国突发事件应对法》第三十五条相比，本次修改内容如下：

1. 将"建立国家财政支持的巨灾风险保险体系"，修改为"建立政府支持、社会力量参与、市场化运作的巨灾风险保险体系"。

2. 将"公民"，修改为"个人"。

◆ **核心概念**

巨灾保险，是指政府运用保险机制，通过制度性安排，将因发生地震、台风、海啸、洪水等自然灾害可能造成的巨大财产损失和严重人员伤亡的风险，通过保险形式进行风险分散和经济补偿。

◆ **条文解读**

长期以来，对于突发重大灾害，从灾前预防、灾中救助，到灾后补偿基本上都由政府主导，风险主要由政府承担，资金主要依靠财政拨款及社会捐助，市场力量运用严重不足，政府财政负担极重。保险作为市场经济条件下风险管理的基本手段，通过建立政府支持、社会力量参与、市场化运作的巨灾风险保险体系，引导商业保险公司积极参与巨灾风险管理，能够丰富我国灾害损失补偿渠道、健全灾害救助体系、提高巨灾保障水平、增强风险管理能力、平滑灾害引起的政府财政波动，是政府运用现代金融手段降低灾害损失影响的有效途径①。国内外应对重大灾害的实践充分证明，建

---

① 《保监会副主席梁涛：继续积极推进我国巨灾保险制度建设》，https：//www.cs.com.cn/xwzx/201706/t20170622_5337619.html，访问日期：2022 年 7 月 10 日。

立适合本国国情的巨灾保险制度，是构建多元化的风险分担体系、提升重大灾害风险治理水平的重要途径。

党中央、国务院历来高度重视建立巨灾保险制度，《中共中央、国务院关于推进防灾减灾救灾体制机制改革的意见》围绕完善社会力量和市场参与机制，明确提出要"加快巨灾保险制度建设，逐步形成财政支持下的多层次巨灾风险分散机制"。《中华人民共和国国民经济和社会发展第十四个五年规划和2035年远景目标纲要》将"发展巨灾保险"作为完善国家应急管理体系重要内容加以推进。巨灾保险涉及政府、商业机构和居民个人等多个主体，具有准公共产品属性，应当坚持政府推动、市场化运作的原则，发挥其在风险防范、损失补偿、恢复重建等方面的积极作用。

近年来，银保监会指导保险业积极作为，加快推进巨灾保险工作。以地震巨灾保险为例，通过联合相关部门出台《建立城乡居民住宅地震巨灾保险制度实施方案》等文件，建立了地震巨灾保险制度规范；指导了40多家保险公司组建中国城乡居民住宅地震巨灾保险共同体，推动地震巨灾保险制度落地。截至2022年3月31日，地震巨灾保险共同体累计为全国1674万户次城乡居民提供6424亿元的巨灾风险保障，累计支付赔款7037万元，取得了良好的现实效果①。

目前，多地已经试点由政府财政出资为所有居民购买巨灾保险②，

---

① 《银保监会：加快构建多灾因巨灾保险体系》，https：//baijiahao. baidu. com/s?id＝1732713501502114512&wfr＝spider&for＝pc，访问日期：2022年7月10日。

② 《市政府再出资！三年内每年拿出4100万元为全体市民购买巨灾险》，https：//baijiahao. baidu. com/s?id＝1696001996791866015&wfr＝spider&for＝pc，访问日期：2022年7月10日。《河南一地财政出资为所有居民购买巨灾保险》，https：//m. gmw. cn/baijia/2022－07/01/1303022995. html，访问日期：2022年7月10日。

或以市为单位进行统保①，发生巨灾事故且达到触发条件，就启动理赔程序，给予基本经济补偿。同时，也鼓励单位和个人购买其他险种，如商业保险，可以在受灾后按照合同保额获得约定的理赔金额。

> **第五十六条** 国家加强应急管理基础科学、重点行业领域关键核心技术的研究，加强互联网、云计算、大数据、人工智能等现代技术手段在突发事件应对工作中的应用，鼓励、扶持有条件的教学科研机构、企业培养应急管理人才和科技人才，研发、推广新技术、新材料、新设备和新工具，提高突发事件应对能力。

◆ 条文主旨

本条是关于国家鼓励、扶持应急管理人才培养、运用现代技术手段应对突发事件的规定。

◆ 修改提示

与 2007 年《中华人民共和国突发事件应对法》第三十六条相比，本次修改内容如下：

1. 增加了"加强应急管理基础科学和重点行业领域关键核心技术的研究"的内容。

2. 增加了"加强互联网、云计算、大数据、人工智能等现代技术手段在突发事件应对工作中的应用"的内容。

---

① 《河南开展巨灾保险试点工作 郑州等 6 个省辖市先行先试》，https：//www.163.com/dy/article/HB139OKC0514R9NP.html，访问日期：2022 年 7 月 10 日。

3. 将"鼓励、扶持具备相应条件的教学科研机构培养应急管理专门人才",修改为"鼓励、扶持有条件的教学科研机构、企业培养应急管理专门人才和科技人才"。

4. 将"鼓励、扶持教学科研机构和有关企业研究开发用于突发事件预防、监测、预警、应急处置与救援的新技术、新设备和新工具",修改为"研发、推广新技术、新材料、新设备和新工具,提高突发事件应对能力",并与前句衔接。

◆ 条文解读

实践证明,科技和人才在突发事件应对工作中发挥着不可或缺的重要作用。总体而言,我国公共安全与防灾减灾科技支撑能力尤其是人才队伍建设,距离建设更高水平平安中国的要求仍有较大差距。加强和创新应急体系建设的科技支撑,成为构建中国特色大国应急管理体系的当务之急。

一、加强科技支撑

科技对于突发事件应对工作的支持作用相当广泛,贯穿全过程和各环节。将高科技、新科技引入应急体系建设,能够提高预防与准备、监测与预警、处置与救援以及恢复与重建工作的效率化和精准化,全面提升应急管理工作的综合能力和水平。2017 年 12 月 8 日,习近平总书记在中共中央政治局第二次集体学习时特别强调,要运用大数据提升国家治理现代化水平……要充分利用大数据平台,综合分析风险因素,提高对风险因素的感知、预测、防范能力。党的十九届四中全会也强调了要发挥科技支撑对社会治理创新的作用。因此,加强和创新应急体系建设的科技支撑,是构建中国特色大国应急管理体系的迫切需要,是推动国家战略实施的重大举措,也是优化应急体系建设、进一步提升应急管理能力和水平的首要任务①。要进一步强化突发事件应对工作的科技支撑和可持续发展，国家就要以更具体的措施不断落实本条中规定的内容，加强应急管理基础科学和重点行业领域关键核心技术的研究，加强包括但不限于运用互联网、云计算、大数据、人工智能等现代技术手段在突发事件应对工作中的应用，鼓励、扶持有条件的教学科研机构、企业培养应急管理人才和科技人才，研发、推广新技术、新材料、新设备和新工具，提高突发事件应对能力。

二、注重人才培养

习近平总书记在中央人才工作会议上强调，综合国力竞争说到底是人才竞争；人才是衡量一个国家综合国力的重要指标；国家发展靠人才，民族振兴靠人才；我们必须增强忧患意识，更加重视人才自主培养，加快建立人才资源竞争优势。应急管理是国家治理体系和治理能力的重要组成部分，建设中国特色应急管理体制，急需充足的与"大国应急"相匹配的安全生产、自然灾害防治、应急救援等领域的高素质专业化人才，但当前我国仍存在应急管理人才储备不足的问题，迫切需要解决人才短板问题②。要为突发事件应对工作、为推进应急管理体系和能力现代化提供坚实的人才保障，鼓励、扶持具备相应条件的教学科研机构培养应急管理专门人才和科技人才是重要手段之一。

---

① 蔡立辉：《加强和创新应急体系建设的科技支撑》，https：//www. mem. gov. cn/xw/ztzl/2019/xxgcddsjjszqhjs/thwz/201911/t20191121_341443. shtml，访问日期：2022 年7 月10 日。

② 《全方位培养引进用好应急管理专业人才》，https：//baijiahao. baidu. com/s?id = 1714390468741427623&wfr = spider&for = pc，访问日期：2022 年7 月10 日。

> **第五十七条** 县级以上人民政府及其有关部门应当建立健全突发事件专家咨询论证制度，发挥专业人员在突发事件应对工作中的作用。

◆ 条文主旨

本条是关于建立突发事件专家咨询论证制度的规定。

◆ 修改要点

本条为新增条款。

◆ 条文解读

专家咨询、论证，是指政府对重大事项作出行政决策前，由决策承办单位组织相关领域专家就决策方案的科学性、必要性、可行性和其他相关技术因素进行专业性咨询、论证，提出咨询、论证意见。本条明确要求县级以上人民政府及其有关部门都应当建立健全关于突发事件应对的专家咨询论证制度。制度中应载明专家的资质或者条件，并对咨询、论证工作的方式、程序等进行规定。

专家咨询论证制度是我国社会主义民主政治建设的重要内容，是促进政府重大行政决策的科学化、民主化，提高重大行政决策事项的质量和行政管理水平的要求。党和政府历来高度重视专家咨询论证制度工作。早在 2004 年国务院印发的《全面推进依法行政实施纲要》，就提出建立健全专家咨询论证制度。2011 年发布的《国民经济和社会发展第十二个五年规划纲要》就完善公共决策的社会公示制度、公众听证制度和专家咨询论证制度再次作出部署。近年来，各方越来越重视专家咨询论证制度的作用，相继通过立法方式规定了相关内容。比如，《中华人民共和国长江保护法》规定，国家长江流域协调机制设立专家咨询委员会，组织专业机构和人员对长江流域重大发展战略、政策、规划等开展科学技术等专业咨询。2015 年 1 月，中共中央办公厅、国务院办公厅印发了《关于加强中国特色新型智库建设的意见》，为建立健全专家咨询论证制度提供了重要智力支撑。

纵观当今世界各国现代化发展历程，智库在国家治理中发挥着越来越重要的作用，日益成为国家治理体系中不可或缺的组成部分，是国家治理能力的重要体现。总结国内外经验，我国《"十四五"国家应急体系规划》明确提出，加强应急管理智库建设，探索建立应急管理专家咨询委员会和重特大突发事件首席专家制度。根据本条规定，开展突发事件专家咨询论证制度建设，要把握好以下几个方面：一是坚持党的领导，把握正确导向。坚持党管智库，坚持中国特色社会主义，遵守国家法律法规，始终以维护国家利益和人民利益为根本出发点，立足我国国情，充分体现中国特色、中国风格、中国气派。二是坚持围绕大局，服务中心工作。紧紧围绕党和政府决策急需的重大课题，围绕维护国家安全的重大任务，围绕提升应急管理水平的关键技术和重大装备，开展前瞻性、针对性、储备性政策研究，提出专业化、建设性、切实管用的政策建议，着力提高综合研判和战略谋划能力。三是坚持科学精神，鼓励大胆探索。坚持求真务实，理论联系实际，强化问题意识，提倡不同学术观点、不同政策建议的切磋争鸣、平等讨论，鼓励积极建言献策，创造有利于专家学者和智库发挥作用、积极健康向上的良好环境。

第四章 监 测 与 预 警

本章概述 >>>

　　本章是关于突发事件监测与预警制度的规定，涵盖突发事件信息的获取、传输与处理三个主要环节，共计 13 条。其中，第五十八条到第六十二条集中对突发事件监测制度作出了规定，第六十三条到第七十条分别对预警及相应的预控措施作出了规定。

　　本章补充与修订了多处条文内容，调整了部分条文位置，并增加了第六十五条、第六十八条规定，规定了突发事件预警信息平台建设及有关单位配合义务、进入预警期后政府加强市场监测与保障稳定的义务，契合了社会实际需求。

第五十八条 国家建立健全突发事件监测制度。

县级以上人民政府及其有关部门应当根据自然灾害、事故灾难和公共卫生事件的种类和特点，建立健全基础信息数据库，完善监测网络，划分监测区域，确定监测点，明确监测项目，提供必要的设备、设施，配备专职或者兼职人员，对可能发生的突发事件进行监测。

◆ 条文主旨

本条是关于突发事件监测制度的规定。

◆ 修改要点

与2007年《中华人民共和国突发事件应对法》第四十一条相比，本条未作修改。

◆ 核心概念

监测，是指国家通过设立各种监测网点，对可能引起突发事件的各种因素和突发事件发生前的各种征兆进行观察、捕捉、预测的活动①。

◆ 条文解读

《管子·九守》有云："目贵明，耳贵聪，心贵智。以天下之

---

① 王宝明，刘皓，王重高：《政府应急管理教程》，国家行政学院出版社，2013年版，第109页。

目视，则无不见也。以天下之耳听，则无不闻也。以天下之心虑者，则无不知。辐辏并进，则明不可塞"。实践证明，做好突发事件应对工作，关键要信息清、情况明。加强监测制度建设，建立健全监测网络和体系，是提高信息收集能力，及时做好突发事件预警和应急处置的基础工作。

一、国家建立健全突发事件监测制度

突发事件的发生之所以具备破坏力与危险性，关键在于相应事件发生与影响的不易预估性，进而难以通过预先的调整举措与有效的止损机制消除事件威胁，这也是该类事件的"突发性"所在。因此，与之匹配的监测制度将从预防、应对与善后处理三方面展现其价值。在预防层面，突发事件的实时监测有利于在相应事件尚未发生时，及时察觉相关的征兆信息，通过信息报送与处理机制，预先消除风险。在相应举措实施后，仍然可以通过监测信息的反馈，检验预防措施的成效。在应对层面，突发事件发生过程中，对事件发生地区或者发生领域的实时情况的了解直接影响到救援等应对工作的成效。由此，监测机构需要通过真实、精确、快速、翔实的信息获取，为应对方案的制定与落实提供信息参考。当然，与预防层面呼应，应对举措的实施成效同样离不开监测者的信息反馈与支持。在善后处理层面，突发事件结束后，相应监测者仍可在事件"复发"的概率计算、灾后恢复的工作开展、相应损失的精确统计等方面发挥作用，并为预防类似事件再度发生的机制构建提供数据支持。综上所述，突发事件监测制度的作用遍及突发事件应对的各个环节，而其综合性优势的发挥离不开国家层面的宏观体系构建，故需由国家构建统一的监测机制，并随客观情况的变化健全其运行。

二、县级以上人民政府及其有关部门的突发事件监测职责及具体内容

鉴于我国目前的基础信息调查能力相对薄弱，监测网络不够健全，本条第二款明确县级以上人民政府及其有关部门要建立健全基础信息数据库，完善监测网络。这里的突发事件基础信息数据库，是指应对突发事件所必需的有关应急资源信息、危险源信息、防护目标信息和应急避难场所信息等基础性数据。需要注意的是，本款将"建立健全基础信息数据库，完善监测网络"的职责，明确赋予县级以上人民政府及其有关部门，并未规定"地方"二字，表明中央人民政府同样负有此项职责。

鉴于社会安全事件较为特殊，一般难以通过技术手段进行监测，故本条设计的监测制度针对的对象主要是自然灾害、事故灾难和公共卫生事件三类。以事故灾难为例，事故致因理论表明，事故灾难大多源于人的不安全行为、物的不安全状态和管理上的缺陷[①]。比如，针对高瓦斯矿井，通过安装传感器和监测设备，对矿山生产中的危险因素进行实时监控，如监控甲烷和一氧化碳的浓度、监测矿体结构的稳定性等，可以及早发现风险隐患，实现提前预警，从而避免事故发生。

划分监测区域，确定监测点，明确监测项目，提供必要的设备、设施，配备专职或者兼职人员，是完善监测网络的具体内容和要求。完善监测网络离不开科学合理的监测区域划分，人民政府及其有关部门要按照属地管理和"谁主管、谁负责"的原则，根据当地应急资源以及突发事件实际情况制定监测计划，进而匹配设置合适的监测点。此外，监测工作网络的运行离不开人力、设备、设

---

① 周德红：《现代安全管理学》，中国地质大学出版社，2015 年版，第 23 页。

施等资源支撑，人民政府及其有关部门要为突发事件监测提供必要的设备、设施，并结合当地实际情况配备专职或者兼职人员，对可能发生的突发事件进行监测。这表明突发事件的监测不限于客观存在的对象，凡是有可能导致或者加快突发事件发生的因素，均应当纳入监测范围，以最大限度地体现预防为主的理念。

> **第五十九条**　国务院建立全国统一的突发事件信息系统。
>
> 　县级以上地方人民政府应当建立或者确定本地区统一的突发事件信息系统，汇集、储存、分析、传输有关突发事件的信息，并与上级人民政府及其有关部门、下级人民政府及其有关部门、专业机构、监测网点和重点企业的突发事件信息系统实现互联互通，加强跨部门、跨地区的信息共享与情报合作。

◆ 条文主旨

本条是关于突发事件信息系统的规定。

◆ 修改要点

与 2007 年《中华人民共和国突发事件应对法》第三十七条相比，本次修改内容如下：

1. 将"县级以上地方各级人民政府"，修改为"县级以上地方人民政府"。

2. 主体增加"重点企业"。

3. 将"信息交流"，修改为"信息共享"。

◆ 核心概念

广义的"突发事件信息"，是指有关突发事件及其应对的各种信息，包含突发事件发生前信息、发生后危机信息和突发事件应对信息①。突发事件信息系统是指汇集、储存、分析、评估、传输突发事件发生、发展情况的信息网络和体系②。

◆ 条文解读

做好突发事件的预防和应对准备，控制、减轻和消除突发事件引起的社会危害，离不开统一、完善的突发事件信息系统支撑。长期以来，我国突发事件信息资源较为分散，缺乏统一、综合的平台，彼此之间无法实现互联互通，影响了监测、预警和应急处置工作的顺利开展。为解决上述问题，实现对突发事件的信息集成，本条规定了以下三个方面内容。

一、国务院负责建立全国统一的突发事件信息系统

建立全国统一的突发事件信息系统是强化应急管理信息化建设，提高科学决策能力的实际需要。随着我国进入风险社会，"灰犀牛"和"黑天鹅"事件频发，在给社会造成严重冲击的同时，也暴露出我国应急管理的一些短板，尤其是突发事件信息传递不畅、不全面、失真等问题，不仅无法实现"预防为主"，而且严重影响后期的决策响应和应急处置。其背后深层次的原因在于，我国长期存在突发事件信息收集与处理的碎片化，包括上下级政府之间信息不对称的层级信息碎片化、不同部门之间信息阻滞的部门信息碎片化与不同地域之间信息缺乏沟通的地域信息碎片化，不仅不利于信息的高效收集与统一评估，而且容易导致突发事件预测、应急与事后处理的无序化与低效化。这也是本条第二款将"信息交流"

① 何任叔：《突发事件应对法学习读本》，首都师范大学出版社，2008年版，第139页。
② 许兵：《社会管理相关法律法规一本通》，国家行政学院出版社，2011年版，第260页。

修改为"信息共享"的必要性体现。因此，本条第一款规定，国务院建立全国统一的突发事件信息系统。而全国统一的突发事件信息系统离不开高度权威、职权综合、影响广泛、工作专业的机构统摄。国务院作为我国最高行政机关，拥有处理突发事件应急与管理事务的全面职权，并拥有落实相应工作的广泛资源，因而成为该系统建立与负责的理想角色。

二、县级以上地方人民政府应当建立或者确定本地区统一的突发事件信息系统

按照突发事件分级属地管理的原则，县级以上地方人民政府是本行政区域内突发事件应对管理的主体，承担着领导、处置相应级别的突发事件的职责。为提升地方各级人民政府的应急管理能力，本条第二款规定县级以上地方人民政府应当根据管辖权限、能力范围等因素，建立或者确定本地区统一的突发事件信息系统。本着全国"一盘棋"的思想，地方的突发事件信息系统应纳入中央信息系统之中，形成一个上下呼应的完善体系。地方政府建立的突发事件信息系统，是关联到信息抓取、专家分析、保密存储、系统互联的综合性作用单元，该系统功能包括信息的科学收集、收集之后的评估分析、有价值信息的合理储存、亟需信息的及时传输。值得注意的是，以本条第二款为例，本章中的部分条款将"县级以上地方各级人民政府"修改为"县级以上地方人民政府"，强调了相关主体的地方属性，将中央人民政府排除在外，同时也使语言适用更加简洁。

三、不同地区、部门之间的突发事件信息系统应当互联互通

按照本条第二款的规定，上下级政府之间、上下级部门之间、政府与部门之间应打破信息壁垒，加强信息共享与情报合作。考虑到突发事件信息的收集、分析、存储与输出等专业性较强，离不开专业机构与基层监测点的紧密配合，本条同时规定政府的信息系统应当与之衔接。同时，本条将"信息交流"修改为"信息共享"，以促使信息系统的作用发挥更为充分。值得注意的是，本法还增加了重点企业的突发事件信息系统的构建乃至互联互通的规定。主要原因在于，重点企业在突发事件应对工作中发挥着关键作用，已经成为突发事件信息系统建设不可或缺的力量。比如，重大公共卫生事件中企业物资生产信息的传递、重大社会安全事件中责任企业的信息通报、生产安全事故隐患排查治理情况的报告等，均与信息系统建设息息相关。对此，《中华人民共和国安全生产法》专门规定，县级以上地方各级人民政府负有安全生产监督管理职责的部门应当将重大事故隐患纳入相关信息系统，建立健全重大事故隐患治理督办制度，旨在督促生产经营单位及时消除重大事故隐患。需要注意的是，本条仅规定"重点企业"，也就表明并非所有企业均负有此项义务。

第六十条 县级以上人民政府及其有关部门、专业机构应当通过多种途径收集突发事件信息。

县级人民政府应当在居民委员会、村民委员会和有关单位建立专职或者兼职信息报告员制度。

公民、法人或者其他组织发现发生突发事件，或者发现可能发生突发事件的异常情况，应当立即向所在地人民政府、有关主管部门或者指定的专业机构报告。接到报告的单位应当按照规定立即核实处理，对于不属于其职责的，应当立即移送相关单位核实处理。

◆ **条文主旨**

本条是关于突发事件信息收集制度的规定。

◆ **修改要点**

与 2007 年《中华人民共和国突发事件应对法》第三十八条相比，本次修改内容如下：

1. 将"获悉突发事件信息的公民、法人或者其他组织，修改为"公民、法人或者其他组织发现发生突发事件，或者发现可能发生突发事件的异常情况"。

2. 增加"接到报告的单位应当按照规定立即核实处理，对于不属于其职责的，应当立即移送相关单位核实处理"的规定。

◆ **条文解读**

做好突发事件预警工作，早发现、早报告是关键，而这离不开畅通的信息收集机制的支撑。所谓"广耳目"以"闻外事"，说的就是这个道理。为了拓展突发事件信息收集的渠道，本条重点从政府和社会两个层面规定了信息收集和报告的相关责任和义务。

一、县级以上人民政府及其有关部门、专业机构应当多渠道收集突发事件信息

本条第一款规定，突发事件信息收集的主体，包括县级以上人民政府及其有关部门、专业机构三类，明确了突发事件信息收集的政府主导、专业机构辅助的基本格局。该款不仅规定前述主体收集突发事件信息的义务，且提出了态度勤勉、开拓多种方式的要求。实践中，相关部门往往被动地接受下级或者社会组织的信息资源，缺乏主动收集的积极性；或是仅选择单一的信息收集途径，消极推行互联网、实地调查、信息咨询等不同方式并行的综合信息调查模式。为此，该条款的设立在一定程度上提升了政府与专业机构的信息收集效率。

二、县级人民政府应当在居民委员会、村民委员会和有关单位建立专兼职信息报告员制度

一方面，县级人民政府担负起在管辖与能力范围内建立专职或者兼职信息报告员制度的职责，显示出该制度面向基层、力求全面深入搜寻有效信息的基本目的，也有效呼应了《法治政府建设实施纲要（2021—2025年）》中提出的"引导、规范基层组织和社会力量参与突发事件应对"等要求。

另一方面，信息报告员制度主要在居民委员会、村民委员会、有关单位三类组织内建立。社会生活中，居民委员会、村民委员会和各单位的信息报告员处于信息传播节点位置，其传递的信息对突发事件的情形预测与应对有引导作用[①]。信息报告员分为专职和兼职两种类型，专职信息报告员制度主要在技术性和专业性较强的领域建立，其他领域可以建立兼职信息报告员制度。具体模式由县级人民政府结合当地实际确定。

三、规定公民、法人或者其他组织发现突发事件信息报告的义务

应对突发事件，政府固然守土有责，同时也是社会公众应尽的义务。事实上，在突发事件尚未大规模爆发之前，公民、法人或其

---

① 胡剑：《突发事件信息治理制度构建研究》，现代传播（中国传媒大学学报），2020年第5期。

他组织由于职业缘由或者个人专长，可能比政府有关部门抑或专业机构更早发现突发事件的"星星之火"，他们所提供的信息对预防和遏制突发事件极为重要[1]。鉴于此，本条第三款从两个方面对此作出规定：一方面，规定公民、法人或者其他组织发现发生突发事件，或者发现可能发生突发事件的异常情况，应当立即向所在地人民政府、有关主管部门或者指定的专业机构报告；另一方面，本条新增内容对接到报告的单位提出了具体要求，即应当按照规定立即核实处理，对于不属于其职责的，应当立即移送相关单位核实处理。这里的"按照规定"，包括国家法律、法规以及政府及相关部门制定的信息报告、投诉举报等相关规定。比如，应急管理部制定的《生产经营单位从业人员安全生产举报处理规定》，要求应急管理部门受理生产经营单位从业人员安全生产举报后，应当及时核查；对核查属实的，应当依法依规进行处理，并向举报人反馈核查、处理结果。举报事项不属于本单位受理范围的，接到举报的应急管理部门应当告知举报人向有处理权的单位举报，或者将举报材料移送有处理权的单位，并采取适当方式告知举报人。应当说，上述规定为社会公众履行信息报告义务提供了更加便利的条件，有利于形成全社会共抓共治、共同监督的工作氛围。

第六十一条 地方各级人民政府应当按照国家有关规定向上级人民政府报送突发事件信息。县级以上人民政府有关主管部门应当向本级人民政府相关部门通报突发事件信息，并报告上级人民政府主管部门。专业机构、监测网点和信息报告员应当及时向

---

[1] 黄一豪：《〈突发事件应对法〉修订中公民信息权的保障》，江苏工程职业技术学院学报，2021 年第 1 期。

所在地人民政府及其有关主管部门报告突发事件信息。

有关单位和人员报送、报告突发事件信息，应当做到及时、客观、真实，不得迟报、谎报、瞒报、漏报，不得授意他人迟报、谎报、瞒报，不得阻碍他人报告。

◆ 条文主旨

本条是关于突发事件信息报送、报告的规定。

◆ 修改要点

与 2007 年《中华人民共和国突发事件应对法》第三十九条相比，本次修改内容如下：

1. 增加县级以上人民政府有关主管部门"报告上级人民政府主管部门"突发事件信息的职责。

2. 增加"不得授意他人迟报、谎报、瞒报，不得阻碍他人报告"的内容。

◆ 条文解读

突发事件信息报告是应急管理工作的重要环节。快速、及时、准确地掌握突发事件信息，有利于政府及有关部门的正确决策，进而采取正确的预防控制措施。比如，在黑龙江伊春鹿鸣矿业有限公司"3·28"尾矿库泄漏次生重大突发环境事件中，相应部门便在事件发生时报送了对应信息。随后，生态环境部及时通过官网、"双微"、中国环境报等平台连续发布处置进展信息。黑龙江省也实时发布环境应急处置进展和河道水环境质量情况通报，解答公众与媒体的疑惑。除此以外，生态环境部还针对此事件可能发生的国际影响，多次向俄罗斯通报事件应对情况①。这其中不乏值得借鉴与总结的经验。根据应对突发事件信息报告的需要，本条作出了相关回应。

一、地方各级人民政府负有向上级人民政府报送突发事件信息的义务

应对突发事件，地方各级人民政府守土有责，是突发事件信息收集、分析、调查核实的直接负责主体。如何快速、及时、准确地掌握突发事件信息，进行科学地分析，并报送上级人民政府以供其决策参考，这是地方各级人民政府的重要职责。因此本条第一款明确规定了地方各级人民政府应当按照国家有关规定向上级人民政府报送突发事件信息。

需要注意的是，这里的"国家有关规定"是广义概念，既包括全国人民代表大会及其常务委员会的规定和国务院的规定，也包括地方性法规以及地方政府规章等规定。比如，《突发公共卫生事件应急条例》规定，有下列情形之一的，省、自治区、直辖市人民政府应当在接到报告1小时内，向国务院卫生行政主管部门报告：发生或者可能发生传染病暴发、流行的；发生或者发现不明原因的群体性疾病的；发生传染病菌种、毒种丢失的；发生或者可能发生重大食物和职业中毒事件的。一般情况下，突发事件信息报告以逐级上报为主，但对于某些破坏力强、影响范围广、处置紧迫的突发事件，允许越级上报。

还需要注意的是，本条规定的地方各级人民政府履行的是"报送"义务。报送包括上报与送达，即下级人民政府不能仅是通

---

① 《黑龙江伊春鹿鸣矿业有限公司"3·28"尾矿库泄漏次生重大突发环境事件调查报告》，https：//www.mee.gov.cn/ywgz/hjyj/yjxy/202105/t20210520_833709.shtml，访问日期：2024年1月28日。

报相应消息，还需要将相应信息资料整合规范，进而送达给上级人民政府，以有利于其决策。本条并未规定地方人民政府的信息处理权，原则上相应信息应当在完全真实的条件下上报，而不应当由下级人民政府作出任何有目的的内容调整，意在防止地方人民政府出于政绩考虑而刻意隐瞒甚至曲解突发事件信息的问题出现。

二、政府有关主管部门、其他有关单位和人员的突发事件信息报告义务和相关要求

为了便于相关部门掌握突发事件信息，做好突发事件应对准备工作，本条第一款规定，县级以上人民政府有关主管部门不仅应当向本级人民政府相关部门通报突发事件信息，还需要向上级人民政府主管部门报告。此外，除了政府及相关部门需要履行突发事件信息报送义务外，负责信息收集与分析的专业机构、监测网点与信息报告员同样应当及时报告突发事件信息。主要原因在于，专业机构、监测网点与信息报告员一般最早接触突发事件信息，可以为政府及其有关部门分析和决策提供充分的依据。

根据实践，突发事件信息包括已经发生的突发事件信息和尚未发生但可能引发突发事件的预测预警信息。一般包括：突发事件发生的时间、地点、类别、级别；突发事件的起因及简要经过；已造成的后果和人员伤亡情况（包括下落不明、涉险的人数）；突发事件的发展趋势和现场处置情况；已采取的措施及现场处置负责人及有关人员的联系方式等。比如，按照《生产安全事故报告和调查处理条例》规定，事故信息报告应当包括的内容是：事故发生单位概况；事故发生的时间、地点以及事故现场情况；事故的简要经过；事故已经造成或者可能造成的伤亡人数（包括下落不明的人数）和初步估计的直接经济损失；已经采取的措施；其他应当报告的情况。

三、突发事件信息报告应当做到及时、客观、真实

信息报送需要符合时效性、原始性与全面性要求。首先，突发事件信息必须及时传递到相关部门或者社会公众，以便于其迅速采取措施。如若报告延误，即使对应信息十分完整，也无法及时采取应对策略，导致信息丧失了应用价值。其次，突发事件信息必须保持其原始性，不能够随意改变或者臆造。由于突发事件的影响十分迅速且广泛，任何一个环节的防控失误都会导致严重的损失。因此，对报告信息的准确性提出了很高的要求，不可因传递者的主观理解而扭曲对应事实的原意。最后，除了保证相应信息符合原始的事件细节外，也应当尽可能全面地收集信息要点，以避免信息处理者作出决策时遗漏突发事件应对的要点。

同时，本条规定了禁止性条款，即不得迟报、谎报、瞒报、漏报，不得授意他人迟报、谎报、瞒报，不得阻碍他人报告。所谓"迟报"，是指不按照规定的时限报告突发事件信息。所谓"谎报"，既包括夸大相应举措的效果或者实施力度，也包括刻意缩减实际损害程度。所谓"瞒报"，通常是指相应主体明知真实情况的前提下隐瞒上报全部或者部分事件信息的行为。这种行为与谎报存在一定区别：谎报包括捏造原来没有的突发事件信息，瞒报仅是利用现有的突发事件信息，作出不具备实质创造性的处理。当然，从广义角度来解释，谎报亦包括了瞒报，瞒报情形也可能以谎报为中介，从而形成不同情形的交叉处理可能。所谓"漏报"，常常与谎报、瞒报联系在一起，作为这两种行为的实现手段。当然，也存在客观遗漏的可能，至于这类行为是否应受谴责，还需要结合报送方的能力、主观意愿、报送环境、产生后果等作出具体分析，这与迟报情形类似。

本条第二款特别增加了"授意他人迟报、谎报、瞒报"与

"阻碍他人报告"两种禁止情形,回应了社会现实中的新型信息阻塞现象。在前一种情形中,主要指有关单位与人员不直接迟报、谎报、瞒报,而是指使其他主体犯错的行为。本法在扩大追究范围的同时,使相应错误的真正引发者承担必要责任。由此,可以避免现实中部分主体利用职权、经济等优势而使其他主体代替担责、自己逃避法律追究的情形。在后一种情形中,则考虑到行为人不作为的出现可能并非出自主观恶意,而受到了他人的阻挠而不能报送。在这种情况下,不应当惩处这类行为人,而应对阻挠者实施惩处,以免类似现象再次出现。

> **第六十二条** 县级以上地方人民政府应当及时汇总分析突发事件隐患和监测信息,必要时组织相关部门、专业技术人员、专家学者进行会商,对发生突发事件的可能性及其可能造成的影响进行评估;认为可能发生重大或者特别重大突发事件的,应当立即向上级人民政府报告,并向上级人民政府有关部门、当地驻军和可能受到危害的毗邻或者相关地区的人民政府通报,及时采取预防措施。

◆ 条文主旨

本条是关于突发事件信息评估及通报的规定。

◆ 修改要点

与 2007 年《中华人民共和国突发事件应对法》第四十条相比,本次修改内容如下:

1. 将"预警信息"修改为"监测信息"。

2. 在本条结尾增加"及时采取预防措施"。

◆ 条文解读

突发事件信息管理涵盖信息识别、收集上报、分析研判、传递输出等各个环节。其中，分析研判是在危机发生前或者发展过程中捕捉可能导致灾难性后果的事件征兆，从而为采取控制和减缓措施提供决策依据，避免形势恶化[①]。实践证明，分析研判是确保突发事件信息进得来、出得去的关键一环。信息处理不及时、发展态势判断不科学，势必影响突发事件的预警和处置。鉴于此，本条对突发事件信息分析研判作出规定，主要内容体现在两个方面。

一、县级以上地方人民政府负有分析评估突发事件信息的职责

县级以上地方人民政府既是突发事件信息报告的主体，同时也是突发事件信息处理的义务主体。一般情况下，县级以上地方人民政府在收集到相应突发事件的隐患与预警信息后，应当及时整理、归类、分析，结合基础数据库，对突发事件发生的可能性、影响范围和危害程度等进行评估、作出预测。当然，县级以上地方人民政府本身未必拥有汇总、分析相应信息的专业素养与知识储备，因而还可在必要时组织相关部门、专业技术人员、专家学者等主体开展专门会商。在此，需要注意以下三点：一是法条表面上给予了县级以上地方人民政府组织会商的自由裁量权，但实际是要求政府按照最有利于突发事件防控并尽可能保证行为效益的标准实施会商，且不可因其他主体参与协商而推卸责任。换言之，一旦决断错误，进而出现突发事件处理不当等后果，县级以上地方人民政府仍然应当

[①]　吕孝礼，付帅泽，朱宪，薛澜：《突发事件协同研判行为研究：研究进展与关键科学问题》，中国科学基金，2020 年第 6 期。

承担必要甚至主要责任。二是参与会商的主体仅是从自己所掌握的专业知识或者见解出发，对突发事件发生的可能性或者可能影响作出判断。三是这种会商意见仅仅是一种参考，政府还需要综合考虑不同影响因素，作出最终的处理决定，这也是政府承担主要责任风险的重要原因。

二、县级以上地方人民政府的通报义务

县级以上地方人民政府一旦分析判断出特定情形下存在发生重大或者特别重大突发事件的可能，应当立即履行报告义务。这种义务包括两个部分：一是向上级人民政府报告，以便于其作出宏观决策。当然，此处并没有限制报告级别，从而保留了特殊情况下越级上报的解释可能，以便及时做出与突发事件等级相对应的应对措施。二是向上级人民政府有关部门、当地驻军和可能受到危害的毗邻或者相关地区的人民政府通报。在此，考虑到部分突发事件的影响可能超出了该政府及所属上级人民政府的管辖范围，或者直接报告上级人民政府不足以及时应对突发事件风险，故可直接将相应信息传递到有关部门、当地驻军和可能受到危害的毗邻地政府，便于后者及早做好相应的应急准备工作。

第六十三条　国家建立健全突发事件预警制度。

可以预警的自然灾害、事故灾难和公共卫生事件的预警级别，按照突发事件发生的紧急程度、发展势态和可能造成的危害程度分为一级、二级、三级和四级，分别用红色、橙色、黄色和蓝色标示，一级为最高级别。

预警级别的划分标准由国务院或者国务院确定的部门制定。

◆ **条文主旨**

本条是关于突发事件预警制度和预警级别的规定。

◆ **修改要点**

与 2007 年《中华人民共和国突发事件应对法》第四十二条相比，本条未作修改。

◆ **核心概念**

突发事件预警，是指根据收集、整理的突发事件相关信息资料，分析与评估事件发展趋势与危害程度，在事件发生之前或者早期发出警报，以便于相关责任部门及事件影响人群及时作出反应，预防或者减少事件的危害。

◆ **条文解读**

"预警"一词，就其字面意思而言，就是预先警告，主要是警告人们可能会发生一些不好的事情，如机器即将停止工作或者台风将在某个城市登陆等。尽管人们对预警的概念存在不同理解，但总体上认为，预警是在突发事件发生前采取的管理措施，是从平常状态切换到应急状态的关键法律制度安排，在整个应急管理流程中发挥着承上启下的重要作用。实践中，由于突发事件预警机制不完善，一些地方预警级别划分不一致、标示不统一，影响了突发事件应对工作的开展。比如，在甘肃陇星锑业有限责任公司"11·23"尾矿库泄漏次生重大突发环境事件中，太石河乡党委、政府对陇星锑业安全生产的日常监管流于形式，没有发现重大安全隐患，也未建立完善的预警机制。西和县安监局、环保局与陇南市政府也没有发挥良好的警示与监管作用，导致了较为严重的损害①。为了吸取类似教训，本条明确规定建立健全突发事件预警制度。

一、建立自然灾害、事故灾难和公共卫生事件预警制度

突发事件预警，既是信息收集与分析评估后的必然举措，也是贯彻本法"预防为主"理念的重要体现。考虑到公共安全事件的特殊性，如比较敏感、紧急程度和发展态势不易预测等，本条规定的突发事件预警主要针对自然灾害、事故灾难与公共卫生事件这三类。实践中，人们容易将"预报"与"预警"混为一谈。实际上，这是两个性质完全不同的概念。"预报"宜定位为专业技术部门发布的具有告知、通报效果的信息，典型的如气象预报；"预警"则突出警示的功能，根据本法的规定，预警由负有决策指挥权的政府负责发布，预警发布后要有所反应和行动，包括政府各部门采取防灾减灾救灾措施、社会公众配合防范灾害等。

二、规定突发事件预警级别和警示标识

建立健全突发事件预警制度，关键是要完善突发事件分级标准，规范预警等级。目前，世界上对突发事件预警分级并不完全一致，我国一直采取四级预警。2006 年 1 月，国务院发布的《国家突发公共事件总体应急预案》明确规定各类突发公共事件按照其性质、严重程度、可控性和影响范围等因素，一般分为四级：Ⅰ级（特别重大）、Ⅱ级（重大）、Ⅲ级（较大）和Ⅳ级（一般）。同时相应规范了"红、橙、黄、蓝"四级预警标识，确立了全国统一的突发事件应急预警体系。本条沿用以往行之有效的制度，继续按

---

① 《甘肃陇星锑业有限责任公司"11·23"尾矿库泄漏次生重大突发环境事件调查报告》，https://www.mee.gov.cn/home/ztbd/2021/yacjtshjyjnl/yacjdxal/202103/t20210312_824442.shtml，访问日期：2024 年 1 月 28 日。

照突发事件发生的紧急程度、发展势态和可能造成的危害程度进行四级预警，并以红色、橙色、黄色与蓝色（从高到低）分别对应一级、二级、三级与四级预警级别。在分级依据上，本条规定应当以突发事件发生的紧急程度、发展势态与可能造成的危害程度为参考，一方面，表明预警制度分级要慎重，需要综合考量上述三个主要因素；另一方面，这一规定也暗示了突发事件处于不确定的发展状态，负责统一领导和处置的地方人民政府应当根据实际情况的变化适时调整预警级别，避免僵化实施。

三、预警级别的划分标准由国务院或者国务院确定的部门制定

考虑到不同突发事件的性质、机理、发展过程不同，法律难以对各类突发事件预警级别规定统一的划分标准。因此，预警级别划分的标准由国务院或者国务院确定的部门制定。

第六十四条　可以预警的自然灾害、事故灾难或者公共卫生事件即将发生或者发生的可能性增大时，县级以上地方人民政府应当根据有关法律、行政法规和国务院规定的权限和程序，发布相应级别的警报，决定并宣布有关地区进入预警期，同时向上一级人民政府报告，必要时可以越级上报；具备条件的，应当进行网络直报或者自动速报；同时向当地驻军和可能受到危害的毗邻或者相关地区的人民政府通报。

发布警报应当明确预警类别、级别、起始时间、可能影响的范围、警示事项、应当采取的措施、发布单位和发布时间等。

◆ **条文主旨**

本条是关于突发事件预警信息发布、报告和通报的规定。

◆ 修改要点

与 2007 年《中华人民共和国突发事件应对法》第四十三条相比，本次修改内容如下：

1. 增加"具备条件的，应当进行网络直报或者自动速报"的规定。

2. 增加第二款内容"发布警报应当明确预警类别、级别、起始时间、可能影响的范围、警示事项、应当采取的措施、发布单位和发布时间等"。

◆ 条文解读

预警信息发布是预警制度的核心环节。为规范突发事件预警信息发布和运行管理，提高预警信息发布时效性和针对性，完善预警协同响应机制，本条对突发事件预警信息发布、报告和通报制度作出规定。

一、明确了预警发布的前提条件

与本法第六十三条一样，本条同样是针对自然灾害、事故灾难与公共卫生事件。有两点值得注意：一是这类突发事件应当是"可以预警的"。换言之，针对现实中难以提前预警的突发事件，即使政府未在规定时间内发出相应警报或者未及时采取应对措施，在一定程度上也属于风险共担范畴，不应当作出过分苛责。二是政府发布相应警报的前提是"突发事件即将发生或者发生的可能性增大时"。本条考虑的并非消除突发事件发生的可能性，而是关注这类事件发生的风险变化。当然，这种可能性变化并非毫无标准。只有相应变化达到了法定的不正常幅度，方应启动相应的预警措施。

二、有权发布预警的主体为县级以上地方人民政府

需要注意的是，政府有关部门以及乡镇人民政府、街道办事处没有权力发布预警。一是考虑到拥有综合性职权与财政资源的人民政府能够更及时、更有力地将相应预警信息传递到必要主体，并且引起其重视。二是将乡镇一级人民政府排除在外，主要是考虑到基层政府的实际能力与行为的实际效果，其更适合定位为预警措施的执行者，而非预警的引发者。三是为了保证相应预警信息的准确与权威。

三、人民政府只能依照法律、行政法规与国务院规定实施相应的预警措施

比如，《中华人民共和国防洪法》规定，当江河、湖泊的水情接近保证水位或者安全流量，水库水位接近设计洪水位，或者防洪工程设施发生重大险情时，有关县级以上人民政府防汛指挥机构可以宣布进入紧急防汛期。需要注意的是，本条之所以仅依照"法律、行政法规与国务院规定"，主要考虑是，这类规范均具有全国范围内的约束力，同时避免地方人民政府依据效力等级不高的地方规范，随意启动预警机制，造成资源浪费与社会秩序混乱。

四、明确了突发事件预警信息运行流程

包括以下几个方面内容：一是按照突发事件发生的紧急程度、发展势态和可能造成的危害程度，县级以上地方人民政府发布相应级别的警报，决定并宣布有关地区进入预警期。为此，需要充分研判并遵循科学规律。二是履行向上级政府的报告义务。县级以上地方人民政府宣布进入预警期后，必须同时向上级政府报告预警情况，以便上级政府及时了解有关信息，必要时统一领导突发事件应

对工作。按照本条规定，一般情况下，突发事件预警信息应逐级上报，特殊情况下可以越级上报。这是因为，突发事件具有事发突然、情况紧急、潜在危害大等特点，对有些情况不明的突发事件预警信息如果逐级上报，很可能会延误最佳处置时机。为了提高反应效率，本条规定了"必要时可以越级上报"。此外，考虑到互联网与计算机技术在突发事件信息传输上的显著优势，本条还规定，具备条件的，应当进行网络直报或者自动速报。三是同时向当地驻军和可能受到危害的毗邻或者相关地区的人民政府通报。按照相关法律规定，军队依法参与突发事件应急救援和处置工作。

本法第十九条还规定，县级以上地方人民政府设立由本级人民政府主要负责人、相关部门负责人、国家综合性消防救援队伍和驻当地中国人民解放军、中国人民武装警察部队有关负责人等组成的突发事件应急指挥机构，统一领导、协调本级人民政府各有关部门和下级人民政府开展突发事件应对工作；根据实际需要，设立相关类别突发事件应急指挥机构，组织、协调、指挥突发事件应对工作。此外，突发事件的影响可能超出突发事件发生地人民政府的管辖范围，影响到毗邻或者相关地区。比如，洪水、传染病等突发事件都具有跨区域性，及时将预警信息通报上述地区，以便其早预防、早准备，提高应对的主动性和实效性。

五、发布警报应当明确预警类别、级别、起始时间、可能影响的范围、警示事项、应当采取的措施、发布单位和发布时间等

当前，我国突发事件预警发布机制尚不完善，一些地方存在预警类别规定不清晰，发布内容不规范等问题，有的没有规定起止时间，使得预警信息长期处于法律状态不明的境地，影响了预警信息的权威性。2015 年，国务院办公厅秘书局印发《国家突发事件预警信息发布系统运行管理办法（试行）》，对预警信息发布格式作了统一要求，主要内容包括预警类别、预警级别、起始时间、可能影响范围、警示事项、应采取的措施和发布单位、发布时间等。在总结有关经验的基础上，本条对发布警报应当载明的内容等作出明确规定。

> **第六十五条** 国家建立健全突发事件预警发布平台，按照有关规定及时、准确向社会发布突发事件预警信息。
>
> 广播、电视、报刊以及网络服务提供者、电信运营商应当按照国家有关规定，建立突发事件预警信息快速发布通道，及时、准确、无偿播发或者刊载突发事件预警信息。
>
> 公共场所和其他人员密集场所，应当指定专门人员负责突发事件预警信息接收和传播工作，做好相关设备、设施维护，确保突发事件预警信息及时、准确接收和传播。

◆ **条文主旨**

本条是关于突发事件预警发布平台建设及有关单位配合义务的规定。

◆ **修改要点**

本条为新增条款。

◆ **条文解读**

2007 年《中华人民共和国突发事件应对法》虽然规定了预警信息发布制度，但并没有明确如何发布、何人接收、如何传递信息等关键问题，导致预警制度处于悬置状态，难以推动有关部门进入应急状态。近年来，浙江等地方规定了预警"叫应"机制，旨在解决预警信息"最后一公里"的落地问题①。在此背景下，本法作出了回应，在强调国家建设预警平台、发布预警信息的职责同时，重点规定了有关单位对突发事件预警发布的配合义务。

一、国家建立健全突发事件预警发布平台

加强预警信息发布，是防御和减轻突发事件损失的重要基础。经过多年不懈努力，我国突发事件监测预警及信息发布能力大幅提升，但局地性和突发性灾害预警能力不够强、信息快速发布传播机制不完善、预警信息覆盖存在"盲区"等问题在一些地方仍然比较突出。《"十四五"国家应急体系规划》明确提出，建立突发事件预警信息发布标准体系，优化发布方式，拓展发布渠道和发布语种，提升发布覆盖率、精准度和时效性，强化针对特定区域、特定人群、特定时间的精准发布能力。进入信息时代，充分利用现代信息技术，及时获取加工、处理、储存、传播突发事件相关信息，是提升突发事件预警能力和水平的重要途径。信息平台的建设和系统维护，离不开国家的统筹规划和在人、财、物等方面提供支持。鉴于此，本条第一款规定，国家建立健全突发事件预警发布平台，按照有关规定及时、准确向社会发布预警信息。

二、广播、电视、报刊以及网络服务提供者等单位应当按照规定参与突发事件预警信息发布

广播、电视、报刊、网络具有接触面广、传播速度快、效果明显等优势和特点，已经成为社会公众获取突发事件信息的主要渠道，也是配合政府做好公益宣传的主阵地。突发事件预警信息具有

---

① 颜效凡，朱玥璇，蔡耀燕：《浙江：完善响应体系 打通责任落实"最后一公里"——浙江省积极探索预警"叫应"机制建设》，中国减灾，2022 年第 23 期。

公益属性，广播、电视、报刊以及网络服务提供者等单位按照国家规定发布此类信息，也是积极承担社会责任的体现。根据本条规定，上述单位要建立预警信息快速发布通道，及时、准确、无偿播发或者刊载突发事件预警信息。在此，主要注意三点：一是及时性。由于突发事件预警信息涉及人民生命健康与财产安全，需要优先于其余信息快速公布，因而需要建立快速发布通道，确保第一时间以醒目的方式发布。二是准确性。突发事件预警信息不同于其他新闻，务必要保证其准确性。通过新闻媒体等渠道发布的信息，应当与政府统一公布的信息一致，不能随意篡改或者截取片段从而误导公众。三是无偿性。如上文所述，突发事件预警信息具有公益属性，不得收取任何费用。

三、公共场所和其他人员密集场所预警信息发布管理的特殊要求

商场、宾馆、饭店、影剧院、医院、养老院等公共场所和其他人员密集场所，具有人员高度聚集、流动性强和偶然性因素多等特点，历来是安全防范与管理的重点。在汲取河南郑州"7·20"特大暴雨灾害等教训基础上，本条第三款规定这类场所应当指定专门人员负责预警信息接收和传播工作，目的就是确保预警信息有人接收、有人传播，以便第一时间采取引流、限流、疏散等避险措施，严防公共场所人员聚集安全事故发生。

第六十六条　发布三级、四级警报，宣布进入预警期后，县级以上地方人民政府应当根据即将发生的突发事件的特点和可能造成的危害，采取下列措施：

（一）启动应急预案；

（二）责令有关部门、专业机构、监测网点和负有特定职责的人员及时收集、报告有关信息，向社会公布反映突发事件信息的渠道，加强对突发事件发生、发展情况的监测、预报和预警工作；

（三）组织有关部门和机构、专业技术人员、有关专家学者，随时对突发事件信息进行分析评估，预测发生突发事件可能性的大小、影响范围和强度以及可能发生的突发事件的级别；

（四）定时向社会发布与公众有关的突发事件预测信息和分析评估结果，并对相关信息的报道工作进行管理；

（五）及时按照有关规定向社会发布可能受到突发事件危害的警告，宣传避免、减轻危害的常识，公布咨询或者求助电话等联络方式和渠道。

◆ 条文主旨

本条是关于发布三级、四级预警后政府应当采取的应对措施的规定。

◆ 修改要点

与 2007 年《中华人民共和国突发事件应对法》第四十四条相比，本次修改内容如下：将"公布咨询电话"，修改为"公布咨询或者求助电话等联络方式和渠道"。

◆ 条文解读

宣布进入预警期后，意味着常态社会秩序向应急秩序转变，发布警报后需要采取相应的措施，这些措施总体上属于预控措施（有别于第五章规定的应急处置措施）。本条提出了政府在进入三

级、四级相应级别的预警期后，实施应对措施的总体要求。根据第
六十三条规定的分级原则，三级、四级属于比较低的预警级别。发
布三级、四级预警后，政府采取的主要是一些预防、警示和劝导性
的举措，以起到基本保障作用。

在采取措施时，需要严格遵守预警级别规定，不可以将一级、
二级的应对举措实施在三级、四级的应对情形中，以免浪费资源、
造成社会恐慌，更不可借机获取非法利益。当然，即使是三级、四
级的预警，同样存在程度上的区分。换言之，本条虽然对三级、四
级预警级别设定了同样的举措，但在采取相应措施时，仍然需要遵
循比例原则，并根据即将发生的突发事件的特点和可能造成的危害，
在行为方式、投入资源、持续时间等方面作出必要的区分。需要注
意的是，有权采取措施的主体为县级以上地方人民政府。这样规定，
主要是考虑到许多举措需要组织、协同相关部门共同实施，对此地
方政府显然更具有综合统摄优势（避免单一部门的执行力不足）。

在第一项规定中，"启动应急预案"是该条强调的第一项应对
举措。这也体现了本法始终遵循的"预防为主"理念，间接要求
相应政府必须在突发事件发生以前便制定出完善的应对方案，从而
在事件即将发生时加以实施。当然，此处并未明示相应预案的严格
遵循字眼，似乎存在政府可以在必要时作出个别调整以应对难以预
测的突发情况发生的可能。

第二项主要规定了信息的收集与报告安排。与本法前述信息处
理规则不同，该项信息处理义务主要关注的是突发事件即将发生或
者已经发生时的实时监控。按照本项要求，有关部门、专业机构、
监测网点与负有特定职责的人员均应当及时收集、报告有关信息，
向社会发布获取突发事件信息的渠道，并应当时刻监控突发事件的
后续发展，以预防事件风险或者损害的进一步扩大，并在后续预防
中实现新一轮的预警。

第三项主要规定了突发事件信息的后续分析处理，为相应事件发生后的应对做好准备。一方面，有关部门和机构、专业技术人员、有关专家学者将从专业知识与技术、防控与应对经验、行动的资源与能力等方面开展突发事件信息的分析与评估，得出初步结论。另一方面，以此为据，通过深度的统计、归纳与分析，形成相应突发事件发生可能性、影响范围与级别的最终结论，存在一定的误判风险。

第四项规定了定时向社会发布相关信息。一方面，应当定期向社会公开与公众利益密切相关的突发事件预测信息与分析评估结果，以保证相应知情权的实现，并提醒公众采取必要的准备措施（包括行为准备与心理准备），以配合政府举措的实施。另一方面，对于突发事件信息的媒体报道，应当由政府统一规范与管理，避免虚假、夸大、隐瞒，从而在求真求实、保证公众知情的基础上，增强政府本身的公信力。

在第五项规定中，强调了突发事件发生后对社会公众的警告、指导义务。一方面，应当依照有关规定及时向社会发布存在突发事件发生可能的警告，以便于其及时采取应对措施。另一方面，政府也应当宣传避害止损的行为常识、履行必要的教育宣传义务。当然，这种义务并不限于突发事件即将发生时。此外，无论是向社会公布突发事件危害的警告，还是开展避免危害的常识宣传，都需要畅通联络方式和渠道，包括公布咨询或者求助电话等。

第六十七条 发布一级、二级警报，宣布进入预警期后，县级以上地方人民政府除采取本法第六十六条规定的措施外，还应当针对即将发生的突发事件的特点和可能造成的危害，采取下列一项或者多项措施：

（一）责令应急救援队伍、负有特定职责的人员进入待命状态，并动员后备人员做好参加应急救援和处置工作的准备；

（二）调集应急救援所需物资、设备、工具，准备应急设施和应急避难、封闭隔离、紧急医疗救治等场所，并确保其处于良好状态、随时可以投入正常使用；

（三）加强对重点单位、重要部位和重要基础设施的安全保卫，维护社会治安秩序；

（四）采取必要措施，确保交通、通信、供水、排水、供电、供气、供热、医疗卫生、广播电视、气象等公共设施的安全和正常运行；

（五）及时向社会发布有关采取特定措施避免或者减轻危害的建议、劝告；

（六）转移、疏散或者撤离易受突发事件危害的人员并予以妥善安置，转移重要财产；

（七）关闭或者限制使用易受突发事件危害的场所，控制或者限制容易导致危害扩大的公共场所的活动；

（八）法律、法规、规章规定的其他必要的防范性、保护性措施。

◆ 条文主旨

本条是关于发布一级、二级预警后政府应当采取的应对举措的规定。

◆ 修改要点

与2007年《中华人民共和国突发事件应对法》第四十五条相比，本次修改内容如下：

1. 将第二项"准备应急设施和避难场所"，修改为"准备应急设施和应急避难、封闭隔离、紧急医疗救治等场所"。

2. 将第四项"确保交通、通信、供水、排水、供电、供气、供热等公共设施"，修改为"确保交通、通信、供水、排水、供电、供气、供热、医疗卫生、广播电视、气象等公共设施"。

◆ **条文解读**

一级、二级警报相比三、四级警报级别更高，事态更为严重，表明突发事件一触即发。县级以上地方人民政府除了采取三级、四级警报下的应对措施外，还应当根据突发事件发生的实际情况，采取本条所列举的额外措施。很显然，本法采用了举措叠加适用而非替换的方式，在一级、二级情况下，不仅应当落实三级、四级警报的注意与实践要求，还需针对一级、二级警报情形中的特殊应对与防控要求，实施需要的紧急措施，最大限度地体现了突发事件应对的全面性、彻底性特征，保证了相应情形下不会出现法律义务"缺失"。值得注意的是，本条并未完全封闭地方人民政府的变通空间，其可针对"即将发生的突发事件的特点和可能造成的危害"作出相应的合理判断，选择部分或全部举措加以施行。当然，这种裁量需要以突发事件的客观性特征与潜在危害为首要评价标准，实行科学预测，不应出于资源节约或者政绩利益而随意"调整"法定义务内容。

第一项规定中，明确了突发事件应对的人力资源准备要求。由于一级、二级警报属于可能影响较为广泛、可能损害较为严重的突发事件情形，故地方人民政府理应在相应事件即将发生前做好紧急动员工作。一方面，应急救援队伍、负有特定职责的人员应按照政府要求进入待命状态。所谓待命状态，就是听候指令，准备就绪并可以随时开展行动的状态。我国建立了专兼职的应急救援队伍，在待命期间，主要是检查应急救援装备落实情况、到达指定的区域、确保通信联络畅通以及值班备勤等。需要注意的是，这里的"负有特定职责的人员"属于概括性规定，包括应急救援与处置人员、值班人员、技术专家等，其职责来源于法律、法规的规定、政府关于应急救援和处置的工作分工等。另一方面，动员后备人员做好参加应急救援和处置工作的准备。突发事件的发生存在不可预估的因素，后备人员的及时储备与事前动员不可缺乏。需要通过及时动员，增强这类人员的应急救援与处置工作能力，确保关键时刻派上用场。

第二项规定中，明确了突发事件应对的物质资源准备要求。在此，主要提出了调集、准备与维护保障三种行动义务。所谓调集，即通过政府权限的行使，将现有的应急物资、设备、工具加以集中，并转移到便于投放事件影响区域的地点。所谓准备，即相应设施、场所原先不存在或者准备尚不充分，而是借助政府的积极推动、通过一段时间的建设与调整，实现突发事件发生前相应设施与场所的储备到位。所谓维护保障，即在相应物资、设备、工具、设施、场所调集、准备后，应当通过定期的保养与实时监控，保证其能够正常工作，避免在突发事件发生时产生故障，影响应急救援工作的推进。需要注意的是，本项特别增加了"应急避难、封闭隔离、紧急医疗救治等场所"的准备与保障维护义务。主要考虑到重大突发公共卫生事件发生时，为了防止疫病传播，应当提前建立或者改装必要的隔离、治疗、避难应急场所。

在第三项规定中，明确了对重要单位、重要部位、重要基础设施的安全保障要求。重要单位、重要部位、重要基础设施，包括党政军机关、新闻媒体单位、外国驻华使领馆以及对生产生活具有较大影响的重要基础设施。重要单位、重要部位、重要基础设施，对突发事件应急指挥、救援和处置影响较大，政府应当加强对其安全保卫，维护社会治安秩序。

在第四项规定中，明确了突发事件即将发生时政府在保证社会公众基本生活方面的义务。政府应当采取必要措施，确保交通、通信、供水、排水、供电、供气、供热、医疗卫生、广播电视、气象等公共设施的安全和正常运行。需要注意的是，本项专门增加政府对于公共广播电视的安全保障与正常运行义务。主要考虑到随着时代的发展，公共广播电视这类公共设施，已经成为人民生产生活特别是了解突发事件信息的重要渠道，因而需要政府采取各种必要措施加以保护。

在第五项规定中，明确了及时向社会发布有关采取特定措施避免或者减轻危害的建议、劝告的要求。各类突发事件性质、紧急程度、发展态势和可能造成的危害不同，应急救援和处置措施必须有效和得当。政府劝告虽不具有法律上的强制力，但有利于强化公众的避险意识，为做好自救和互救准备奠定基础。

在第六项规定中，明确了转移、疏散或者撤离易受突发事件危害的人员并予以妥善安置，转移重要财产的要求。在此，应当注意两点：其一，应当根据突发事件的危害大小或者风险高低，灵活采用转移、疏散或者撤离等举措，尽可能在保证安全的前提下，不过分扰乱民众正常的生产生活。其二，坚持"人民至上、生命至上"的理念，按照"先人后物"的原则，优先转移、疏散或者撤离易受突发事件危害的人员，确保饮食、住宿等基本生活所需，同时对于重要财产组织予以转移。

在第七项规定中，规定政府应当注重突发事件的"源头控制"，包括两个方面。一方面，控制容易受到突发事件危害的"脆弱之处"。主要是关闭或者限制使用易受到危害的特殊场所，比如限制使用娱乐场所、展览馆等，从而使突发事件失去危害作用的载体，实现理想的预防效果。另一方面，控制容易助长突发事件负面影响的特定活动。主要是控制或者限制容易扩大危害的公共场所的活动。这些措施包括控制人员数量、压缩活动时间、加强安全巡查等。

第八项规定是政府在一级、二级警报情形下采取措施的兜底性规定。需要注意的是，法律、法规、规章规定的其他必要的防范性、保护性措施，应当将效力级别较低的行政规范性文件排除在外，防止有关单位和人员随意实施应急措施。

据司法判决显示，不少行政机关因对该条款执行不到位而承担执法不力甚至败诉的法律后果。比如，（2021）湘01行终42号行政判决书显示：法院认定四方坪街道办承担败诉后果的其中一个原因就是——该街道办未提供有关证据证明所在地区已发布一级、二级警报并进入预警期。四方坪街道办辩称其在连续暴雨天气为维护公共安全而采取紧急排危措施的主张，于法无据，法院不予采纳。（2019）浙03行初708号一审行政判决书认定：被告瑞安市人民政府对原告案涉建筑采取解危拆除措施，并无举证证明在作出被诉通告前已发布一级、二级警报，宣布进入预警期。被告依据《中华人民共和国突发事件应对法》相关规定决定采取解危措施，系适用法律错误，依法应予撤销。（2019）最高法行申820号行政裁定书认定：北湖区政府作出应对暴雨灾害拆除案涉房屋的决定后，未报本级人大常委会备案，亦未发布一级、二级警报，并宣布进入预警期的情况下，授权郴江街道办对案涉房屋采取转移、疏散人员并强制拆除房屋的处置措施，违反2007年《中华人民共和国突发事件应对法》第十六条、第四十五条规定，程序违法。

第六十八条　发布警报，宣布进入预警期后，县级以上人民政府应当对重要商品和服务市场情况加强监测，根据实际需要及时保障供应、稳定市场。必要时，国务院和省、自治区、直辖市人民政府可以按照《中华人民共和国价格法》等有关法律规定采取相应措施。

◆ 条文主旨

本条是关于进入预警期后政府加强市场监测与保障稳定的义务的规定。

◆ 修改要点

本条为新增条款。

◆ 条文解读

现实中，突发事件的爆发往往带来社会的短期动荡，商品与服务的正常供应秩序被打破，导致价格异常波动，进而影响人民群众的生活水平。为保障特殊时期重要商品供应，确保服务市场稳定，本条对进入预警期后政府加强市场监测与保障稳定的义务作出规定。

进入预警期后，意味着常态的社会秩序发生变化，由于行政管理措施的升级，特别是一级、二级警报发出后，有关人员、物资、设备、工具被调集，有关单位和场所被关闭或者限制使用，客观上会造成生产生活的不便，并带来某些商品的价格波动。此外，进入预警期后，县级以上人民政府采取的各类预控措施主要是针对突发事件发生的可能性，这意味着短期内相关情况尚不明朗，因而难免使人们产生误解甚至在局部范围造成恐慌情绪，进而产生一些不理智的举动。比如，当政府发布流行病即将爆发的预警时，人们通常拥入商场、超市和药店购物，货架短时间会被一扫而空。因此，本条从两个方面作出明确规定：

一方面，县级以上人民政府宣布进入预警期后，应当对重要商品和服务市场情况加强监测，根据实际需要及时保障供应、稳定市场。按照本条要求，人民政府应该根据不同民生商品的供需特征，有针对性地分类施策、做好应对，保障商品供给，平抑由于供给短暂性不足带来的价格上涨[①]。

另一方面，必要时，国务院和省、自治区、直辖市人民政府可以按照《中华人民共和国价格法》等有关法律规定采取相应措施。这里的"必要时"，主要针对重要商品与服务价格显著上涨或者存在显著上涨可能时的情形。为此，需要国务院、省级人民政府及时采取相应措施，并尽可能避免采用偏离经济规律、压制行为自由的强硬管制手段。比如，《中华人民共和国价格法》规定，当重要商品和服务价格显著上涨或者有可能显著上涨时，国务院和省、自治区、直辖市人民政府可以对部分价格采取限定差价率或者利润率、规定限价、实行提价申报制度和调价备案制度等干预措施。当市场价格总水平出现剧烈波动等异常状态时，国务院可以在全国范围内或者部分区域内采取临时集中定价、部分或者全面冻结价格的紧急措施。

第六十九条 对即将发生或者已经发生的社会安全事件，县级以上地方人民政府及其有关主管部门应当按照规定向上一级人民政府及其有关主管部门报告，必要时可以越级上报，具备条件的，应当进行网络直报或者自动速报。

[①] 林火灿：《保障市场供应和物价基本稳定》，经济日报，2019 年 8 月 23 日。

◆ **条文主旨**

本条是关于社会安全事件报告制度的规定。

◆ **修改要点**

与 2007 年《中华人民共和国突发事件应对法》第四十六条相比，本次修改内容如下：增加"具备条件的，应当进行网络直报或者自动速报"的要求。

◆ **条文解读**

本条与第六十四条规定的"可以预警的自然灾害、事故灾难或者公共卫生事件即将发生或者发生的可能性增大时"的情形报告制度相呼应，是针对即将发生或者已经发生的社会安全事件所做报告的总体性要求。

社会安全事件，是指由各种社会矛盾引发的，形成一定的规模，造成一定的社会影响，危害社会稳定，干扰正常的工作秩序、生产秩序、教学科研秩序和社会秩序的群体性事件[①]。通常来说，这类事件一般具有群体性、利益性、突发性、渐进性、多变性、对抗性的特点，往往给政治稳定、社会稳定、经济安全以及人民群众生命、财产安全造成重大影响[②]。因此，有必要建立反应快速、控制有力的处置机制。其中，建立健全社会安全事件的信息报告制度，是及时、妥善预防和处置社会安全事件的重要环节。按照本条要求，县级以上地方人民政府及其有关主管部门应当对社会安全事件

---

① 汪永清：《中华人民共和国突发事件应对法解读》，中国法制出版社，2007 年版，第 114 页。

② 刘献朝，贾继民：《应对突发事件的健康教育》，职业卫生与应急救援，2009 年第 4 期。

的情报信息做到早发现、早预警、早处置，严禁迟报、漏报、瞒报。

我国突发事件报告以分级逐级上报为原则、以越级上报为例外，这是由突发事件实行属地管理以及分级负责的体制所决定的，有利于县级以上地方人民政府及其有关主管部门及时掌握突发事件信息，各司其职，共同做好应急救援和处置工作。因此，一旦发现事发的苗头，应当按照规定向上一级人民政府及其有关主管部门报告，必要时可以越级上报。比如，《信访工作条例》规定，各级机关、单位对可能造成社会影响的重大、紧急信访事项和信访信息，应当及时报告本级党委和政府，通报相关主管部门和本级信访工作联席会议办公室，在职责范围内依法及时采取措施，防止不良影响的产生、扩大。地方各级党委和政府信访部门接到重大、紧急信访事项和信访信息，应当向上一级信访部门报告，同时报告国家信访局。需要指出的是，为了保障社会安全事件及其应对管理的相关信息及时上传下达，本条特别规定"具备条件的，应当进行网络直报或者自动速报"，旨在提高报告效率，打通信息报告上行渠道。当然，"具备条件"意在指出信息报告者要考虑到自身实际情况，既要尽力而为，更要量力而行。

第七十条 发布突发事件警报的人民政府应当根据事态的发展，按照有关规定适时调整预警级别并重新发布。

有事实证明不可能发生突发事件或者危险已经解除的，发布警报的人民政府应当立即宣布解除警报，终止预警期，并解除已经采取的有关措施。

◆ 条文主旨

本条是关于突发事件预警级别调整与解除的规定。

◆ **修改要点**

与 2007 年《中华人民共和国突发事件应对法》第四十七条相比，本条未作修改。

◆ **条文解读**

本条主要规定了突发事件预警启动后，根据现实情况的发展调整预警级别乃至解除预警的规则，表明突发事件的预警机制并非静止不变，在启动后仍然需要随事态的发展而不断变化，从而避免浪费社会资源，尽快恢复社会秩序。

众所周知，突发事件从孕育到发生有个过程，随着时间的推移、形势的变化特别是分析研判信息的增多，需要对之前发布的警报级别及时进行调整。按照"谁发布、谁调整"的原则，本条第一款明确规定，发布突发事件警报的人民政府应当根据事态的发展，按照有关规定适时调整预警级别并重新发布。一方面，突发事件或其风险的后续发展应当是政府调整警报级别的首要依据，以保证突发事件损害或损害风险降到可控的水平。另一方面，政府也应当按照有关规定设置的情形与程序，依法合理地进行调整。本章关于预警发布的情形、警报的级别以及相应的措施的规定，同样适用于预警级别的调整与发布。需要指出的是，受限于现有的技术和知识，我们尚无法准确预测突发事件的发生，预测偏差乃至失误有时在所难免。一旦发生先前预测的突发事件被证实不可能发生或者相应风险已经降到足够低（能够被有效控制或避免）的水平，则应当及时解除相应警报与应对措施，恢复正常的社会活动与秩序。当然，与宣告进入预警期类似，解除预警也要有宣告程序，以实现应急管理的"闭环"。

第五章 应急处置与救援

本章概述>>>

　　当突发事件来临时，及时采取有效的应急处置措施是突发事件应对工作的关键。本章共15条，分别就突发事件应急响应制度、应急响应启动程序、不同类别突发事件应采取的应急处置措施、相关主体的应急处置与救援义务、受突发事件影响各类人群的心理健康教育、遇难人员遗体遗物处置、应急处置中个人信息的获取与安全保护等作出明确规定。

　　值得注意的是，本章新增7条，更加注重人民政府及有关部门、公共服务组织和基层群众性自治组织、企事业单位及有关个人在应急处置中的协作与配合。

　　第七十一条　国家建立健全突发事件应急响应制度。

　　突发事件的应急响应级别，按照突发事件的性质、特点、可能造成的危害程度和影响范围等因素分为一级、二级、三级和四级，一级为最高级别。

　　突发事件应急响应级别划分标准由国务院或者国务院确定的部门制定。县级以上人民政府及其有关部门应当在突发事件应急预案中确定应急响应级别。

◆ **条文主旨**

　　本条是关于应急响应制度和响应级别的规定。

◆ **修改提示**

　　本条为新增条款。

◆ **核心概念**

　　传统的应急管理的四阶段理论认为，应急管理包括减缓、准备、响应与恢复，分别代表应急管理的四种活动。其中，应急响应（Emergency Response）是指发生突发公共事件后应急管理系统接到报警，并针对报警作出反应的有关应急主体的相关规定及其运行模式。

◆ **条文解读**

　　应急响应是突发事件应对的核心环节之一。实践证明，建立健全突发事件应急响应制度，对各级政府、部门和单位在应急处置中的职责和任务进行明确，确保应急资源的合理配置，有利于形成协同作战、互相支援的应急处置格局，对于最大限度控制和减少突发事件造成的损失、保护人民群众生命财产安全意义重大。因此，本条第一款明确规定，国家建立健全突发事件应急响应制度。

分类分级是突发事件应对管理的一项基本原则。根据本法规定，四大类突发事件按照社会危害程度、影响范围等因素，分为特别重大（Ⅰ级）、重大（Ⅱ级）、较大（Ⅲ级）和一般（Ⅳ级）四级。2006年国务院颁布的《国家突发公共事件总体应急预案》，依据突发事件可能造成的危害程度、紧急程度和发展势态，将预警级别也划分为四级：Ⅰ级（特别重大）、Ⅱ级（重大）、Ⅲ级（较重）和Ⅳ级（一般）。突发事件的级别特别是预警级别决定了哪个层级的政府需要进行响应。一般而言，突发事件的级别越高，意味着危害程度和造成的影响越大，需要调动的应急资源更多，相应地政府的应急响应层级也就越高。在处置突发事件过程中，暴露出一些地方应急响应级别不统一等问题。《"十四五"国家应急体系规划》明确提出"完善突发事件分类与分级标准，规范预警等级和应急响应分级"。为了规范应急响应分级，做好制度之间的衔接，本条第二款规定，突发事件的应急响应也划分为四级，即按照突发事件的性质、特点、可能造成的危害程度和影响范围等因素分为一级、二级、三级和四级，一级为最高级别。

需要注意的是，突发事件的应急响应级别，按照突发事件的性质、特点、可能造成的危害程度和影响范围等因素来确定，这与本法第三条规定的突发事件的等级考量的因素基本一致，但不能简单地将响应等级与事件等级机械地予以对应，即便是同类别的突发事件，在不同地区、不同时间发生，其产生的结果、需要采取的应对措施也不可能相同。这意味着突发事件应急响应级别与突发事件级别的对应仅是原则性的，具体如何响应需要经综合研判后视情况而定。

考虑到不同突发事件的性质、机理、发展过程不同，法律难以对各类突发事件响应级别规定统一的划分标准。因此，本条第三款规定，突发事件应急响应级别划分标准由国务院或者国务院确定的部门制定，同时规定县级以上人民政府及其有关部门应当按照上述标准在突发事件应急预案中进一步明确符合当地情况的应急响应级别。这样规定，既保证了突发事件应急响应标准的权威统一，又体现出一定的灵活性和地区的差异性。比如，根据《国家地震应急预案》，造成300人以上死亡（含失踪），或者直接经济损失占地震发生地省（区、市）上年国内生产总值1%以上的地震灾害为特别重大地震灾害。应对特别重大地震灾害，启动Ⅰ级响应，即由灾区所在省级抗震救灾指挥部领导灾区地震应急工作；国务院抗震救灾指挥机构负责统一领导、指挥和协调全国抗震救灾工作。

第七十二条 突发事件发生后，履行统一领导职责或者组织处置突发事件的人民政府应当针对其性质、特点、危害程度和影响范围等，立即启动应急响应，组织有关部门，调动应急救援队伍和社会力量，依照法律、法规、规章和应急预案的规定，采取应急处置措施，并向上级人民政府报告；必要时，可以设立现场指挥部，负责现场应急处置与救援，统一指挥进入突发事件现场的单位和个人。

启动应急响应，应当明确响应事项、级别、预计期限、应急处置措施等。

履行统一领导职责或者组织处置突发事件的人民政府，应当建立协调机制，提供需求信息，引导志愿服务组织和志愿者等社会力量及时有序参与应急处置与救援工作。

◆ **条文主旨**

本条是关于启动应急响应后，人民政府采取应急处置措施，建立协调机制，做好应急处置和救援工作的规定。

◆ **修改提示**

与2007年《中华人民共和国突发事件应对法》第四十八条相比，本次修改内容如下：

1. 本条第一款增加"影响范围等""启动应急响应""应急预案""并向上级人民政府报告""必要时，可以设立现场指挥部，负责现场应急处置与救援，统一指挥进入突发事件现场的单位和个人"相关内容和要求。

2. 增加"启动应急响应，应当明确响应事项、级别、预计期限、应急处置措施等"作为第二款。

3. 增加"履行统一领导职责或者组织处置突发事件的人民政府，应当建立协调机制，提供需求信息，引导志愿服务组织和志愿者等社会力量及时有序参与应急处置与救援工作"作为第三款。

◆ **核心概念**

应急处置措施，是指为应对突发事件而采取的一系列措施，广义的应急处置措施是指一切主体在突发事件发生时所采取的紧急措施；狭义的应急处置措施仅指当突发事件发生时，国家行政机关以及负有应急法律义务的法人和其他组织行使法律规范和应急预案所规定的应急性职权和职责的活动。

现场指挥部，是在突发事件现场，由相关部门组织、临时性应对突发事件的决策、指挥与处置机构，是突发事件现场应急处置的最高决策指挥机构，实行总指挥负责制。

◆ 条文解读

突发事件发生后，应急指挥机构采取有效措施进行应急处置成为第一要务。在新冠疫情防控中，中央和地方各级政府快速响应，及时制定一系列有效措施，调动全社会力量积极应对，这是我国疫情防控取得重大战略成果的重要原因。本条对履行统一领导职责或者组织处置突发事件的人民政府采取的应急处置措施作出规定，目的就是建立科学合理、稳定高效的应急指挥制度，最大限度减少损失，避免事态扩大和次生灾害的发生。

一、突发事件应急处置工作应当坚持统一领导的原则

本法第四条明确规定"建立健全集中统一、高效权威的中国特色突发事件应对管理工作领导体制"，这是做好突发事件应对管理工作的普遍经验。当前，我国突发事件应对管理的职责分属于不同部门，人、财、物等应急资源较为分散，容易产生推诿、扯皮等问题。突发事件应急处置时效性强、决策时间短、力量多元、协调难度大，客观上需要一个统一、权威的领导机构，对应急处置实行统一指挥、统筹调度，确保各方面步调一致。为此，本条第一款规定，突发事件发生后，履行统一领导职责或者组织处置突发事件的人民政府，应当依法采取应急处置措施。本条的实施主体是"履行统一领导职责或者组织处置突发事件的人民政府"。具体而言，按照"属地管理"的原则，一般由突发事件发生地县级以上人民政府统一履行领导和组织应急处置职能。

二、突发事件应急处置应当分级施策、合理有效应对

1. **应急响应应当与突发事件的性质、特点、危害程度和影响范围等相适应**。突发事件发生后，履行统一领导职责或者组织处

置突发事件的人民政府采取的应急处置措施，本质上属于行使行政应急权。在应急状态下，行政应急权追求"快速""有效"，使得公权力的行使很容易超过必要限度，构成对公民权利的不当侵害。本法第十条明确规定突发事件应对措施应当符合比例原则，目的就是最大限度地减少行政应急权的行使对行政相对人的不利影响。比如，自然灾害（如地震、洪水、台风）、火灾、恐怖袭击、信息安全事件等，属于不同类型的突发事件，其发生的机理、波及范围及影响程度均不一样，需要采取的应急处置措施的内容和应对策略也会有所不同。为此，本条进一步要求政府的应急响应应当与突发事件的性质、特点、危害程度和影响范围等相适应。

2. **应急处置措施应当依照法律、法规、规章和应急预案的规定执行**。政府采取的应急处置措施，应当严格依照有关法律、法规的规定，这也是政府依法行政、规范行使行政应急权的基本途径。本法确立的是应对突发事件的共同性规范，对于某些事项，有关法律法规比如《中华人民共和国防震减灾法》《中华人民共和国传染病防治法》等单行法还有专门规定，采取应急处置措施应当按照上述规定执行。需要注意的是，尽管理论界对应急预案性质的认识仍有分歧，但总体上将其视为预先制定的、旨在有效应对突发事件的行动方案。合法性是应急预案的前提。应急预案应当符合本法和其他有关法律、法规的规定。应急预案包括应急管理的组织指挥、部门职责与工作程序，详细规定了谁来干、干什么等，是应急处置工作应当遵循的行动方案。鉴于此，本法将应急预案作为采取应急措施的依据。

3. **向上级人民政府报告采取应急处置措施的情况**。突发事件有发展演变的过程，特别是处置初期往往情况不甚明了，现场决策指挥需要保持一定的弹性，有时候还需要更高一级的政府介入，给予指导和帮助，甚至提级指挥。因此，本条规定履行统一领导职责或者组织处置突发事件的人民政府采取应急处置措施，并向上级人民政府报告。

三、根据需要设立突发事件应对现场指挥机制

长期以来，我国突发事件应急处置存在决策指挥与现场指挥混同的问题，导致一些地方"外行指挥内行"的现象发生。此外，发生重大突发事件时，互不具有隶属关系的主体往往在党中央集中统一指挥下参与现场应急处置工作，比较典型的是军队参与"5·12"汶川地震应急处置。此时，如果不明确一个最高的现场总指挥，很容易造成现场处置混乱。为避免上述问题发生，确保现场指挥统一、有序、专业、高效，按照"减少层级、沟通畅通"的原则，本条明确规定"必要时，可以设立现场指挥部，负责现场应急处置和救援，统一指挥进入突发事件现场的单位和个人"。需要说明的是，不是所有的突发事件发生后，都需要设立现场指挥部，而是要视应急处置工作需要而定。对于现场指挥部的设立、组成及职责等，我国相关法律、法规有明确的规定。比如《生产安全事故应急条例》第二十条规定，发生生产安全事故后，有关人民政府认为有必要的，可以设立由本级人民政府及其有关部门负责人、应急救援专家、应急救援队伍负责人、事故发生单位负责人等人员组成的应急救援现场指挥部，并指定现场指挥部总指挥。

四、在启动应急响应时，应当明确响应事项、级别、预计期限、应急处置措施等

当前，我国正进入危机四伏的风险社会阶段。防范化解重大风险，既要高度警惕"黑天鹅"事件，也要防范"灰犀牛"事件，

尤其是"黑天鹅"事件因具有高度复杂性和不可预见性，应对往往需要协调党、政、军、群等各方力量，涉及公民权利限制、场所封闭、价格管控、生活必需品供应及其他临时强制措施，应急处置措施"杀伤力"较强。实践中，有的地方在启动应急响应时，采取了"一刀切"的做法，没有明确应急响应的级别、范围和有效期限，导致应急处置措施的强度与应急响应级别不相适应。为此，本条第二款明确规定，启动应急响应，应当明确响应事项、级别、预计期限、应急处置措施等，其目的就是规范应急响应工作，确保应急处置措施在法治的轨道上推进。需要注意的是，应急响应不是一成不变的。突发事件具有动态演变的特征，应急响应启动后，可视突发事件造成的损失情况及其发展趋势等，及时调整响应级别，避免响应不足或响应过度。

五、建立突发事件处置应急指挥的协调机制

突发事件发生后往往面临情况不明朗、应急资源短缺、信息不畅通等突出问题，应急指挥机制建立后虽初步实现了统一指挥，但也面临整合各方应急资源、建立高效的协同机制等难题。尤其是为社会力量参与应急处置提供的制度性渠道仍显不足、不畅。比如，2008 年"5·12"汶川地震发生后，有大批志愿者从全国各地涌入地震灾区。与此同时，救援分散无序、意识不清晰、工具不专业等诸多问题也集中显现。在汲取相关突发事件应急处置经验的基础上，本条第三款明确规定"履行统一领导职责或者组织处置突发事件的人民政府，应当建立协调机制，提供需求信息，引导志愿服务组织和志愿者等社会力量及时有序参与应急处置与救援工作"。这里的"协调机制"，主要是指履行统一领导职责或者组织处置突发事件的人民政府为快速、有效地应对和处置突发事件，针对社会力量有序参与应急处置所作的制度安排和工作流程。按照本条的规定，一方面，履行统一领导职责或者组织处置突发事件的人民政府要提供有效的需求信息，及时引导志愿服务组织和志愿者等社会力量有序参与应急处置工作；另一方面，志愿服务组织和志愿者等社会力量也要提前了解情况，并服从履行统一领导职责或者组织处置突发事件的人民政府的统一指挥。

第七十三条 自然灾害、事故灾难或者公共卫生事件发生后，履行统一领导职责的人民政府应当采取下列一项或者多项应急处置措施：

（一）组织营救和救治受害人员，转移、疏散、撤离并妥善安置受到威胁的人员以及采取其他救助措施；

（二）迅速控制危险源，标明危险区域，封锁危险场所，划定警戒区，实行交通管制、限制人员流动、封闭管理以及其他控制措施；

（三）立即抢修被损坏的交通、通信、供水、排水、供电、供气、供热、医疗卫生、广播电视、气象等公共设施，向受到危害的人员提供避难场所和生活必需品，实施医疗救护和卫生防疫以及其他保障措施；

（四）禁止或者限制使用有关设备、设施，关闭或者限制使用有关场所，中止人员密集的活动或者可能导致危害扩大的生产经营活动以及采取其他保护措施；

（五）启用本级人民政府设置的财政预备费和储备的应急救援物资，必要时调用其他急需物资、设备、设施、工具；

（六）组织公民、法人和其他组织参加应急救援和处置工作，要求具有特定专长的人员提供服务；

（七）保障食品、饮用水、药品、燃料等基本生活必需品的供应；

（八）依法从严惩处囤积居奇、哄抬价格、牟取暴利、制假售假等扰乱市场秩序的行为，维护市场秩序；

（九）依法从严惩处哄抢财物、干扰破坏应急处置工作等扰乱社会秩序的行为，维护社会治安；

（十）开展生态环境应急监测，保护集中式饮用水水源地等环境敏感目标，控制和处置污染物；

（十一）采取防止发生次生、衍生事件的必要措施。

◆ 条文主旨

本条是关于自然灾害、事故灾难或者公共卫生事件发生后应急处置措施的规定。

◆ 修改提示

与 2007 年《中华人民共和国突发事件应对法》第四十九条相比，本次修改内容如下：

1. 将"可以"修改为"应当"。

2. 在第一项中对文字进行调整，增加"转移"。

3. 在第二项中增加"限制人员流动、封闭管理"的规定。

4. 在第三项中对文字进行调整，增加"医疗卫生、广播电视、气象"。

5. 将第六项中的"公民"修改为"公民、法人和其他组织"。

6. 在第七项中对文字进行调整，增加"药品"。

7. 在第八项中对文字进行调整，将"哄抬物价"修改为"哄抬价格"；增加"牟取暴利"。

8. 增加一项"开展生态环境应急监测，保护集中式饮用水水源地等环境敏感目标，控制和处置污染物"的规定。

◆ 条文解读

突发事件发生后，履行统一领导职责的人民政府应当立即启动应急响应，依法采取有针对性的应急处置措施，避免事态进一步扩大。目前，我国应急单行法规定的应急处置措施比较分散，有的应急处置措施还不够充分、有力。鉴于自然灾害、事故灾难、公共卫生事件这三类突发事件发生后采取的应急处置措施具有共通性，本着分类施策的治理逻辑，本条将以上三类突发事件的应急处置措施规定在同一法条中。当三类突发事件发生后，由履行统一领导职责的人民政府统筹决策，根据实际情况，采取一项或多项应急处置措施，而并非"一刀切"地采取全部措施。本条规定的十一项应急处置措施，大体可以分为救助性应急措施、控制性应急措施、保障性应急措施和惩治性应急措施等。

1. **保护人民生命财产安全、救助百姓，是突发事件应对管理的首要任务**。本条第一项规定，组织营救和救治受害人员，转移、疏散、撤离并妥善安置受到威胁的人员。本法第五条明确规定：突发事件应对工作应当坚持人民至上、生命至上。这既是坚持以人民为中心的发展思想的内在要求，也是取得一系列应对重大风险挑战斗争胜利的根本保障。因此，在自然灾害、事故灾难或者公共卫生事件发生后，必须对受害人员及时救治，保障他们的基本生活，这也是本法的立法目的之一。

2. **迅速控制危险源，封锁危险场所，划定警戒区，采取防止发生次生、衍生事件的必要措施**。应急处置措施要科学合理，在突发事件应对过程中，为避免危害发生、控制危险扩大等，要依法对公民的人身自由实施暂时性限制，或者对公民、法人或者其他组织的财物实施暂时性控制。应当注意的是，应急强制措施的实施不仅要依法，而且要符合必要性和合理性原则。当无须采取强制措施时，应急处置措施应当及时解除。

3. 向受到危害的人员提供避难场所和生活必需品，实施医疗救护和卫生防疫并且立即抢修被损坏的交通、通信、供水、排水、供电、供气、供热、广播电视等公共设施。对应急物资的保障和对基本生活需求的保障是受灾人员得以生活的两个重要条件。其中，应急物资的保障是应急主体高效采取其他应急处置措施的前提，突发事件发生之后，灾区往往会出现基本生活物资短缺的情况，此时国家应及时采取调用储备物资等措施满足灾区的基本生活需求。另外，在自然灾害等类型的突发事件发生后，供水、供电等基本公共设施往往会遭到损坏，相关部门及时进行修复也是对民众基本生活需求的一种保障。

4. 依法从严惩处囤积居奇、哄抬价格、牟取暴利、制假售假等扰乱市场秩序的行为；依法从严惩处哄抢财物、干扰破坏应急处置工作等扰乱社会秩序的行为。自然灾害、事故灾难或者公共卫生事件发生后，一些不法分子利用人民的恐慌心理严重扰乱了市场秩序和社会秩序的稳定，对此行为必须严厉整治。比如，从 2022 年 4 月 26 日起，北京市以保供稳价为目标，北京市场监管系统在全市范围内开展"保供稳价专项行动"，要求各区重点关注与人民群众密切相关的基本生活必需品和防疫用品市场价格，重点检查农贸市场、社区菜店、便利店、连锁超市等经营者价格行为和管控区周边市场价格秩序，提高检查频次，加大检查覆盖面和价格违法行为打击力度，确保首都基本生活必需品和防疫用品市场价格秩序稳定。

值得注意的是，本法将"开展生态环境应急监测，保护集中式饮用水水源地等环境敏感目标，控制和处置污染物"作为一项新增加的应急处置措施，也是立法的一个亮点。近年来，自然灾害、事故灾难等次生突发环境事件多发频发。比如，2020 年 3 月

28 日，黑龙江伊春鹿鸣矿业有限公司尾矿库溢流井倒塌，导致大量含钼尾矿砂水泄漏入河，特征污染物钼浓度最高超标 80 倍，造成下游河流严重污染并威胁饮用水水源地安全。该事件发生时正值黑龙江省新冠疫情防控的紧要阶段，应急处置形势十分严峻①。事实证明，突发环境事件发现得越早、介入得越早、处理得越早，事件造成的后果就越小。鉴于此，开展生产环境应急监测，及时向环境保护主管部门报告监测结果，采取有针对性的控制和处置措施，其目的就是早监测、早防范、早处置，最大限度减少自然灾害、事故灾难或者公共卫生事件发生后对环境造成的污染。当前，生态安全已成为国家安全体系的重要组成部分，是其他安全的载体和基础，同时又受到其他安全的影响和制约，对此作出回应也是本法应有之义。

第七十四条 社会安全事件发生后，组织处置工作的人民政府应当立即启动应急响应，组织有关部门针对事件的性质和特点，依照有关法律、行政法规和国家其他有关规定，采取下列一项或者多项应急处置措施：

（一）强制隔离使用器械相互对抗或者以暴力行为参与冲突的当事人，妥善解决现场纠纷和争端，控制事态发展；

（二）对特定区域内的建筑物、交通工具、设备、设施以及燃料、燃气、电力、水的供应进行控制；

（三）封锁有关场所、道路，查验现场人员的身份证件，限制有关公共场所内的活动；

---

① 罗清月，魏健，李明月，等：《鹿鸣矿业尾矿库泄漏事件环境应急过程解析与总结》，环境工程技术学报，2022 年第 6 期。

（四）加强对易受冲击的核心机关和单位的警卫，在国家机关、军事机关、国家通讯社、广播电台、电视台、外国驻华使领馆等单位附近设置临时警戒线；

（五）法律、行政法规和国务院规定的其他必要措施。

◆ 条文主旨

本条是关于社会安全事件发生后，组织处置工作的人民政府采取应急处置措施的规定。

◆ 修改提示

与2007年《中华人民共和国突发事件应对法》第五十条相比，本次修改内容如下：

1. 将"立即组织有关部门并由公安机关针对事件的性质和特点"，修改为"立即启动应急响应，组织有关部门针对事件的性质和特点"。

2. 删除"严重危害社会治安秩序的事件发生时，公安机关应当立即依法出动警力，根据现场情况依法采取相应的强制性措施，尽快使社会秩序恢复正常"。

◆ 条文解读

社会安全事件是指由各类社会矛盾引发，形成一定规模，对社会稳定造成冲击，干扰正常的生产、生活秩序和社会秩序的群体性事件，包括重大刑事案件、恐怖袭击事件、涉外突发事件、金融安全事件、规模较大的群体性事件、民族宗教突发群体事件、学校安全事件以及其他社会影响严重的突发性社会安全事件。一般而言，社会安全事件具有以下特点：

1. **突发性**。与一般事件相比，突发社会安全事件爆发得比较突然，带有很强的随机性，来势之猛往往出人意料、超出人们的心理惯性和社会的常态秩序，使方方面面陷入极大的被动。

2. **群体性**。一般来说，个体性矛盾不会引发群体性突发事件，社会安全事件的主体主要是群体。

3. **多变性**。突发社会安全事件的形成、发展和演变很难有一个固定的模式来供人们研究和应对。

社会安全事件发生后，组织处置工作的人民政府应当立即启动应急响应，组织有关部门针对事件的性质和特点，有针对性地采取一项或多项应急处置措施，并根据实际情况进行调整，讲究策略，分类处置，避免矛盾升级，最大限度降低社会安全事件带来的危害，保证人民群众的生命财产安全。需要注意的是，有关部门采取的应急处置措施要依法进行，本条明确要求"依照有关法律、行政法规和国家其他有关规定"。这里的法律、行政法规包括《中华人民共和国刑事诉讼法》《中华人民共和国治安管理处罚法》《中华人民共和国国家安全法》《中华人民共和国集会游行示威法》《中华人民共和国警察法》《信访工作条例》等。

本条规定的第一项措施是"强制隔离使用器械相互对抗或者以暴力行为参与冲突的当事人，妥善解决现场纠纷和争端，控制事态发展"。针对群体性安全事件，参与冲突的当事人数量较多，手段较为暴力，存在对抗性，具有人民生命安全和社会危害性。发生冲突的当事人之间存在纵向和横向的利益冲突，需要结合事件的具体内容作出处理策略。应第一时间控制事态发展，关注事件各方的诉求，重视诉求，对群众和当事人进行对话、倾听、安抚和解释，及时回应诉求，并实质进行回应，这是妥善解决纠纷和争端的必要处置措施。

本条规定的第二项措施是"对特定区域内的建筑物、交通工具、设备、设施以及燃料、燃气、电力、水的供应进行控制"。社会安全事件发生后，特定区域内的建筑物、交通工具、设备、设施以及燃料、燃气、电力、水等能源供应设备同样面临着危险，并很有可能是造成安全事件进一步扩大的安全隐患。在社会安全事件发生后，区域内负责组织处理工作的人民政府在采取应急响应的同时，应合理控制这些危险源，为公众安全、防灾减灾提供保障。

本条规定的第三项措施是"封锁有关场所、道路，查验现场人员的身份证件，限制有关公共场所内的活动"。对于发生社会安全事件的场所、道路，负责组织处理工作的人民政府应当采取禁止或限制进出措施，有效维护社会治安，预防事态的进一步扩散。组织管理在公共场所内进行的活动，根据安全风险的状况，对活动采取限制措施，避免安全事件的再次发生。

本条规定的第四项措施是"加强对易受冲击的核心机关和单位的警卫，在国家机关、军事机关、国家通讯社、广播电台、电视台、外国驻华使领馆等单位附近设置临时警戒线"。基于突发安全事件的特殊性，国家机关、军事机关、国家通讯社、广播电台、电视台、外国驻华使领馆等单位是敏感且易受到攻击的对象，这些单位和机关受到冲击后，容易使得安全事件的风险再次上升，影响扩大，对社会安全和国家安全造成不良影响和后果。在社会安全事件发生后，应当加强对这些要害单位的保护，避免受到冲击。

本条规定的第五项措施是"法律、行政法规和国务院规定的其他必要措施"。社会安全事件具有复杂性，涉及的安全事件的处置措施多样，通过列举难以穷尽。在相关法律、行政法规和国务院规定的文件中也有规定，需要根据安全事件的具体情况作出处理。

> 第七十五条　发生突发事件，严重影响国民经济正常运行时，国务院或者国务院授权的有关主管部门可以采取保障、控制等必要的应急措施，保障人民群众的基本生活需要，最大限度地减轻突发事件的影响。

◆ 条文主旨

本条是关于针对严重影响国民经济运行的突发事件采取应急处置措施的规定。

◆ 修改提示

与2007年《中华人民共和国突发事件应对法》第五十一条相比，本条未作修改。

◆ 条文解读

严重影响国民经济运行的突发事件，是指影响全国或某一局部地区的经济社会秩序稳定，妨碍国民经济正常运行，并对社会经济安全构成威胁的危机事件。严重影响国民经济运行的突发事件包括：（1）银行挤兑。（2）股市暴跌。（3）技术故障。（4）金融机构倒闭。（5）境外金融冲击。（6）金融危机。（7）其他突发性事件导致的金融突发事件。

为适应建立社会主义市场经济体制的需要，我国先后制定了银行、证券、保险、税收、外汇等经济方面的法律、法规，建立了各种经济调控措施和监管制度，规定了各种宏观调控时采取的措施。比如，调整税目税率，对金融机构提供流动性资金支持，启动支付系统的灾难备份系统，保证清算支付系统的正常运行，维护国际收支平衡等。

发生突发事件，严重影响国民经济正常运行时，可以依法采取上述措施。因此，本条规定在这种情况下，国务院或者国务院授权的部门可以采取保障、控制等必要的应急措施，包括及时调整税目税率，实行税收开征、停征以及减税、免税等调控措施；对银行、保险、证券等金融机构和证券、期货登记结算机构提供流动性资金支持，启动支付系统的灾难备份系统，保障支付、清算系统的正常运行等保障措施；暂停部分或者全部银行业务、保险业务、证券交易和兑付、期货交易，暂停开放式证券投资基金赎回，限制给付保险金，限额提取现金等限制措施；采取限制货币汇兑、资金跨境收付和转移等维护国际收支平衡的外汇管制措施。

第七十六条　履行统一领导职责或者组织处置突发事件的人民政府及其有关部门，必要时可以向单位和个人征用应急救援所需设备、设施、场地、交通工具和其他物资，请求其他地方人民政府及其有关部门提供人力、物力、财力或者技术支援，要求生产、供应生活必需品和应急救援物资的企业组织生产、保证供给，要求提供医疗、交通等公共服务的组织提供相应的服务。

履行统一领导职责或者组织处置突发事件的人民政府和有关主管部门，应当组织协调运输经营单位，优先运送处置突发事件所需物资、设备、工具、应急救援人员和受到突发事件危害的人员。

履行统一领导职责或者组织处置突发事件的人民政府及其有关部门，应当为受突发事件影响无人照料的无民事行为能力人、限制民事行为能力人提供及时有效帮助；建立健全联系帮扶应急救援人员家庭制度，帮助解决实际困难。

◆ 条文主旨

本条是关于政府及有关部门在应急处置中征用物资、组织生产、协调运输及帮扶特殊群体的规定。

◆ 修改提示

与 2007 年《中华人民共和国突发事件应对法》第五十二条相比，本次修改内容如下：

1. 第一款在"履行统一领导职责或者组织处置突发事件的人民政府"后增加"及其有关部门"。

2. 第二款在"履行统一领导职责或者组织处置突发事件的人民政府"后增加"和有关主管部门"。

3. 增加"履行统一领导职责或者组织处置突发事件的人民政府及其有关部门，应当为受突发事件影响无人照料的无民事行为能力人和限制民事行为能力人提供及时有效帮助；建立健全联系帮扶应急救援人员家庭制度，帮助解决实际困难"作为第三款。

◆ 条文解读

突发事件应急处置涉及面广，既需要地方政府守土有责，做好牵头协调，也需要其他主体在应急处置中各司其职、密切配合。为建立和完善突发事件应急处置的协作机制，明确各级政府及其相关部门的职责，从人、财、物等多个方面为突发事件应急工作提供支持，本条规定了各级政府及其相关部门、企业组织、公共服务组织、运输经营单位以及社会公众的支持、参与机制。

1. **履行统一领导、组织各方面开展应急处置的责任主体是各级人民政府及其有关部门。**按照属地管理的原则，在突发事件应对过程中，应急处置的责任主体为事发地的各级人民政府及其有关部门。其他地方人民政府及其有关部门并无法定义务，但可以根据对方的请求提供相应的帮助与协助。企业组织、公共服务组织、运输经营单位等其他社会公众组织在应急处置中同样起到辅助作用。

2. **关于应急救援所需设备、设施、场地、交通工具和其他物资的征用**。突发事件应对措施的实施，需要一定的物资予以保障，而这些物资的来源，一是国家储备，二是临时征用，三是生产单位在突发事件应对期间的生产供应。征用作为一种个别的、有限的人力和财物组织活动，对于强化突发事件应对力量、保障应急处置效果具有重要的意义。有关单位和个人应当服从人民政府、居民委员会、村民委员会或者所属单位的指挥和安排，配合征用工作。政府部门征用时应当符合一般行政行为的程序性规定，保障行政相对人的知情、申诉、抗辩等权利。此外，根据《中华人民共和国民法典》第一百一十七条规定，为了公共利益的需要，依照法律规定的权限和程序，征收或征用不动产或动产的，还应给予公平合理的补偿。

3. **关于生产、供应生活必需品和应急救援物资的企业组织以及提供医疗、交通等公共服务的组织的配合义务**。突发事件发生后，生活必需品和应急救援物资的供应，医疗、交通等公共服务保障，直接关系到社会公众的生命安全、民心的稳定和应急处置工作的成败。在应急处置期间，相关组织有义务支持、配合政府的应急处置工作，防止风险扩大。当然，如上文所述，企业组织等非政府机构在应急处置中主要履行配合义务。因此，政府除依法行使征用等行政权力外，要求其他非政府机构主动参与应急处置相关活动的，应当与相关企业组织友好协商，保障相关公民与企业的合法权益。政府应当根据应急预案与相关企事业单位提前签订应急处置协议，为突发事件的应对做好准备。

4. **关于对应急物资、设备、工具、人员等进行优先运送的规**

定。应急处置的统筹安排是政府履职的重要方面。政府在应急处置过程中，合理处置突发事件所需物资、设备、设施、工具和应急救援人员的运输、传送，是应急工作及时、有效、顺利完成的重要保障，其他任何行为都不能与之相冲突。

5. **关于特殊群体帮助的规定**。为了保障突发事件应对工作中社会各主体合法权益，确保人民群众生命安全和身体健康，突发事件应对工作坚持"人民至上、生命至上"的基本原则，尽可能地为未成年人、老年人、残疾人、孕期和哺乳期的妇女等群体提供便利。本条新增第三款即回应了这一现实问题。

> **第七十七条** 突发事件发生地的居民委员会、村民委员会和其他组织应当按照当地人民政府的决定、命令，进行宣传动员，组织群众开展自救和互救，协助维护社会秩序；情况紧急的，应当立即组织群众开展自救与互救等先期处置工作。

◆ 条文主旨

本条是关于基层群众性自治组织的应急处置职责的规定。

◆ 修改提示

与2007年《中华人民共和国突发事件应对法》第五十五条相比，本次修改内容如下：增加"情况紧急的，应当立即组织群众开展自救与互救等先期处置工作"的要求。

◆ 条文解读

基层是国家应急管理体系的"神经末梢"，也是做好突发事件应急处置工作的重要基石。实践证明，基层是应急管理的第一道防线，基层群众性自治组织是应急管理的重要依靠力量。居民委员会、村民委员会是城市居民、农村村民自我管理、自我教育、自我服务的基层群众性自治组织，是我国应急管理的重要基层力量，应充分发挥其作用。中共中央、国务院于 2021 年 4 月 28 日下发的《关于加强基层治理体系和治理能力现代化建设的意见》明确提出，增强村（社区）组织动员能力。规定在应急状态下，由村（社区）"两委"统筹调配本区域各类资源和力量，组织开展应急工作。

长期以来，居民委员会、村民委员会以及工会、共青团、妇联等其他组织，在应急处置中面临职责不明确、组织动员依据不充分等问题，影响了基层应急管理工作的深入开展。为此，本条依法明确突发事件发生地的居民委员会、村民委员会和其他组织应当按照当地人民政府的决定、命令，履行以下工作职责：（1）宣传动员，包括宣传应急管理相关的法律、法规，救援与逃生的相关知识，以及当地人民政府关于突发事件应急处置的决定、命令等。（2）开展自救互救，包括组织排查险情、运输救援物资以及有序组织人员撤离等。（3）协助维护秩序，包括开展受灾地区日常管理和关键部位、场所安全巡查等。

需要注意的是，限于居民委员会、村民委员会和其他组织的身份，其本身并无应急处置的权限，只是配合、协助当地人民政府。此外，本条还规定了紧急情况下，居民委员会、村民委员会和其他组织的先期处置义务。主要工作包括：（1）及时向上级机关报告情况并请求支援。（2）做好现场警戒工作、维持秩序。（3）抢救受伤人员和物资，积极排除险情。这也是本法增加的一项重要内容。

第七十八条　受到自然灾害危害或者发生事故灾难、公共卫生事件的单位，应当立即组织本单位应急救援队伍和工作人员营救受害人员，疏散、撤离、安置受到威胁的人员，控制危险源，标明危险区域，封锁危险场所，并采取其他防止危害扩大的必要措施，同时向所在地县级人民政府报告；对因本单位的问题引发的或者主体是本单位人员的社会安全事件，有关单位应当按照规定上报情况，并迅速派出负责人赶赴现场开展劝解、疏导工作。

突发事件发生地的其他单位应当服从人民政府发布的决定、命令，配合人民政府采取的应急处置措施，做好本单位的应急救援工作，并积极组织人员参加所在地的应急救援和处置工作。

◆ 条文主旨

本条是关于突发事件发生地有关单位的应急处置职责的规定。

◆ 修改提示

与 2007 年《中华人民共和国突发事件应对法》第五十六条相比，本条未作修改。

◆ 条文解读

突发事件应急处置，既需要政府统一指挥、相关部门各负其责，也离不开相关单位的支持和配合。因此，本条规定了受自然灾害危害或者发生事故灾难、公共卫生事件的单位的应急处置职责，具体包括：

1. **组织本单位应急救援队伍和工作人员营救受害人员，疏散、撤离、安置受到威胁的人员**。由于突发事件的分类情形各不相同，各单位应对突发事件的能力也不相同，因此应急救援队伍的组织应当根据单位基本情况灵活处理。《中华人民共和国安全生产法》第七十九条规定，在重点行业、领域建立应急救援基地和应急救援队伍，并由国家安全生产应急救援机构统一协调指挥；鼓励生产经营单位和其他社会力量建立应急救援队伍，配备相应的应急救援装备和物资，提高应急救援的专业化水平。比如，在煤矿领域，《煤矿安全规程》规定，所有煤矿必须有矿山救护队为其服务。井工煤矿企业应当设立矿山救护队，不具备设立矿山救护队条件的煤矿企业，所属煤矿应当设立兼职救护队，并与就近的救护队签订救护协议；否则，不得生产；除此以外当事故发生时，救护队还应于30分钟内要到达现场。对于其他非强制设置应急救援队伍的行业单位，疏散、撤离、安置受到威胁的人员仍然是单位的基本职责，营救受害人员应以穷尽单位应急能力为限。

2. **控制危险源，标明危险区域，封锁危险场所，并采取其他防止危害扩大的必要措施**。如上文所述，各单位应当穷尽其应急能力控制危险的进一步扩大，针对如危险化学品等特殊的危险源，应充分尽到告知义务，防止危害的扩大。

3. **及时向所在地县级人民政府报告情况**。任何单位与个人都有报告突发事件的权利。比如，针对安全生产事故及其隐患，《中华人民共和国安全生产法》第七十四条规定，任何单位或者个人对事故隐患或者安全生产违法行为，均有权向负有安全生产监督管理职责的部门报告或者举报。此外，事故发生单位具有如实上报突发事件的义务。比如，《生产安全事故报告和调查处理条例》规定，事故发生后，事故现场有关人员应当立即向本单位负责人报告；单位负责人接到报告后，应当于1小时内向事故发生地县级以上人民政府安全生产监督管理部门和负有安全生产监督管理职责的有关部门报告，否则将承担谎报、瞒报的法律责任。部分特殊行业领域，专门规定突发事件的报告责任主体。比如，《突发事件医疗应急工作管理办法（试行）》要求，获得突发事件相关信息，责任报告单位应当在2小时内向属地卫生健康行政部门报告。

4. 涉及本单位的社会安全事故处理。对因本单位的问题引发的或者主体是本单位人员的社会安全事件，有关单位应当按照规定上报情况，并迅速派出负责人赶赴现场开展劝解、疏导工作。此外，涉事单位针对突发事件产生的社会安全事件，有义务作为第一责任人，负责劝解疏导工作。

当突发事件发生时，当地人民政府针对该事件所采取的决定、命令以及相关应急措施具有行政权力基础，其他单位与个人具有服从的义务，相关单位应当配合人民政府采取的应急处置措施，做好本单位的应急救援工作；与此同时，还应积极履行社会责任，积极组织人员参加所在地的应急救援和处置工作。

> **第七十九条** 突发事件发生地的个人应当依法服从人民政府、居民委员会、村民委员会或者所属单位的指挥和安排，配合人民政府采取的应急处置措施，积极参加应急救援工作，协助维护社会秩序。

◆ 条文主旨

本条是关于突发事件发生地的个人应当履行的应急义务的规定。

◆ 修改提示

与 2007 年《中华人民共和国突发事件应对法》第五十七条相比，本次修改内容如下：

1. 将"公民"，修改为"个人"。
2. 增加"依法"二字。

◆ **条文解读**

突发事件应急处置工作，离不开社会公众的支持、配合。为保障行政应急权的有效实施，突发事件发生地的个人应当负有服从、配合和协助应急处置工作的责任和义务。依据本条的规定，突发事件发生地的个人应当履行的应急义务包括：

1. **服从人民政府、居民委员会、村民委员会或者所属单位的指挥和安排**。比如，当火灾发生时，服从居民委员会的指挥，清空消防通道，确保人民生命财产安全。

2. **配合人民政府采取的应急处置措施**。针对人民政府采取的应急处置措施，个人应当予以配合，因个人不配合应急处置所导致的危险扩大应承担相应的法律责任。

3. **积极参加应急救援工作，协助维护社会秩序**。个人参与应急救援工作，应当量力而行，在力所能及的范围内帮助他人。此外，不信谣、不传谣，举报违法行为，协助维护社会秩序稳定。

需要注意的是，本条增加了"依法"两个字，即强调个人"依法"服从政府和有关单位的应急管理的相关安排。主要考虑一方面，在突发事件应对工作中，无论是人民政府，还是居民委员会、村民委员会或者个人所属单位，其应急指挥和安排均要有法可依，这也是确保应急管理工作合法性和正当性的前提；另一方面，除人民政府外，居民委员会、村民委员会或者个人所属单位本身并无应急处置职权，主要是协助、配合人民政府做好应急处置工作，此时更要强调"依法"，以合法的方式服从其指挥和安排。

第八十条　国家支持城乡社区组织健全应急工作机制，强化城乡社区综合服务设施和信息平台应急功能，加强与突发事件信息系统数据共享，增强突发事件应急处置中保障群众基本生活和服务群众能力。

◆ **条文主旨**

本条是关于国家加强城乡社区在突发事件中应急管理能力建设的规定。

◆ **修改提示**

本条为新增条款。

◆ **条文解读**

突发事件的增多，对我国政府处置公共应急事件的能力提出了严峻的挑战。应对上述挑战，应急管理的主体由原来的以政府为唯一主体逐渐呈现出多元化的趋势。在城乡基层社会结构发生深刻变化的新形势下，社区在社会建设和党的组织建设中的基础性作用更加显著，承担的社会服务和管理任务更加繁重，维护社会和谐稳定的功能更加突出。城乡社区参与应对突发公共事件的相对优势明显。按照本条规定，加强城乡社区在突发事件中应急管理能力建设包括以下两个方面：

1. **强化城乡社区综合服务设施和信息平台应急功能，完善综合服务设施**。城乡社区综合服务设施应充分考虑应急需求，合理规划布局，确保在紧急情况下能够迅速投入使用；健全信息平台应急功能，根据现有数据平台建设的前提下增加应急数据算法。

2. **加强与突发事件信息系统数据共享**。一方面，政府应主导制定数据共享的标准和规范，明确数据共享的范围、方式和责任，确保数据的准确性和及时性。同时，应建立跨部门、跨层级的数据共享平台，实现数据的互联互通和共享利用。另一方面，加强技术支撑和保障。利用云计算、大数据、人工智能等先进技术，提升数据处理和分析能力，实现对突发事件的快速感知和智能分析。

总之，增强突发事件应急处置中保障群众基本生活和服务群众能力需要从多方面着手，除了强化城乡社区综合服务设施和信息平台建设，还应完善物资储备和调配机制、加强应急服务设施建设、提升应急响应速度和效率、提高群众应急意识和自救互救能力等。这些措施的实施有助于突发事件发生时更好地保障群众的基本生活和服务群众的需求。

第八十一条 国家采取措施，加强心理健康服务体系和人才队伍建设，支持引导心理健康服务人员和社会工作者对受突发事件影响的各类人群开展心理健康教育、心理评估、心理疏导、心理危机干预、心理行为问题诊治等心理援助工作。

◆ 条文主旨

本条是关于为受突发事件影响人员进行心理援助的规定。

◆ 修改提示

本条为新增条款。

◆ 条文解读

回顾历史不难发现，人类是在灾难中生存与发展起来的。灾难带给人们的不仅是生命和财产的损失，还给受灾群众、救援人员等带来巨大的精神压力。因而，灾后的心理援助对于重建工作具有至关重要的意义。心理援助，通俗来讲，就是心理上的助人活动。发端于 20 世纪初的心理测验、心理卫生与职业指导运动开启了在心理上科学助人的先河。现代西方广为流行的心理咨询、心理治疗等助人专业就是在此基础上发展起来的①。自然灾害、事故灾难、公共卫生事件、社会安全事件等发生后，人的心理的固有平衡会被破坏，出现失衡状态，普遍会出现生理、情绪、认知、行为等方面的应激反应，个别人甚至会产生轻生的想法和行为。这些应激反应会影响到正常生活，如果没有及时地调整，长期积蓄会带来更多负面的影响。因此，及时对相关人员进行心理援助，可以帮助人们克服、减少或者减轻灾后的不良心理应激反应，有利于社会稳定。

心理援助需要心理健康服务体系和人才队伍支撑。《健康中国行动（2019—2030 年）》明确要求，将心理危机干预和心理援助纳入各类突发事件应急预案和技术方案，加强心理危机干预和心理援助队伍的专业化、系统化建设。要重视心理健康专业人才培养，加强精神科医师、护士、心理治疗师、心理咨询师、康复师、医务社会工作者等综合服务团队建设，强化突发事件应对中的人文关怀。

按照本条规定，对受突发事件影响的各类人群开展的心理援助工作的内容包括：（1）心理健康教育：根据生理、心理发展的规律，运用心理学的教育方法，培养良好的心理素质。（2）心理评估：在生物、心理、社会、医学模式的共同指导下，综合运用谈话、观察、测验的方法，对个体或团体的心理现象进行全面、系统的深入分析。（3）心理疏导：以人本主义心理学和认知心理学为

① 郑日昌：《灾难的心理应对与心理援助》，北京师范大学学报（社会科学版），2003 年第 5 期。

基础理论，通过言语的沟通技巧进行"梳理、泄压、引导"，改变个体的自我认知，从而提高其行为能力，改善自我发展的心理疏泄和引导方法。（4）心理危机干预：针对处于心理危机状态的个人及时给予适当的心理援助，使之尽快摆脱困难。（5）心理行为问题诊治：基于行为科学的理论和方法，通过系统地改变个体的行为，以减轻、消除病态症状或者不良行为。

第八十二条 对于突发事件遇难人员的遗体，应当按照法律和国家有关规定，科学规范处置，加强卫生防疫，维护逝者尊严。对于逝者的遗物应当妥善保管。

◆ 条文主旨

本条是关于处置遇难人员遗体遗物及维护逝者尊严的规定。

◆ 修改提示

本条为新增条款。

◆ 条文解读

如何对待遇难人员的遗体，是突发事件发生后留给应急处置工作的又一道难题。我国是世界上自然灾害种类最多、活动最频繁、危害最严重的国家之一，每次大灾后一般都会伴随着大量遗体的出现。古人云：慎终追远，民德归厚矣。妥善及时处置遇难人员遗体不仅是一个公共卫生问题，还是一个社会伦理问题。如果遇难人员遗体得不到及时妥善处理，不仅很容易引发灾后疫情，还会引发一系列伦理与法律纠纷，给遇难者家属造成二次心理伤害和终身遗憾。"5·12"汶川地震发生后，民政部、公安部、卫生部等三部委联合制定了"5·12"汶川地震遇难人员遗体处理意见，对遗体处理方式、遗体辨认程序、境外人员遗体处理、卫生防疫、协调配合和经费保障等方面提出了明确要求，其目的就是依法规范处置遇难人员遗体，维护逝者尊严，保障灾区群众身体健康和社会稳定。对遇难人员遗体的周到关怀，也是国际通行的经验。

鉴于此，本条明确规定，对于突发事件遇难人员的遗体，应当按照法律和国家有关规定，科学规范处置，加强卫生防疫，维护逝者尊严。这里的"法律和国家有关规定"，包括本法以及《中华人民共和国传染病防治法》《中华人民共和国环境保护法》《殡葬管理条例》等法律、法规，民政部、公安部、交通运输部、卫生计生委等部门联合印发的《重大突发事件遇难人员遗体处置工作规程》《突发事件遇难人员遗体处置技术规范》等相关规定。以《重大突发事件遇难人员遗体处置工作规程》为例，该规程针对特别重大、重大的自然灾害、事故灾难、公共卫生事件和社会安全事件的遇难人员，从遗体处置应急准备、遗体接运与保存、遗体身份确认与告别到遗体火化与安葬、遗物认领与处理等全流程作了规定。比如，在遗体接运环节，规定遇难人员遗体被发现后，由公安机关按照有关程序对遗体进行统一登记编号、尸检拍照、提取相关检材以及做好与身份识别相关的遗物登记工作，并将遗体移交指定的殡仪服务机构。对于遗物认领与处理，《突发事件遇难人员遗体处置技术规范》规定，对无身份标识且与遗属描述基本特征不相吻合的遗物，应明确分类处理办法。对衣物、食品等生活用品，经拍照、公证后，可集中进行无害化处理。对现金、首饰等贵重财物，经清点、拍照、公证后，可安排事发地民政部门暂为妥善保管，保管满一年无人认领的，按照相关法律法规及政策规定交由相关部门处理。

第八十三条 县级以上人民政府及其有关部门根据突发事件应对工作需要，在履行法定职责所必需的范围和限度内，可以要求公民、法人和其他组织提供应急处置与救援需要的信息。公民、法人和其他组织应当予以提供，法律另有规定的除外。县级以上人民政府及其有关部门对获取的相关信息，应当严格保密，并依法保护公民的通信自由和通信秘密。

◆ **条文主旨**

本条是关于政府及其有关部门在突发事件应对工作中获取个人信息的规定。

◆ **修改提示**

本条为新增条款。

◆ **条文解读**

本条确立了在突发事件应对工作中县级以上人民政府及其有关部门有要求公民、法人和其他组织提供信息的权力，以及公民、法人和其他组织提供信息的配合义务。

一、人民政府及其有关部门可以依职权获取应急处置与救援相关的信息

首先，人民政府及其有关部门收集信息应当具备必要性。获取信息受目的原则限制，即主要是基于突发事件应对工作的必要，比如出现情况不明的未知传染病，为了维护公众健康的需要，要求传染病密切接触者提供相关的行程信息。对此，相关个人不能以信息保护为由不予提供或不予配合。

其次，人民政府及其有关部门收集信息应当具备合理性。一方面，人民政府及其有关部门收集的信息应当是履行法定职责所需的信息；另一方面，要限于突发事件应对必需的幅度和最小范围。比如，发生洪涝灾害时，水利部门按照职责分工，主要收集降水量、水位、流量以及水量变化趋势、发生险情的位置、相关负责人及联系方式等信息。

再次，人民政府及其有关部门收集信息应当具备相关性。按照本条规定，人民政府及其有关部门收集的公民、法人和其他组织的信息，主要是应急处置与救援需要的信息，一般不得收集与其不相关的信息。比如，发生生产安全事故后，事故发生地人民政府或者其委托有关部门组织事故调查组，有权收集事故单位基本信息、现场作业人员情况、前期开展应急救援情况等，而对于有些信息如事故单位产品研发技术参数等和应急处置与救援不相关的信息，则不应在收集范围之内。

二、人民政府及其有关部门对获取的信息应严格保密

当前，人民政府及其相关部门因为履行应急处置职责或者提供救援服务的需要，掌握着海量公民、法人和其他组织的信息，这些信息一旦泄露，将造成严重的后果。对此，本条确立了"谁收集、谁负责"的原则，明确规定"县级以上人民政府及其有关部门对获取的相关信息，应当严格保密，并依法保护公民的通信自由和通信秘密"，进一步明确了上述主体在获取信息过程中，应当履行的法律义务。具体而言包括两方面义务。一是保密义务，即对于收集的相关信息应当进行保密处理，在披露时应当尽可能脱敏保护个人隐私或者商业秘密的内容。二是保护义务，即依法保护公民的通信自由和通信秘密。对此，《中华人民共和国宪法》明确规定，中华

人民共和国公民的通信自由和通信秘密受法律的保护。除因国家安全或者追查刑事犯罪的需要，由公安机关或者检察机关依照法律规定的程序对通信进行检查外，任何组织或者个人不得以任何理由侵犯公民的通信自由和通信秘密。综上，县级以上人民政府及其有关部门对获取的相关信息，应当严格保密，并依法保护公民的通信自由和通信秘密。

> **第八十四条** 在突发事件应急处置中，有关单位和个人因依照本法规定配合突发事件应对工作或者履行相关义务，需要获取他人个人信息的，应当依照法律规定的程序和方式取得并确保信息安全，不得非法收集、使用、加工、传输他人个人信息，不得非法买卖、提供或者公开他人个人信息。

◆ 条文主旨

本条是关于有关单位和个人在应急处置中获取个人信息应履行的义务的规定。

◆ 修改提示

本条为新增条款。

◆ 条文解读

有关单位和个人基于突发事件应急处置获取他人个人信息的，应当依照法律规定的程序和方式取得并确保信息安全。

1. 目的正当性，即获取他人个人信息应当基于处置突发事件的需要。 按照《中华人民共和国个人信息保护法》第十三条规定，为应对突发公共卫生事件，或者紧急情况下为保护自然人的生命健康和财产

251

安全所必需等情形下，可以无须征得个人同意处理个人信息。但是，如果个人信息的处理目的、处理方式和处理的个人信息种类发生变更的，应当重新取得个人同意。

2. 程序合法性，即取得个人信息需要依照法定程序和方式。《中华人民共和国个人信息保护法》规定，个人信息处理者在处理个人信息前，应当以显著方式、清晰易懂的语言真实、准确、完整地向个人告知下列事项：（1）个人信息处理者的名称或者姓名和联系方式。（2）个人信息的处理目的、处理方式，处理的个人信息种类、保存期限。（3）个人行使本法规定权利的方式和程序。（4）法律、行政法规规定应当告知的其他事项。同时，个人信息处理者通过制定个人信息处理规则的方式告知上述规定事项的，处理规则应当公开，便于查阅和保存。应当注意，若个人信息处理者处理个人信息，有法律、行政法规规定应当保密或者不需要告知的情形的，可以不向个人告知上述规定的事项。紧急情况下为保护自然人的生命健康和财产安全无法及时向个人告知的，个人信息处理者应当在紧急情况消除后及时告知。

3. 获取者负有保护义务，禁止非法使用。个人信息处理的有关单位和个人，应当对其个人信息处理活动负责，并采取必要措施保障所处理的个人信息的安全。自然人的个人信息受法律保护，任何组织、个人不得非法收集、使用、加工、传输他人个人信息，不得非法买卖、提供或者公开他人个人信息。

第八十五条 因依法履行突发事件应对工作职责或者义务获取的个人信息，只能用于突发事件应对，并在突发事件应对工作结束后予以销毁。确因依法作为证据使用或者调查评估需要留存或者延期销毁的，应当按照规定进行合法性、必要性、安全性评估，并采取相应保护和处理措施，严格依法使用。

◆ **条文主旨**

本条是关于突发事件应对结束后个人信息销毁的规定。

◆ **修改提示**

本条为新增条款。

◆ **条文解读**

按照《中华人民共和国个人信息保护法》的相关规定，个人信息的保存应遵循最小必要原则，限于实现处理目的所必要的最短时间。鉴于突发事件应对实践中，个人信息保护不规范引发的种种问题，本条明确规定，因依法履行突发事件应对工作职责或者义务获取的个人信息，只能用于突发事件应对，并在突发事件应对工作结束后予以销毁。对本条的理解，应注意把握两个方面：

1. **获取的个人信息的保存是有期限限制的**。按照本条的规定，保存期限为从获取到突发事件应对工作结束。应对工作结束后，原则上应当销毁获取的个人信息。

2. **当出现特殊情形时，应确定个人信息所需的最短保存期限**。在突发事件应对工作中，确因依法作为证据使用或者调查评估需要留存或者延期销毁的，个人信息处理者应当按照本法以及《中华人民共和国个人信息保护法》等相关规定，从合法性、必要性、安全性三方面进行评估，明确处理的目的、方式、范围等，确定个人信息所需的最短保存期限。上述评估属于突发事件应对中个人信息的专门性评估，评估方法与相关保护、处理措施应当遵循《中华人民共和国个人信息保护法》，并参照《信息安全技术　个人信息安全规范》（GB/T 35273）等规范性标准，依法依规予以履行。

第六章 事后恢复与重建

本章概述>>>

　　本章是关于事后恢复与重建的规定。本章共9条，分别就停止执行应急处置措施并实施必要措施、损失评估和组织恢复重建、支援恢复重建、应急处置善后工作、参与应急救援公民的工资待遇和福利保障、应急救援工作中伤亡人员待遇及其救治、突发事件调查、应急处置工作总结、审计监督、档案管理等作出明确的规定。其中，增设了对突发事件应对工作中有关款物的审计监督和突发事件应对相关材料的归档等条款。此外，还调整了部分条款的文字表述。

> **第八十六条** 突发事件的威胁和危害得到控制或者消除后，履行统一领导职责或者组织处置突发事件的人民政府应当宣布解除应急响应，停止执行依照本法规定采取的应急处置措施，同时采取或者继续实施必要措施，防止发生自然灾害、事故灾难、公共卫生事件的次生、衍生事件或者重新引发社会安全事件，组织受影响地区尽快恢复社会秩序。

◆ 条文主旨

本条是关于停止执行应急处置措施并实施必要措施的规定。

◆ 修改提示

与 2007 年《中华人民共和国突发事件应对法》第五十八条相比，本次修改内容如下：

1. 将"履行统一领导职责或者组织处置突发事件的人民政府应当停止执行依照本法规定采取的应急处置措施"，修改为"履行统一领导职责或者组织处置突发事件的人民政府应当宣布解除应急响应，停止执行依照本法规定采取的应急处置措施"。

2. 增加"组织受影响地区尽快恢复社会秩序"的规定。

◆ 条文解读

突发事件具有危害严重性的特点。突发事件一旦发生，将会对不特定的社会公众造成（或可能造成）巨大影响，不仅会对公民的生命、健康和财产造成损失，还可能导致社会秩序的混乱、生态环境的破坏等。同时，突发事件的发生具有突然性，这就要求人们迅速作出反应，及时采取必要应对措施。为了"控制、减轻和消除突发事件引起的严重社会危害"，有必要在发生突发事件状态下赋予政府采取非常措施的权力。为此，本法第五章规定了在突发事件发生时的应急处置与救援，这些规定既赋予了政府在突发事件发生时采取应急处置措施的权力，同时也明确了政府负有及时采取应急处置措施处置突发事件，控制、减轻和消除因此引发的社会危害的义务。

　　尽管突发事件发生状态下采取非常措施有其正当性和合法性，但鉴于非常措施具有权力优先性、紧急处置性、程序特殊性等特点，采取非常措施往往会对人们的合法权益造成不利影响。例如，本法第七十三条规定了自然灾害、事故灾难或者公共卫生事件发生后，履行统一领导职责的人民政府应当采取的应急处置措施，其中第（二）项规定"……封锁危险场所，划定警戒区，实行交通管制、限制人员流动、封闭管理以及其他控制措施"，第（四）项规定"禁止或者限制使用有关设备、设施，关闭或者限制使用有关场所，中止人员密集的活动或者可能导致危害扩大的生产经营活动以及采取其他保护措施"，这些规定都对公民、法人或者其他主体正常的生产和生活进行了限制。另外，为应对突发事件，国家往往投入大量的人力、物力、财力，如果过度实施应急处置措施，将造成巨大的资源浪费。及时结束应急处置，可以使国家和人民从巨大的负担中摆脱出来。为此，一旦突发事件的威胁和危害得到控制或者消除后，有关政府应当及时结束应急处置，启动恢复重建。

　　在结束应急处置的时间节点上，本法并未进行统一规定，而是以"突发事件的威胁和危害得到控制或者消除"为条件，采取了个案判断方式。在具体实践中，要结合突发事件的类型和发展状况加以判断，既要避免长时间过度实施应急处置措施给社会公众带来不必要的权利克减和社会资源的浪费，又要防止过早结束应急处置造成的二次风险。

按照本条规定宣布解除应急响应，停止执行应急处置措施，并不意味着突发事件应急处置工作的彻底完结，还要注意对可能发生的后续灾害事件的防范。突发事件的发展过程具有不确定性。自然灾害等突发事件发生后，往往伴随着相应的次生和衍生事件。例如，地震引发的次生灾害就包括山体滑坡、泥石流、海啸、水灾、瘟疫、火灾、爆炸、毒气泄漏、放射性物质扩散等。在自然灾害或其次生灾害中遭受影响的社会公众，如未能得到及时安置和救助，则可能引发群体性事件。社会安全事件若处置不当，则可能引发恶性衍生事件。因此，在宣布解除应急响应，停止执行应急处置措施后，为了防止引发突发事件的致灾致害因素死灰复燃，巩固应急处置的既有成果，仍然应当采取或者继续实施必要措施，防止次生、衍生事件发生或者引发新的社会安全事件。当然，这里的"必要措施"在程度上要比本法规定的应急处置措施更为柔和，对社会公众的影响也趋于减弱，社会公众对这些必要措施仍有配合与服从的义务。

根据本条规定，突发事件的威胁和危害得到控制或者消除后，相关人民政府在宣布解除应急响应，停止执行应急处置措施并防范后续灾害事件的同时，还要组织受影响地区尽快恢复社会秩序。2007 年《中华人民共和国突发事件应对法》将"组织受影响地区尽快恢复生产、生活、工作和社会秩序"规定在制定恢复重建计划一条，本次修法将这一规定前提，要求相关人民政府在决定宣布解除应急响应，停止执行应急处置措施的同时，就应当组织受影响地区尽快恢复社会秩序。恢复正常的社会秩序是突发事件应急处置后人们的首要需求，无论是生产，还是生活，都亟须恢复到突发事件发生之前的有序状态。恢复社会秩序也是事后恢复与重建的基础和前提，这一过程可谓是应急处置结束和恢复与重建之间的过渡阶段。相较于恢复与重建需要提高未来抵抗灾害的能力,恢复社会秩序则更多地体现为同等程度的恢复,即使社会秩序由应急状态下的相对混乱和失序重新恢复到突发事件发生以前的有序和稳定状态。同时,本法用"社会秩序"这一上位概念替代了 2007 年《中华人民共和国突发事件应对法》的"生产、生活、工作和社会秩序",在表述上更为准确精练。

> **第八十七条** 突发事件应急处置工作结束后,履行统一领导职责的人民政府应当立即组织对突发事件造成的影响和损失进行调查评估,制定恢复重建计划,并向上一级人民政府报告。
>
> 受突发事件影响地区的人民政府应当及时组织和协调应急管理、卫生健康、公安、交通、铁路、民航、邮政、电信、建设、生态环境、水利、能源、广播电视等有关部门恢复社会秩序,尽快修复被损坏的交通、通信、供水、排水、供电、供气、供热、医疗卫生、水利、广播电视等公共设施。

◆ 条文主旨

本条是关于突发事件影响和损失调查评估以及组织恢复重建的规定。

◆ 修改提示

与 2007 年《中华人民共和国突发事件应对法》第五十九条相比,本次修改内容如下:

1. 将第一款中的"对突发事件造成的损失进行评估",修改为"对突发事件造成的影响和损失进行调查评估"。

2. 删除第一款中的"组织受影响地区尽快恢复生产、生活、工作和社会秩序",修改后调整至本法第八十六条。

3. 将"应急管理、卫生健康、生态环境、水利、能源、广播电视等有关部门"增加至参与恢复社会秩序的有关部门中。

4. 将"医疗卫生、水利、广播电视等公共设施"增加至需要尽快修复的被损坏的公共设施中。

◆ 条文解读

突发事件的特征之一是具有严重社会危害性。因此突发事件一旦发生,将对整个社会造成巨大危害。本法对突发事件的应对采取了分阶段规制的模式。在突发事件发生之前,相关人民政府要采取必要防范措施,预防突发事件的发生或减轻突发事件的影响;在突发事件即将发生或者发生的可能性增大时,相关人民政府应当及时进行预警并向上级人民政府报告;在突发事件发生后,要及时采取应急处置措施,控制、减轻和消除突发事件引起的严重社会危害;在突发事件应急处置工作结束后,对突发事件造成的影响和损失进行调查评估,制定恢复重建计划,修复被损坏的公共设施。本条规定的是突发事件应急处置工作结束后,相关人民政府应当履行的职责。

一、履行统一领导职责的人民政府应当履行的职责

1. 对突发事件造成的影响和损失进行调查评估。突发事件一旦发生,除了造成巨大的人员和财产损失外,还会对社会公众的心理以及生态环境等产生不利影响。这就要求在应急处置结束后及时采取相应措施,尽快消除或者减轻突发事件对社会和广大公众造成的不利影响。为此,本法在原有规定的基础上增加了对突发事件造成的影响进行调查评估的规定。

损失调查评估是指对突发事件引发的各类损失进行清理和统

计，它是做好恢复重建工作的前提，也是在必要时请求上一级政府或其他地区予以支援的依据。只有做好损失调查评估，相关政府才能做到心中有数，明确需求，为恢复社会秩序、制定恢复重建计划夯实基础。损失包括突发事件造成的人员伤亡和经济损失。统计人员伤亡数量，有利于及时开展遇难者遗体安葬和对受伤人员进行救治。经济损失包括直接经济损失、间接经济损失和处置突发事件直接投入的费用。直接经济损失是指因突发事件及其次生、衍生事件造成的建筑物、设施、设备等财物毁损；间接经济损失是指因突发事件对社会秩序造成影响而引起的经济损失，如因突发事件造成的企业停产、减产等损失。对经济损失的准确调查评估，从短期来看，有助于政府及时安置受突发事件影响的群众，组织相关部门对损坏的设备设施进行抢修，恢复社会秩序；从长期来看，有助于相关人民政府精准制定恢复重建计划以及实施策略。

2. 制定恢复重建计划。制定恢复重建计划并组织实施，是履行统一领导职责的人民政府在突发事件应急处置工作结束后的一项重要任务。需要注意的是，恢复重建并不意味着仅仅使受影响地区恢复到突发事件发生以前的状态。国家发展改革委、财政部、应急管理部于2019年联合下发的《关于做好特别重大自然灾害灾后恢复重建工作的指导意见》针对灾后重建指出，灾后恢复重建任务完成后，灾区生产生活条件和经济社会发展得以恢复，达到或超过灾前水平，实现人口、产业与资源环境协调发展。这就说明，事后恢复重建的标准至少要不低于突发事件发生以前的水平，最好能通过恢复重建提高当地应对突发事件的抵抗能力。

对突发事件造成的影响和损失进行调查评估并制定恢复重建计划后，履行统一领导职责的人民政府还应当向上一级人民政府报告，接受上一级人民政府的指导和监督。

二、受突发事件影响地区的人民政府应当履行的职责

1. **及时组织和协调相关部门恢复社会秩序**。突发事件具有严重社会危害性，打破了人们正常的生产和生活秩序。因此，突发事件应急处置工作结束后，受突发事件影响地区的人民政府应当立即组织和协调有关部门恢复社会秩序，使人们回归到正常的生产和生活秩序中。本次修法，在原有规定的基础上将应急管理、卫生健康、生态环境、水利、能源、广播电视等有关部门增加至参与恢复社会秩序的有关部门中，使得突发事件应对可能涉及的各个部门都囊括其中，弥补了 2007 年《中华人民共和国突发事件应对法》规定的不足。

2. **尽快修复被损坏的公共设施**。突发事件中的重大自然灾害和事故灾难以及某些社会安全事件发生后，可能会严重损坏公共设施或者使公共设施存在重大安全隐患，进而诱发衍生灾害。因此，突发事件应急处置工作结束后，受突发事件影响地区的人民政府应当组织和协调有关部门尽快修复被损坏的公共设施。本次修法，在原有规定的基础上将医疗卫生、水利、广播电视等公共设施增加至需要尽快修复的被损坏的公共设施中，弥补了 2007 年《中华人民共和国突发事件应对法》规定的不足。

第八十八条 受突发事件影响地区的人民政府开展恢复重建工作需要上一级人民政府支持的，可以向上一级人民政府提出请求。上一级人民政府应当根据受影响地区遭受的损失和实际情况，提供资金、物资支持和技术指导，组织协调其他地区和有关方面提供资金、物资和人力支援。

◆ 条文主旨

本条是关于上一级人民政府支援下级人民政府开展恢复重建工作的规定。

◆ 修改提示

与 2007 年《中华人民共和国突发事件应对法》第六十条相比，本次修改内容如下：将"组织其他地区提供资金，物资和人力支援"，修改为"组织协调其他地区和有关方面提供资金、物资和人力支援"。

◆ 条文解读

突发事件发生后，受突发事件影响地区的人民政府在恢复重建过程中应当首先着眼于自力更生，艰苦奋斗，积极开展生产自救，鼓励和动员属地人民群众开展恢复重建。但是，我国幅员辽阔，各地区经济发展并不均衡。有些地方本身就属于经济落后、财政困难地区，加之突发事件的发生常常带来严重的社会危害，单纯依靠受突发事件影响地区的人民政府的力量，很难有效地组织完成恢复重建工作。在此种情况下，根据本条规定，受突发事件影响地区的人民政府可以向上一级人民政府提出请求，请求给予必要的支持。

上一级人民政府收到请求后，有义务对下级政府的恢复重建提供必要的资金、物资支持和技术指导。需要注意的是，上一级人民政府对下级人民政府的支援决不是"有求必应"，而是应当根据受影响地区遭受的损失和实际情况，综合考虑有关人民政府的财政能力和受突发事件影响地区原来的经济社会发展水平、自我恢复能力、经济社会发展的中长期需要等因素，合理确定受突发事件影响地区恢复重建的标准①，进而确定对下级人民政府进行支援的程度。

上一级人民政府还可以组织协调其他地区和有关方面对受影响地区的人民政府开展恢复重建工作提供资金、物资和人力支援。由于 2008 年的"汶川地震"属于典型巨灾，四川省无法依靠自身力量进行灾后恢复重建，加之受灾严重地区涉及四川、甘肃、陕西等省份，因此国务院先后出台了《汶川地震灾后恢复重建条例》《汶川地震灾后恢复重建对口支援方案》和《汶川地震恢复重建总体规划》，按照"一省帮一重灾县"的原则，要求 19 个支援省（市）每年对口支援实物工作量按不低于本省（市）上年地方财政收入的 1% 考虑，在 3 年时间内对 24 个受灾县进行对口帮扶。人力资源和社会保障部发出《关于做好为地震灾后恢复重建提供人才支持工作的通知》，提出"对口支援的 19 个省市要根据灾区需求，统筹安排好各类人才支援项目。积极组织教育、卫生、科技、农业、文化等方面的专业技术人员赴灾区对口服务；分期分批选派专家到灾区开展技术咨询服务活动，帮助解决规划建设、生态修复、灾民安置、灾害评估、疫病防控、交通运输、抗震加固、市政工程、堰塞湖综合治理、次生灾害防治等亟待克服的工程和技术难题；采取多种方式为灾区培训一批公务员、专业技术人员、技能人才、农村实用人才，提高他们带领群众生产自救的能力；积极帮助灾区建设统一的人力资源公共服务场所、人事考试设施、技工学校等人才服务平台。鼓励其他地区人事、劳动保障部门采取多种途径，为灾区提供人才和智力支持。""一方有难，八方支援"，这既是我国的优良传统，也是社会主义制度的优势所在。

---

① 林鸿潮：《〈突发事件应对法〉修订研究》，中国法制出版社，2021 年版，第 223 页。

第八十九条 国务院根据受突发事件影响地区遭受损失的情况，制定扶持该地区有关行业发展的优惠政策。

受突发事件影响地区的人民政府应当根据本地区遭受的损失和采取应急处置措施的情况，制定救助、补偿、抚慰、抚恤、安置等善后工作计划并组织实施，妥善解决因处置突发事件引发的矛盾纠纷。

◆ 条文主旨

本条是关于突发事件应急处置善后工作的规定。

◆ 修改提示

与2007年《中华人民共和国突发事件应对法》第六十一条相比，本次修改内容如下：

1. 将第二款中的"遭受损失的情况"，修改为"遭受的损失和采取应急处置措施的情况"。

2. 删除第三款"公民参加应急救援工作或者协助维护社会秩序期间，其在本单位的工资待遇和福利不变；表现突出、成绩显著的，由县级以上人民政府给予表彰或者奖励"，将其修改后分别作为本法第九十条、第十五条加以规定。

3. 删除了第四款即"县级以上人民政府对在应急救援工作中伤亡的人员依法给予抚恤"，将其修改后作为本法第九十一条加以规定。

◆ 条文解读

突发事件的发生，有时会给某些地区、某些行业带来灾难性的打击。比如，受新冠疫情影响，2020年国内旅游人数同比下降

52.1%，国内旅游收入下降61.1%①。2019—2020年，欧洲国际旅游收入从4290亿欧元下降到1590亿欧元②。为了使受到重大不利影响的地区和行业尽快摆脱困境，除了要鼓励和动员这些地区和行业的人们自力更生、艰苦奋斗外，国家也要根据受突发事件影响地区遭受损失的情况，制定扶持该地区有关行业发展的优惠政策。比如，2008年"5·12"汶川地震后，国家发布了《国务院关于支持汶川地震灾后重建政策措施的意见》，出台多项税收优惠政策支持汶川地震灾后重建。又如，2020年，为应对新冠疫情，国家税务总局先后出台多批税费优惠政策，涉及支持防护救治、支持物资供应、鼓励公益捐赠、支持复工复产等多个方面，较好地发挥了税收支持疫情防控的职能作用。需要注意的是，相关优惠政策只能由国务院根据受突发事件影响地区遭受损失的情况加以制定，其他任何一级人民政府无权制定。

本条第二款规定，受突发事件影响地区的人民政府应当制定救助、补偿、抚慰、抚恤、安置等善后工作计划并组织实施，妥善解决因处置突发事件引发的矛盾纠纷。其中，"救助"是指对在突发事件中遭受不利影响的社会公众提供救护和帮助，对在突发事件中受伤或者罹患疾病的人员提供医疗救治，对遭受财产损失难以维持基本生活的人员给予基本生活保障等。"补偿"包括两个内容。一是指为应对突发事件而对财产征用的补偿。根据本法第十二条规定，为应对突发事件的紧急需要而征用的单位和个人的财产，在使用完毕或者突发事件应急处置工作结束后，应当及时返还。财产被征用或者征用后毁损、灭失的，应当给予公平、合理的补偿。二是

---

① 《Fastdata极数：2020年中国在线旅游行业报告》，https：//www.sohu.com/a/453971926_114819，访问日期：2024年1月21日。

② 《新冠疫情对旅游业的影响还未散去》，http：//www.199it.com/archives/1583294.html，访问日期：2024年1月21日。

指为避免突发事件造成的损失进一步扩大而依法对特定财产进行处分的补偿。比如，《重大动物疫情应急条例》规定，应当扑杀并销毁染疫动物和易感染的动物及其产品；对因采取扑杀、销毁等措施给当事人造成的已经证实的损失，给予合理补偿。"抚慰"是指对遭受突发事件不利影响的受害者进行灾后的精神安慰和心理援助，帮助他们正确面对灾难的损失和重建的困难，尽快摆脱恐惧、悲伤、无助等不良情绪。因此，必须重视对突发事件受灾人群的心理抚慰，帮助他们早日走出阴影，消除精神创伤。"抚恤"是指国家或组织对因公受伤或致残的人员，或因公牺牲以及病故的人员的家属进行安慰并给予物质帮助[①]。应当按照法律、法规的规定，对相关人员进行物质帮助和精神安慰。"安置"是指为突发事件受灾人群提供居住条件。突发事件发生后，受突发事件影响地区的人民政府应当迅速反应，为受灾群众提供临时居住场所。在房屋重建工作完成以前，人民政府还应当为受灾群众提供过渡期间的居住场所，也可由人民政府提供补贴，群众自行寻找过渡居所。

需要注意的是，在突发事件的发生及其应对管理过程中，围绕资源的分配与获取、个人权利的实现等，个体之间、个体与政府之间必然会有诸多矛盾纠纷。人民政府必须对此予以重视，妥善解决这些矛盾纠纷，避免发生衍生的社会安全事件，影响事后恢复与重建。

第九十条　公民参加应急救援工作或者协助维护社会秩序期间，其所在单位应当保证其工资待遇和福利不变，并可以按照规定给予相应补助。

---

①　中国社会科学院语言研究所词典编辑室：《现代汉语小词典（第 5 版）》，商务印书馆，2007 年版，第 224 页。

◆ **条文主旨**

本条是关于参与突发事件应急救援的公民工资待遇和福利保障的规定。

◆ **修改提示**

与 2007 年《中华人民共和国突发事件应对法》第六十一条第三款相比，本次修改内容如下：

1. 将"其在本单位的工资待遇和福利不变"，修改为"其所在单位应当保证其工资待遇和福利不变，并可以按照规定给予相应补助"。

2. 删除了 2007 年《中华人民共和国突发事件应对法》中"表现突出、成绩显著的，由县级以上人民政府给予表彰或者奖励"的规定，对其修改后作为本法第十五条加以规定。

◆ **条文解读**

本法第六条规定，国家建立有效的社会动员机制，组织动员企业事业单位、社会组织、志愿者等各方力量依法有序参与突发事件应对工作。为了鼓励公民个人积极参与突发事件应对，2007 年《中华人民共和国突发事件应对法》规定"公民参加应急救援工作或者协助维护社会秩序期间，其在本单位的工资待遇和福利不变"。此次修订在 2007 年《中华人民共和国突发事件应对法》规定的基础上，强调了"公民所在单位"是保证公民工资待遇和福利不变的义务主体，使得这一规定更为具体，在法律适用上也更为明确。

应对突发事件具有较大的危险性，且突发事件的发展具有不确定性，各种次生、衍生事件亦可能相伴而生，给参与突发事件应对的公民的生命和健康带来极大威胁。他们冒着巨大的风险"逆风而行",凭借着无私的奉献精神和超强的意志品质,承受着数倍于日常工作的超强压力。因此,除了其所在单位应当保证其工资待遇和福利不变,还可以对他们按规定给予相应补助,作为对他们无私奉献的肯定和回应。只有这样,才能更好地鼓励和动员公民参与突发事件应对。

第九十一条　县级以上人民政府对在应急救援工作中伤亡的人员依法落实工伤待遇、抚恤或者其他保障政策,并组织做好应急救援工作中致病人员的医疗救治工作。

◆ 条文主旨

本条是关于在应急救援工作中伤亡的人员待遇及其救治的规定。

◆ 修改提示

与 2007 年《中华人民共和国突发事件应对法》第六十一条第四款相比,本次修改内容如下:

1. 将"依法给予抚恤"修改为"依法落实工伤待遇、抚恤或者其他保障政策"。

2. 增加了"组织做好应急救援工作中致病人员的医疗救治工作"的规定。

◆ 条文解读

突发事件应急救援工作具有较大的危险性,对在应急救援工作中伤亡的人员,县级以上人民政府应当依法落实工伤待遇、抚恤或者其他保障政策。根据《工伤保险条例》第二条规定,我国境内的企业、事业单位、社会团体、民办非企业单位、基金会、律师事务所、会计师事务所等组织的职工和个体工商户的雇工，均有依照本条例规定享受工伤保险待遇的权利。在应急救援工作中伤亡的人员享受工伤待遇的前提是，其参与应急救援工作是在履行其工作职责，否则不能享受工伤待遇，但可以依据其他规定享受相关待遇。在前述范围之外的其他人员，尽管不能享受工伤待遇，但也应当按照其他相关规定享受相应待遇。比如，军人参与应急救援导致伤亡的，应当按照《军人抚恤优待条例》对军人本人或者其家属、遗属进行抚恤。除了按规定享受工伤待遇和接受抚恤外，在应急救援工作中伤亡的人员有权依法享受其他保障政策。比如，公民因为抢险救灾被评定为烈士的，烈士遗属有权根据《烈士褒扬条例》在就业、子女教育、住房等诸多方面受到优待。县级以上人民政府负有依法落实工伤待遇、抚恤或者其他保障政策的义务。

除此之外，县级以上人民政府还应组织做好应急救援工作中致病人员的医疗救治工作。工伤待遇、抚恤和其他保障政策，更多地体现了党和国家对伤亡人员及其遗属、家属在物质上的帮助，但从"以人为本""生命至上"的角度出发，一旦参与突发事件救援工作的人员因救援工作致病致伤，我们首先要保证他们得到及时救治，最大限度地减轻伤病对救援人员的生命健康造成的影响。只有这样，才能免除救援人员的后顾之忧，激励他们投身应急救援工作。

第九十二条 履行统一领导职责的人民政府在突发事件应对工作结束后，应当及时查明突发事件的发生经过和原因，总结突发事件应急处置工作的经验教训，制定改进措施，并向上一级人民政府提出报告。

◆ 条文主旨

本条是关于突发事件调查与应急处置工作总结与报告的规定。

◆ 修改提示

与 2007 年《中华人民共和国突发事件应对法》第六十二条相比，本次修改内容如下：将"履行统一领导职责的人民政府应当及时查明突发事件的发生经过和原因"，修改为"履行统一领导职责的人民政府在突发事件应对工作结束后，应当及时查明突发事件的发生经过和原因"。

◆ 条文解读

突发事件发生之后，履行统一领导职责的人民政府在突发事件应对工作结束后，应当查明突发事件的发生经过和原因，并对应急处置工作进行总结复盘。及时有效地完成本项工作，有助于降低今后类似事件发生的概率或者减轻类似事件造成的危害。

一、突发事件调查的主体

根据本条规定，完成调查和总结工作的主体是履行统一领导职责的人民政府。我国对突发事件的应对采取属地管辖原则。根据本法第十七条规定，县级人民政府对本行政区域内突发事件的应对管理工作负责；本法第十八条规定，突发事件涉及两个以上行政区域的，由有关行政区域共同的上一级人民政府负责，或者由各有关行政区域的上一级人民政府共同负责。突发事件调查的主体，按照分级属地管理的原则，一般由事发地政府调查，通常会组成调查组来进行；特殊情况下（如影响恶劣），也可由上级政府提级调查。比如，北京丰台长峰医院"4·18"重大火灾事故就是国务院提级调查的。

二、突发事件调查的内容

突发事件调查的内容一般包括：（1）发生经过。（2）原因分析。（3）应急处置和救援情况。（4）履职情况。（5）改进措施等。比如，河南郑州"7·20"特大暴雨灾害调查报告，包括灾害情况及主要特点、灾害应对处置、相关部门及人员责任、主要教训、改进措施建议五个部分。

三、突发事件调查结束后的报告

对突发事件的调查必须及时进行。为避免调查久拖不决，部分法律、法规规定了突发事件调查及报告批复的时间。比如，根据《生产安全事故报告和调查处理条例》（国务院493号令）的规定，原则上事故调查组应当自事故发生之日起60日内提交事故调查报告；特殊情况下经批准延长的，延长的期限最长不超过60日。法律、行政法规未对调查时限作明确规定的，相关政府也应在合理期限内完成调查，以防证据灭失或情况变化，进而影响查明真相。

履行统一领导职责的人民政府还应当对突发事件应急处置工作进行总结。通过总结经验教训，可以使人们认识到突发事件应对管理工作的成功与不足，推动相关政府补齐短板、查缺补漏，进一步完善突发事件应对管理措施。本条同时规定"向上一级人民政府提出报告"，目的是让上一级政府及时掌握相关情况，同时接受其监督。

第九十三条 突发事件应对工作中有关资金、物资的筹集、管理、分配、拨付和使用等情况，应当依法接受审计机关的审计监督。

◆ **条文主旨**

本条是关于突发事件应对工作依法接受审计监督的规定。

◆ **修改提示**

本条为新增条款。

◆ **条文解读**

审计的目的是监督。进行审计监督，既能督促政府和其他单位提高资源配置效率，促进防控资金和物资高效使用，提高突发事件应对成效，又能对权力进行有效监督，督促有关单位和部门严格依法办事，防止"阳光下的腐败"。

资金和物资的使用不透明必然带来信任危机。调查显示，"5·12"汶川地震一年后，仅有4.7%的捐赠者非常清楚捐赠资金的流向，而66.7%的公众明确表示不太清楚捐赠资金的流向。而"不清楚"并非是因为民众不想弄清楚。综合公开数据计算得知，"5·12"汶川地震652亿捐款中，公布使用明细的约有151亿元，约占总额的23.16%。而其余501亿元的详细去向在地震发生8年后仍然未在公开资料中明确显示，甚至连捐款来源也无从查证[①]。只有救援物资去到了它们该去的地方，政府才能提高公信力，慈善机构才能打消人们的质疑，人们才能放心地伸出援助之手。

2007年《中华人民共和国突发事件应对法》并未对突发事件救助款物和捐赠款物的审计作出规定，但《自然灾害救助条例》第二十八条规定，县级以上人民政府监察机关、审计机关应当依法

---

① 《汶川地震捐款总额652亿：八成或转入政府财政账户》，http://www.mnw.cn/news/china/1183938.html，访问日期：2024年1月29日。

对自然灾害救助款物和捐赠款物的管理使用情况进行监督检查，应急管理、财政等部门和有关社会组织应当予以配合。同时该条例第三十三条明确规定，发生事故灾难、公共卫生事件、社会安全事件等突发事件，需要由县级以上人民政府应急管理部门开展生活救助的，参照本条例执行。此次修订明确规定，突发事件应对工作中有关资金、物资的筹集、管理、分配、拨付和使用等情况，应当依法接受审计机关的审计监督，体现了立法对社会现实需求的回应。

需要注意的是，在突发事件发生时，不仅是政府及其有关部门管理的救援款物要依法接受审计监督，其他单位如慈善组织接受的救援款物也要依法接受审计监督。

> **第九十四条** 国家档案主管部门应当建立健全突发事件应对工作相关档案收集、整理、保护、利用工作机制。突发事件应对工作中形成的材料，应当按照国家规定归档，并向相关档案馆移交。

◆ 条文主旨

本条是关于突发事件应对工作相关档案管理的规定。

◆ 修改提示

本条为新增条款。

◆ 条文解读

2020 年修订的《中华人民共和国档案法》增加了关于突发事件应对活动档案管理的规定。其中，第二十六条规定：国家档案主管部门应当建立健全突发事件应对活动相关档案收集、整理、保护、利用工作机制。档案馆应当加强对突发事件应对活动相关档案的研究整理和开发利用，为突发事件应对活动提供文献参考和决策支持。作为对《中华人民共和国档案法》这一规定的呼应，本次修法新增了本条规定。根据 2024 年 3 月 1 日起施行的《中华人民共和国档案法实施条例》规定，《中华人民共和国档案法》所称档案，其具体范围由国家档案主管部门或者国家档案主管部门会同国家有关部门确定。因此，本条规定的档案的具体范围应由国家档案主管部门会同应急管理部门共同确定。

第七章 法 律 责 任

　　本章是关于本法所涉法律责任的规定，共 8 条，分别就地方各级人民政府及其有关部门不履行法定职责所应承担的法律责任，有关单位不履行法定义务所应承担的法律责任，单位或者个人编造、故意传播有关突发事件的虚假信息所应承担的法律责任，不服从、不配合突发事件应对措施所应承担的法律责任，违反本法关于个人信息保护规定所应承担的法律责任，违反本法规定所应承担的民事责任，为了使本人或者他人的人身、财产免受正在发生的危险而采取避险措施，以及违反本法规定所应承担的治安管理处罚责任、刑事责任等作出明确规定。

　　需要注意的是，本法扩大了对政府机关及其相关人员的追责范围和问责力度，将"国家工作人员"修改为"公职人员"，并且要求"公职人员"在日常生活中负有更高的谨慎和注意义务。同时，本法完善了相关追责情形，使责任规定更趋周延，有利于将应急管理失职追责的各项要求落到实处。

第九十五条 地方各级人民政府和县级以上人民政府有关部门违反本法规定，不履行或者不正确履行法定职责的，由其上级行政机关责令改正；有下列情形之一，由有关机关综合考虑突发事件发生的原因、后果、应对处置情况、行为人过错等因素，对负有责任的领导人员和直接责任人员依法给予处分：

（一）未按照规定采取预防措施，导致发生突发事件，或者未采取必要的防范措施，导致发生次生、衍生事件的；

（二）迟报、谎报、瞒报、漏报或者授意他人迟报、谎报、瞒报以及阻碍他人报告有关突发事件的信息，或者通报、报送、公布虚假信息，造成后果的；

（三）未按照规定及时发布突发事件警报、采取预警期的措施，导致损害发生的；

（四）未按照规定及时采取措施处置突发事件或者处置不当，造成后果的；

（五）违反法律规定采取应对措施，侵犯公民生命健康权益的；

（六）不服从上级人民政府对突发事件应急处置工作的统一领导、指挥和协调的；

（七）未及时组织开展生产自救、恢复重建等善后工作的；

（八）截留、挪用、私分或者变相私分应急救援资金、物资的；

（九）不及时归还征用的单位和个人的财产，或者对被征用财产的单位和个人不按照规定给予补偿的。

◆ **条文主旨**

本条是关于地方各级人民政府和县级以上人民政府有关部门不履行法定职责的法律责任的规定。

◆ **修改提示**

与 2007 年《中华人民共和国突发事件应对法》第六十三条相比，本次修改内容如下：

1. 对违法主体予以进一步明确，将"地方各级人民政府和县级以上各级人民政府有关部门"，修改为"地方各级人民政府和县级以上人民政府有关部门"。

2. 对违法情形予以进一步完善，将"不履行法定职责的"，修改为"不履行或者不正确履行法定职责的"。

3. 将提出责令改正的主体由"上级行政机关或者监察机关"，修改为"上级行政机关"。

4. 对给予处分时的考量因素予以进一步明确，将"根据情节"，修改为"由有关机关综合考虑突发事件发生的原因、后果、应对处置情况、行为人过错等因素"。

5. 将依法给予处分的对象由"直接负责的主管人员和其他直接责任人员"，修改为"负有责任的领导人员和直接责任人员"。

6. 将第二项处分情形中的"迟报、谎报、瞒报、漏报"有关突发事件的信息，修改为"迟报、谎报、瞒报、漏报或者授意他人迟报、谎报、瞒报以及阻碍他人报告"有关突发事件的信息。

7. 将"违反法律规定采取应对措施，侵犯公民生命健康权益的"，新增为第五项处分情形。

◆ 条文解读

本条明确规定了对不履行或者不正确履行法定职责的地方各级人民政府和县级以上人民政府有关部门予以责令改正，并对负有责任的领导人员和直接责任人员给予处分的具体情形。

一、违法主体

本条针对的违法主体是违反本法规定、不履行或者不正确履行法定职责的地方各级人民政府和县级以上各级人民政府有关部门，以及负有责任的领导人员和直接责任人员。

二、违法情形

根据本条规定，如果地方各级人民政府和县级以上人民政府有关部门违反本法规定、不履行或者不正确履行法定职责，将依法被责令改正。同时，如果有以下九种法定情形，负有责任的领导人员和直接责任人员还将依法被给予处分：

1. **未按照规定采取预防措施，导致发生突发事件，或者未采取必要的防范措施，导致发生次生、衍生事件。**地方政府及其有关部门在预防突发事件的过程中扮演着关键角色，本法第六十二条也明确规定县级以上地方政府应当及时采取预防措施。此处的预防措施和防范措施，是指本法提及的由地方政府及其有关部门负责的相关工作。比如，第三十三条第一款规定："县级人民政府应当对本行政区域内容易引发自然灾害、事故灾难和公共卫生事件的危险源、危险区域进行调查、登记、风险评估，定期进行检查、监控，并责令有关单位采取安全防范措施。"

2. **迟报、谎报、瞒报、漏报或者授意他人迟报、谎报、瞒报以及阻碍他人报告有关突发事件的信息，或者通报、报送、公布虚**

假信息，造成后果。根据我国法律法规，报告突发事件的时间超过规定时限的，属于"迟报"；故意不如实报告突发事件发生的时间、地点、类别、伤亡人数、直接经济损失等内容的，属于"谎报"；隐瞒已经发生的突发事件，并经有关部门查证属实的，属于"瞒报"；因过失对应当上报的突发事件或者突发事件发生的时间、地点、类别、伤亡人数、直接经济损失等内容遗漏未报的，属于"漏报"。本法第六十一条第二款要求有关单位和人员报送、报告突发事件信息应当及时、客观、真实，不得迟报、谎报、瞒报、漏报，不得授意他人迟报、谎报、瞒报，也不得阻碍他人报告。

3. **未按照规定及时发布突发事件警报、采取预警期的措施，导致损害发生。**本法第四章明确规定了突发事件预警制度、警报发布、宣布进入预警期后应采取的措施等内容。比如，第六十四条第一款规定："可以预警的自然灾害、事故灾难或者公共卫生事件即将发生或者发生的可能性增大时，县级以上地方人民政府应当根据有关法律、行政法规和国务院规定的权限和程序，发布相应级别的警报，决定并宣布有关地区进入预警期，同时向上一级人民政府报告，必要时可以越级上报；具备条件的，应当进行网络直报或者自动速报；同时向当地驻军和可能受到危害的毗邻或者相关地区的人民政府通报。"第六十六条、第六十七条也分别明确了发布三级、四级警报和发布一级、二级警报，宣布进入预警期后，县级以上地方人民政府根据即将发生的突发事件的特点和可能造成的危害，所应当采取的措施。

4. **未按照规定及时采取措施处置突发事件或者处置不当，造成后果。**本法明确规定了应急处置措施、程序、装备及应急响应制度等内容。比如，第七十三条规定了自然灾害、事故灾难或者公共卫生事件发生后，履行统一领导职责的人民政府所应当采取的应急处置措施；第七十四条规定了社会安全事件发生后，组织处置工作的人民政府所应当采取的应急处置措施；第七十五条还明确了发生突发事件，严重影响国民经济正常运行时，国务院或者国务院授权的有关主管部门可以采取保障、控制等必要的应急措施。

5. 违反法律规定采取应对措施，侵犯公民生命健康权益。该项新增内容表明，行政应急权的行使要以尊重和保障公民的生命健康等人格权益为底线。生命健康权益是自然人享有的维持生命、维护生命安全利益、生理机能正常、维护健康利益的权利，主要包括生命权、健康权和身体权三个方面。现代社会，法律为生命健康权益提供了明确的保护。比如，《中华人民共和国民法典》规定，自然人享有生命权、身体权、健康权，自然人的生命安全和生命尊严、身体完整和行动自由、身心健康受法律保护，任何组织或者个人不得侵害他人的生命权、身体权、健康权。并且，当自然人的生命权、身体权、健康权受到侵害或者处于其他危难情形时，负有法定救助义务的组织或者个人应当及时施救。故地方政府及其有关部门在采取应对措施时，应当严格遵守法律规定，确保公民能够在一个尊重和保护其生命健康权益的环境中生活，免受非法侵害。

6. 不服从上级人民政府对突发事件应急处置工作的统一领导、指挥和协调。本法构建了统一领导、指挥和协调的工作体系，以确保各方力量能够形成合力，迅速有效地应对突发事件，减少损失。如果不服从上级政府的统一领导、指挥和协调，不论是否造成后果，都应对负有责任的领导人员和直接责任人员给予处分。

7. 未及时组织开展生产自救、恢复重建等善后工作。自救、重建等善后工作是本法的重要内容。突发事件发生后，如果地方政府及其有关部门未及时组织开展相关善后工作，会导致善后工作的延误，可能加大灾害损失，阻碍经济恢复，引发不满和恐慌情绪，甚至导致更严重的社会问题。

8. **截留、挪用、私分或者变相私分应急救援资金、物资**。通常来说，"截留"是指未按照既定用途分配、使用应急救援资金、物资，将其部分或者全部地保留、转移；"挪用"是指将原定用于应急救援的资金、物资挪作他用；"私分"或者"变相私分"是指以单位名义将应急救援资金、物资分配给单位内全部或部分职工。上述行为严重损害了公共利益，尤其是损害了受突发事件影响的地区和群众的利益。因此，本法第五十四条第二款明确规定，任何单位和个人不得截留、挪用、私分或者变相私分应急救援资金、物资。

9. **不及时归还征用的单位和个人的财产，或者对被征用财产的单位和个人不按照规定给予补偿**。"征用"是指国家基于公共利益的需要，依法以强制方式在一定时期内使用单位、个人财产的行为，即财产使用权的临时转移。本法第十二条明确规定，县级以上政府及其部门为应对突发事件的紧急需要，可以征用单位和个人的设备、设施、场地、交通工具等财产。被征用的财产在使用完毕或者突发事件应急处置工作结束后，应当及时返还。财产被征用或者征用后毁损、灭失的，应当给予公平、合理的补偿。可见，及时归还征用的财产，对被征用财产的单位和个人按照规定给予补偿是政府及其有关部门应当履行的法律职责。

三、法律责任

本条将地方各级人民政府、县级以上人民政府有关部门和负有责任的领导人员、直接责任人员所应承担的不同责任内容区分为两个层面。

1. 针对违反本法规定、不履行或者不正确履行法定职责的地方各级人民政府和县级以上人民政府有关部门，由其上级行政机关责令改正。

2. 针对负有责任的领导人员和直接责任人员，则由有关机关综合考虑突发事件发生的原因、后果、应对处置情况、行为人过错等因素依法给予处分。处分包括警告、记过、记大过、降级、撤职和开除。

第九十六条　有关单位有下列情形之一，由所在地履行统一领导职责的人民政府有关部门责令停产停业，暂扣或者吊销许可证件，并处五万元以上二十万元以下的罚款；情节特别严重的，并处二十万元以上一百万元以下的罚款：

（一）未按照规定采取预防措施，导致发生较大以上突发事件的；

（二）未及时消除已发现的可能引发突发事件的隐患，导致发生较大以上突发事件的；

（三）未做好应急物资储备和应急设备、设施日常维护、检测工作，导致发生较大以上突发事件或者突发事件危害扩大的；

（四）突发事件发生后，不及时组织开展应急救援工作，造成严重后果的。

其他法律对前款行为规定了处罚的，依照较重的规定处罚。

◆ 条文主旨

本条是关于有关单位不履行法定义务的法律责任的规定。

◆ 修改提示

与 2007 年《中华人民共和国突发事件应对法》第六十四条相

比，本次修改内容如下：

1. 将行政处罚的主体由"人民政府"，修改为"人民政府有关部门"。

2. 将暂扣或者吊销的对象由"许可证或者营业执照"，修改为"许可证件"。

3. 增加"情节特别严重的，并处二十万元以上一百万元以下的罚款"的处罚内容。

4. 删除"构成违反治安管理行为的，由公安机关依法给予处罚"的内容。

5. 将第一款第一项至第三项法定情形中的后果程度由发生"严重突发事件"，修改为发生"较大以上突发事件"。

6. 将"应急物资储备"增加为第一款第三项法定情形中要求进行日常维护、检测的工作对象。

7. 针对第二款，将"前款规定的行为，其他法律、行政法规规定由人民政府有关部门依法决定处罚的，从其规定"，修改为"其他法律对前款行为规定了处罚的，依照较重的规定处罚"。

◆ 条文解读

本条第一款规定了有关单位承担法律责任的四种情形，对此需要注意把握以下三方面内容。

一、违法主体

本条款针对的违法主体，是具有相应违法情形的"有关单位"，包括在突发事件发生和应对过程中涉及的各类组织和机构，包括相关企业事业单位、社会组织、为应急管理提供支撑的技术服务机构等。

二、违法情形

本条第一款明确的四种具体情形，体现出了有关单位对突发事件预防和救援的责任和义务。这四种情形，既包括事前预防准备工作不到位，即第（一）（二）（三）项；又包括事后应急救援工作不及时，即第（四）项。但以上四种违法情形均需要导致出现相应后果，有关单位才承担本条规定的法律责任。值得注意的是，本条款通过修改第一项至第三项违法情形中的后果程度，将处罚门槛从发生"严重突发事件"修改为"较大以上突发事件"，提高了对有关单位采取预防措施、及时消除隐患、做好日常维护的义务要求。

三、法律责任

本条款规定了两档处罚内容。（1）一般违法处罚，即"由所在地履行统一领导职责的人民政府有关部门责令停产停业，暂扣或者吊销许可证件，并处五万元以上二十万元以下的罚款"。（2）情节特别严重的违法处罚，即"责令停产停业，暂扣或者吊销许可证件，并处二十万元以上一百万元以下的罚款"。比如，多次未按照规定采取防范措施，或者被责令改正后仍未及时消除已经发现的可能引发突发事件的隐患，导致发生特别重大突发事件的情形。这一新增处罚档次的罚款幅度，能与相关单位的违法程度、突发事件的严重程度、损害程度相匹配，有效弥补情节特别严重之违法行为造成的损害后果，对企事业单位等起到更好的惩罚和警示作用。值得注意的是，考虑到相关许可证件系由部门颁发，本条款按照"谁颁证、谁管理、谁处罚"的原则，将处罚主体由"人民政府"修改为"人民政府有关部门"。

本条第二款明确规定，其他法律对本条第一款相关行为规定了处罚的，依照较重的规定处罚。有关单位出现第一款规定的同一违法行为，可能仅违反本法，也可能同时违反其他法律规范。所谓"较重的规定"，是指以法律规定的处罚种类及数额为标准，而非政府有关部门实际处以的处罚种类及数额。以罚款处罚为例：对于固定数额的罚款，直接适用罚款数额高的规定给予罚款处罚。比如，有关单位的同一个违法行为同时违反处以 5000 元罚款的规定和处以 3000 元罚款的规定，根据本法规定，应当适用处以 5000 元罚款的规定给予处罚。对于按照罚款数额下限、上限模式设定的罚款处罚，适用罚款数额上限高的规定给予处罚。比如，有关单位的同一个违法行为同时违反处以 1 万元以上 10 万元以下罚款的规定和处以 5000 元以上 5 万元以下罚款的规定，根据本法规定，应当适用处以 1 万元以上 10 万元以下罚款的规定给予处罚。具体罚款数额的确定还要综合考虑违法行为的事实、性质、情节，突发事件的社会危害程度，以及行政处罚裁量基准等。

第九十七条　违反本法规定，编造并传播有关突发事件的虚假信息，或者明知是有关突发事件的虚假信息而进行传播的，责令改正，给予警告；造成严重后果的，依法暂停其业务活动或者吊销其许可证件；负有直接责任的人员是公职人员的，还应当依法给予处分。

◆ 条文主旨

本条是关于编造、传播突发事件虚假信息的法律责任的规定。

◆ 修改提示

与 2007 年《中华人民共和国突发事件应对法》第六十五条相

比，本次修改内容如下：

1. 将虚假信息指向的内容由"有关突发事件事态发展或者应急处置工作"，修改为"有关突发事件"。

2. 将吊销对象由"执业许可证"，修改为"许可证件"。

3. 将负有直接责任、应当依法给予处分的对象由"国家工作人员"修改为"公职人员"。

4. 删除"构成违反治安管理行为的，由公安机关依法给予处罚"。

◆ 条文解读

一、违法主体

编造、故意传播虚假的突发事件信息，会误导公众甚至引发不必要的社会恐慌与混乱，严重干扰正常社会秩序。本法第七条第二款明确指出"任何单位和个人不得编造、故意传播有关突发事件的虚假信息"。相应地，本条针对的违法主体即编造、故意传播虚假突发事件信息的单位和个人。

二、违法情形

本条规定的违法情形有两种。一是编造并传播有关突发事件的虚假信息。其中，"虚假信息"是指凭空捏造、歪曲事实或者具有误导性的信息，单位或者个人必须既具有编造、又具有传播虚假突发事件信息的行为。二是虽未编造、但明知是有关突发事件的虚假信息仍进行传播。其中，"明知"是指知道或者应当知道。值得注意的是，这里的虚假信息不再仅限于"有关突发事件事态发展或者应急处置工作"的内容，根据本法，只要是有关突发事件的信息，任何单位和个人均不得编造、故意传播。

三、法律责任

本条依据违法后果与人员身份的不同，规定了不同的处罚内容，包括：（1）如果是一般性违法，则"责令改正，给予警告"。（2）如果造成了严重后果，则"依法暂停其业务活动或者吊销其许可证件"。（3）如果负有直接责任的人员是公职人员，则还应当"依法给予处分"。这里的"公职人员"是指依法履行公共职务的国家立法机关、司法机关、行政机关、中国共产党和各个民主党派的党务机关、各人民团体，以及国有企业、事业单位中从事管理等工作的有关人员，范围广于本条修订前所针对的"国家工作人员"，进一步加大了问责力度。

第九十八条　单位或者个人违反本法规定，不服从所在地人民政府及其有关部门依法发布的决定、命令或者不配合其依法采取的措施的，责令改正；造成严重后果的，依法给予行政处罚；负有直接责任的人员是公职人员的，还应当依法给予处分。

◆ 条文主旨

本条是关于单位或者个人不服从、不配合政府及其有关部门依法发布的决定、命令或者采取的措施的法律责任的规定。

◆ 修改提示

与2007年《中华人民共和国突发事件应对法》第六十六条相比，本次修改内容如下：

1. 重申了人民政府及其有关部门发布的决定、命令系"依法"作出。

2. 对于单位或者个人实施本条针对的违法行为所应承担的法律后果，由"构成违反治安管理行为的，由公安机关依法给予处罚"，修改为"责令改正；造成严重后果的，依法给予行政处罚；负有直接责任的人员是公职人员的，还应当依法给予处分"。

◆ 条文解读

一、违法主体

突发事件发生后，政府及其职能部门会在第一时间依法、及时采取有针对性的人员救助、事态控制、公民基本生活保障等方面的应对措施，本法第七十三条至第七十五条对此作了具体规定；同时，第七十八条、第七十九条还规定了单位或者个人的配合义务，即单位或者个人应当服从政府发布的决定、命令，配合政府采取的应急处置措施，积极参加应急救援及处置工作。而本条所针对的违法主体，就是违反突发事件应对措施、不履行相关配合义务的单位或者个人。这里的"单位"还包括居民委员会、村民委员会，因为其具有依法协助县级以上人民政府及其有关部门做好突发事件应对工作的法定义务，如果不服从、不配合，也应当承担相应的法律责任。

二、违法情形

本法第二十二条明确了乡级人民政府、街道办事处具有突发事件应对的工作职责。因此，本条规定的"所在地人民政府"包括乡级以上人民政府。不服从、不配合突发事件应对措施的违法行为，会严重影响政府及其职能部门控制、减轻和消除突发事件引起的社会危害，实施行为的单位或者个人应当承担相应的法律责任。

三、法律责任

本条依据违法后果与人员身份的区别，规定了不同的责任内容，包括：（1）对于一般性违法，"责令改正"。（2）如果造成严重后果，则"依法给予行政处罚"，且根据《中华人民共和国行政处罚法》第四十九条的规定，发生重大传染病疫情等突发事件，为了控制、减轻和消除突发事件引起的社会危害，行政机关对违反突发事件应对措施的行为，依法快速、从重处罚。（3）如果负有直接责任的人员是公职人员，则还应"依法给予处分"，对公职人员必须履行的严格守法、谨慎注意义务提出了更高要求。

> **第九十九条**　单位或者个人违反本法第八十四条、第八十五条关于个人信息保护规定的，由主管部门依照有关法律规定给予处罚。

◆ 条文主旨

本条是关于单位或者个人违反个人信息保护规定的法律责任的规定。

◆ 修改提示

本条为新增条款。

◆ 条文解读

对个人信息的利用贯穿于突发事件应对的全过程。一方面，政府要尽量推动个人信息数据资源的流动，特别是从大型企业、数据开发机构中获取分散的数据资源，实现个人信息的社会价值；另一方面，不管在任何情况下，政府都要保障个人信息权益中最本质的部分不受任何侵害。因此，维护突发事件应急处置中的个人信息安全，是在法治轨道上应对突发事件的应有之义。

在此背景下，本法增设第八十四条、第八十五条，严格规范突发事件应急处置中的个人信息处理，加强突发事件应对中的个人信息保护。相应地，本条明确规定，对于违反本法关于个人信息保护规定的单位或者个人，"由主管部门依照有关法律规定给予处罚"。比如，依据《中华人民共和国个人信息保护法》第六十六条、第七十一条，由履行个人信息保护职责的部门、公安机关依法给予行政处罚，共同构建起有效的外部执法威慑。

> **第一百条** 单位或者个人违反本法规定，导致突发事件发生或者危害扩大，造成人身、财产或者其他损害的，应当依法承担民事责任。

◆ 条文主旨

本条是关于民事责任的规定。

◆ 修改提示

与 2007 年《中华人民共和国突发事件应对法》第六十七条相比，本次修改的内容如下：将单位或者个人依法所应承担民事责任的损害范围，由"给他人人身、财产造成损害的"，修改为"造成人身、财产或其他损害的"。

◆ 条文解读

本法对单位或者个人依法所应承担民事责任的损害范围，由"人身、财产损害"，扩大为"人身、财产或其他损害"。

1. **人身损害**，是指因生命、身体、健康遭受侵害所造成的物质损害和精神损害。一般包括医疗费、护理费、交通费、营养费、住院伙食补助费等为治疗和康复支出的合理费用，以及因误工减少的收入；造成残疾的，还包括辅助器具费和残疾赔偿金；造成死亡的，还包括丧葬费和死亡赔偿金。

2. **财产损害**，是指因财产遭受侵害所导致权利人拥有的财产价值的减少或可得财产利益的丧失，包括直接损失和间接损失，损害赔偿标准一般按照损失发生时的市场价格或其他合理方式计算。

3. **其他损害**，是指那些无法明确归类到人身、财产这样特定类型的损害。随着社会的不断发展变化，增加该兜底性内容对于在突发事件应对过程中充分保障社会利益和人民利益具有重大意义。

第一百零一条　为了使本人或者他人的人身、财产免受正在发生的危险而采取避险措施的，依照《中华人民共和国民法典》、《中华人民共和国刑法》等法律关于紧急避险的规定处理。

◆ **条文主旨**

本条是关于紧急避险的规定。

◆ **修改提示**

本条为新增条款。

◆ **核心概念**

"紧急避险"，是指为了使国家、公共利益、本人或者他人的人身、财产和其他合法权益免受正在发生的危险，不得已而采取的损害另一较小合法权益的紧急措施。紧急避险是一种在特定情况下保护合法权益的必要行为，即在两种合法利益不可能同时得到保护的情况下，不得已所采取的牺牲其中较轻的利益、保全较重大利益的行为。

◆ 条文解读

面对各类突发事件时，紧急避险措施的应用非常重要。例如，在台风、地震等自然灾害发生时，人们需要迅速采取逃生、避难等措施，以最大程度地保护自己的生命安全。再如，在公共交通工具发生危险时，驾驶人员也需要采取紧急制动或者躲避措施，以避免公共交通工具倾覆、人员伤亡等更为严重的危害后果发生。本法充分考虑相关现实，将紧急避险明确为突发事件应对中的重要组成部分，规定为了使本人或者他人的人身、财产免受正在发生的危险而采取避险措施的，依照《中华人民共和国民法典》《中华人民共和国刑法》等法律关于紧急避险的规定处理。

具体而言，《中华人民共和国民法典》第一百八十二条规定："因紧急避险造成损害的，由引起险情发生的人承担民事责任。危险由自然原因引起的，紧急避险人不承担民事责任，可以给予适当补偿。紧急避险采取措施不当或者超过必要的限度，造成不应有的损害的，紧急避险人应当承担适当的民事责任。"《中华人民共和国刑法》第二十一条也规定："为了使国家、公共利益、本人或者他人的人身、财产和其他权利免受正在发生的危险，不得已采取的紧急避险行为，造成损害的，不负刑事责任。紧急避险超过必要限度造成不应有的损害的，应当负刑事责任，但是应当减轻或者免除处罚。第一款中关于避免本人危险的规定，不适用于职务上、业务上负有特定责任的人。"

据此，成立紧急避险必须满足以下构成要件：（1）必须发生了现实危险，即合法权益处于客观存在的危险的威胁之中。（2）必须是正在发生的危险，即危险已经发生或者迫在眉睫并且尚未消除。（3）必须是为了保护国家利益、公共利益、本人或者他人的人身、财产和其他权利免受正在发生的危险。（4）必须出于不得已而损害另一合法权益，即在合法权益面临正在发生的危险时，没有其他合理方法可以排除危险，只有损害另一较小合法权益，才能保护较大合法权益。（5）必须没有超过必要限度，即紧急避险行为所引起的损害应当轻于该危险所可能带来的损害。

紧急避险造成的损害，既包括对避险者本人、第三人财产权利的损害，也包括对人身权利等的损害。从民事责任的角度看，根据相关法律规定，采取紧急避险措施的法律后果主要包括如下情形：（1）如果险情是由人为因素造成，实施紧急避险措施的人造成本人或者他人损害的，由引起险情发生的人承担责任。（2）当危险是由自然原因引起时，若紧急避险人是为了保护公共利益或者他人合法利益而采取避险措施、造成第三人的利益损害的，紧急避险人免予对该第三人承担赔偿责任；若紧急避险人是为了本人的利益而采取避险行为、造成第三人利益损害的，紧急避险人本人作为受益人，应当对第三人的损害给予适当补偿。（3）因紧急避险采取措施不当或者超过必要的限度、造成不应有的损害的，即在当时的情况下，能够采取可能减少、避免损害的措施而未采取，或者采取的措施并不是排除险情所必需的，则紧急避险人应当承担适当的民事责任。

从刑事责任的角度看，根据相关法律规定，采取紧急避险措施造成损害的，不负刑事责任。而如果紧急避险超过必要限度、造成不应有的损害的，成立避险过当，应当负刑事责任，但是应当减轻或者免除处罚。此外，在职务上、业务上负有特定责任的人（例如消防员等），面临与其业务领域、特定职责有关的危险时，仍需要履行自己的职责，妥善处置相关突发事件，故刑法上关于避免本人危险的规定，不适用于职务上、业务上负有特定责任的人。

> **第一百零二条** 违反本法规定，构成违反治安管理行为的，依法给予治安管理处罚；构成犯罪的，依法追究刑事责任。

◆ 条文主旨

本条是关于治安管理处罚或者追究刑事责任的规定。

◆ 修改提示

与 2007 年《中华人民共和国突发事件应对法》第六十八条相比，本次修改内容如下：增加"构成违反治安管理行为的，依法给予治安管理处罚"的规定。

◆ 条文解读

本法充分考虑国家法律体系整体的有机统一，通过修订本条实现了各类责任的有效衔接。

关于本法第九十七条所针对的编造、故意传播虚假突发事件信息的行为。如果行为人散布谣言，谎报险情、疫情、警情或者以其他方法故意扰乱公共秩序的，应依据《中华人民共和国治安管理处罚法》第二十五条处五日以上十日以下拘留，还可以并处五百元以下罚款；如果行为人编造虚假的险情、疫情、灾情、警情，在信息网络或者其他媒体上传播，或者明知是上述虚假信息，故意在信息网络或其他媒体上传播，严重扰乱社会秩序的，则涉嫌构成《中华人民共和国刑法》第二百九十一条之一所规定的编造、故意传播虚假信息罪。

关于本法第九十八条所针对的不服从、不配合突发事件应对措施的行为。如果行为人拒不执行政府在紧急状态情况下依法发布的决定、命令的，或者阻碍国家机关工作人员依法执行职务的，应依据《中华人民共和国治安管理处罚法》第五十条处警告或 200 元以下罚款，情节严重的，处 5 日以上 10 日以下拘留，可以并处 500 元以下罚款；如果行为人违反传染病防治法的规定，拒绝执行卫生防疫机构依照传染病防治法提出的预防、控制措施，引起甲类传染病传播或者有传播严重危险的，则涉嫌构成《中华人民共和国刑法》第三百三十条所规定的妨害传染病防治罪。

关于本法第九十九条所针对的违反关于个人信息保护规定的行为。如果单位或者个人违反国家有关规定，将在履行职责或者提供服务过程中获得的公民个人信息，出售或者提供给他人的，则还涉嫌构成《中华人民共和国刑法》第二百五十三条之一规定的侵犯公民个人信息罪。

第八章　附　　　则

本章概述>>>

　　本章是本法的附则，共4条，分别就发生特别重大突发事件需要进入紧急状态的决定权限和程序、在中华人民共和国领域外发生突发事件的应对工作、在中华人民共和国境内的外国人和无国籍人应当遵守本法、本法的施行日期等问题作出明确规定。

　　本法对附则部分进行了较大修改与完善，增加了领域外突发事件的应对、属地原则在突发事件应对工作中的应用等规定，进一步明确了法律的适用范围。

第一百零三条　发生特别重大突发事件，对人民生命财产安全、国家安全、公共安全、生态环境安全或者社会秩序构成重大威胁，采取本法和其他有关法律、法规、规章规定的应急处置措施不能消除或者有效控制、减轻其严重社会危害，需要进入紧急状态的，由全国人民代表大会常务委员会或者国务院依照宪法和其他有关法律规定的权限和程序决定。

紧急状态期间采取的非常措施，依照有关法律规定执行或者由全国人民代表大会常务委员会另行规定。

◆ 条文主旨

本条是关于发生特别重大突发事件、需要进入紧急状态的决定权限和程序的规定。

◆ 修改提示

与 2007 年《中华人民共和国突发事件应对法》第六十九条相比，本次修改内容如下：将"环境安全"，修改为"生态环境安全"。

◆ 条文解读

紧急状态制度是现代法治国家的一项重要宪法制度，用以设定法定危险情形发生之后国家权力的运行模式和可以采取的非常措施，并对国家权力与公民权利的关系作出重大调整。相关法定危险情形往往是危及国家正常的宪法和法律秩序、对人民的生命和财产安全构成严重威胁的正在发生的或者是迫在眉睫的危险事态。一旦进入紧急状态，国家权力运行及其与公民权利的关系会发生重大调整，国家得采取特定的紧急权力，变更国家机关部分职权，甚至克减部分公民权利，故紧急状态制度需由宪法加以规定，受到法治的约束。

《中华人民共和国宪法》明确规定了决定、宣布进入紧急状态的国家权限，《中华人民共和国戒严法》第二条也对可以决定实行戒严的紧急状态做了列举式表述。结合本条规定，从严格的规范解释看，我国的紧急状态仅指发生特别重大突发事件，对人民生命财产安全、国家安全、公共安全、生态环境安全或者社会秩序构成重大威胁，采取本法和其他有关法律、法规、规章规定的应急处置措施不能消除或者有效控制、减轻其严重社会危害的情形。可见，相关危险情形必须满足三个条件才需要进入紧急状态：一是发生特别重大突发事件，二是构成重大威胁，三是现行法律、法规、规章规定的应急处置措施不足以应对。

根据本条规定，当发生本法和《中华人民共和国传染病防治法》等单行立法无法应对的特别重大突发事件，需要采取的措施超出了现行单行立法的范围，需要进入紧急状态的危险情形时，由《中华人民共和国宪法》规定的有权机关决定并宣布进入紧急状态。即由全国人民代表大会常务委员会决定全国或者个别省、自治区、直辖市进入紧急状态；国务院依照法律规定决定省、自治区、直辖市的范围内部分地区进入紧急状态；中华人民共和国主席根据全国人民代表大会常务委员会的决定，宣布进入紧急状态。紧急状态期间采取的非常措施，应由全国人民代表大会常务委员会另行规定。

此外，本条与本法第一条相呼应，将特别重大突发事件所构成重大威胁的对象之一"环境安全"补充为"生态环境安全"。这既是人们对突发事件特别是环境突发事件认识深化的结果，也是深入贯彻习近平生态文明思想、以高水平支撑推动高质量发展的必然要求。

> **第一百零四条**　中华人民共和国领域外发生突发事件，造成或者可能造成中华人民共和国公民、法人和其他组织人身伤亡、财产损失的，由国务院外交部门会同国务院其他有关部门、有关地方人民政府，按照国家有关规定做好应对工作。

◆ **条文主旨**

本条是关于我国领域外突发事件应对工作的规定。

◆ **修改提示**

本条为新增条款。

◆ **条文解读**

中华人民共和国领域外发生的突发事件，对于我国公民、法人和其他组织的人身安全和财产安全可能构成严重威胁。因此，明确由国务院外交部门会同国务院其他有关部门以及有关地方人民政府，按照国家有关规定做好应对工作，具有重要意义。

根据本条规定，启动我国领域外突发事件应对的条件有二：一是在中华人民共和国领域外发生突发事件；二是该突发事件造成或者可能造成中华人民共和国公民、法人和其他组织出现人身伤亡、财产损失。"领域"，包括领陆、领水、领陆和领水的底土以及领空。其中，领陆指我国疆界以内的所有陆地领土；领水包括内水和领海，根据《中华人民共和国领海及毗连区法》的规定，从领海基线向外延伸12海里的水域是我国的领海；领陆和领水的底土在理论上直至地心；领空指领陆和领水的上空，最高边缘为大气层的上边缘；此外，船舶和航空器在国际法上被称为"拟制领土"。相应地，这里的"中华人民共和国领域外"即指我国行使国家主权的领陆、领水、领陆和领水的底土、领空以及拟制领土范围之外的区域。

本条将我国领域外突发事件的应对机关设定为国务院外交部门与国务院其他有关部门、有关地方人民政府。其中，国务院外交部门作为国家的外交代表机构，在涉外事务中发挥核心作用。当我国领域外发生突发事件时，外交部门能够迅速、准确地掌握事件的性质、规模和影响，及时与有关国家、国际组织进行沟通与协调，为我国公民、法人和其他组织提供必要的保护和支持。同时，国务院其他有关部门如公安部、应急管理部、商务部等，也应在外交部门的协调下，积极参与领域外突发事件的应对工作。这些部门具备丰富的专业知识和实践经验，能够为应急处置提供有力的技术支持和决策参考。此外，有关地方人民政府也应按照国家的统一部署，积极配合国务院外交部门和其他有关部门的工作。地方政府了解本地公民、法人和组织的情况和需求，能够根据实际情况提供有针对性的帮助和支持。

国务院外交部门、其他有关部门和有关地方人民政府在应对我国领域外突发事件的过程中，要按照国家有关规定做好相关工作。这些规定涉及事件报告、信息发布、人员疏散、救援和救助等方面，相关部门和地方政府应当确保应对工作有序、高效地进行，以保护我国公民、法人和其他组织的合法权益，维护国家的形象和利益。

第一百零五条 在中华人民共和国境内的外国人、无国籍人应当遵守本法，服从所在地人民政府及其有关部门依法发布的决定、命令，并配合其依法采取的措施。

◆ **条文主旨**

本条是关于在中华人民共和国境内的外国人、无国籍人应当遵守本法的规定。

◆ **修改提示**

本条为新增条款。

◆ **条文解读**

本法首次对外国人、无国籍人应当遵守本法，服从政府及其有关部门依法发布的决定、命令，并配合其依法采取的措施作出规定。

"中华人民共和国境内"是指中华人民共和国的出入境管理部门和中国海关等部门目前所管辖的范围之内的地区。"外国人"是指依照《中华人民共和国国籍法》的规定，在中国境内不具有中国国籍的人，包括在华常住人员和临时来华人员。"无国籍人"是指不具有任何国家国籍的人和国籍不明的人，或者是任何国家法律都不认可是其公民的人。

国家主权原则是国际法最重要、最基本的原则，在一切涉外活动中都必须坚持。从国家主权原则出发，国家对境内的一切人和事均享有属地管辖的权力，对外国人、无国籍人也不例外。应对涉外突发事件，是一项政治性和原则性都很强的工作，事关国家主权、利益和我国的对外关系。因此，本法新增本条内容，既保障了外国人、无国籍人的合法权益，又体现了任何人都不能享有法律之外的特权。

第一百零六条　本法自 2024 年 11 月 1 日起施行。

◆ 条文主旨

本条是关于本法施行日期的规定。

◆ 修改提示

本条规定了本法的施行时间。

◆ 条文解读

法律施行时间，是法律开始产生法律效力、具有约束力的时间。本法是我国应急管理领域的综合性、基础性法律，因此，本法自 2024 年 6 月 28 日通过修订，到 2024 年 11 月 1 日起施行，预留了一段时间，以便有足够的时间宣传、制定配套规定等，也方便大家了解和学习这部法律。

附录 1

中华人民共和国突发事件应对法

（2007 年 8 月 30 日第十届全国人民代表大会常务委员会第二十九次会议通过　2024 年 6 月 28 日第十四届全国人民代表大会常务委员会第十次会议修订）

第一章　总　　则

第一条　为了预防和减少突发事件的发生，控制、减轻和消除突发事件引起的严重社会危害，提高突发事件预防和应对能力，规范突发事件应对活动，保护人民生命财产安全，维护国家安全、公共安全、生态环境安全和社会秩序，根据宪法，制定本法。

第二条　本法所称突发事件，是指突然发生，造成或者可能造成严重社会危害，需要采取应急处置措施予以应对的自然灾害、事故灾难、公共卫生事件和社会安全事件。

突发事件的预防与应急准备、监测与预警、应急处置与救援、事后恢复与重建等应对活动，适用本法。

《中华人民共和国传染病防治法》等有关法律对突发公共卫生事件应对作出规定的，适用其规定。有关法律没有规定的，适用本法。

第三条　按照社会危害程度、影响范围等因素，突发自然灾害、事故灾难、公共卫生事件分为特别重大、重大、较大和一般四级。法律、行政法规或者国务院另有规定的，从其规定。

突发事件的分级标准由国务院或者国务院确定的部门制定。

第四条　突发事件应对工作坚持中国共产党的领导，坚持以马克思列宁主义、毛泽东思想、邓小平理论、"三个代表"重要思想、科学发展观、习近平新时代中国特色社会主义思想为指导，建立健全集中统一、高效权威的中国特色突发事件应对工作领导体制，完善党委领导、政府负责、部门联动、军地联合、社会协同、公众参与、科技支撑、法治保障的治理体系。

第五条 突发事件应对工作应当坚持总体国家安全观，统筹发展与安全；坚持人民至上、生命至上；坚持依法科学应对，尊重和保障人权；坚持预防为主、预防与应急相结合。

第六条 国家建立有效的社会动员机制，组织动员企业事业单位、社会组织、志愿者等各方力量依法有序参与突发事件应对工作，增强全民的公共安全和防范风险的意识，提高全社会的避险救助能力。

第七条 国家建立健全突发事件信息发布制度。有关人民政府和部门应当及时向社会公布突发事件相关信息和有关突发事件应对的决定、命令、措施等信息。

任何单位和个人不得编造、故意传播有关突发事件的虚假信息。有关人民政府和部门发现影响或者可能影响社会稳定、扰乱社会和经济管理秩序的虚假或者不完整信息的，应当及时发布准确的信息予以澄清。

第八条 国家建立健全突发事件新闻采访报道制度。有关人民政府和部门应当做好新闻媒体服务引导工作，支持新闻媒体开展采访报道和舆论监督。

新闻媒体采访报道突发事件应当及时、准确、客观、公正。

新闻媒体应当开展突发事件应对法律法规、预防与应急、自救与互救知识等的公益宣传。

第九条 国家建立突发事件应对工作投诉、举报制度，公布统一的投诉、举报方式。

对于不履行或者不正确履行突发事件应对工作职责的行为，任何单位和个人有权向有关人民政府和部门投诉、举报。

接到投诉、举报的人民政府和部门应当依照规定立即组织调查处理，并将调查处理结果以适当方式告知投诉人、举报人；投诉、举报事项不属于其职责的，应当及时移送有关机关处理。

有关人民政府和部门对投诉人、举报人的相关信息应当予以保密，保护投诉人、举报人的合法权益。

第十条 突发事件应对措施应当与突发事件可能造成的社会危害的性质、程度和范围相适应；有多种措施可供选择的，应当选择有利于最大程度地保护公民、法人和其他组织权益，且对他人权益损害和生态环境影响较小的措施，并根据情况变化及时调整，做到科学、精准、有效。

第十一条 国家在突发事件应对工作中，应当对未成年人、老年人、残疾人、孕产期和哺乳期的妇女、需要及时就医的伤病人员等群体给予特殊、优先保护。

第十二条 县级以上人民政府及其部门为应对突发事件的紧急需要，可以征用单位和个人的设备、设施、场地、交通工具等财产。被征用的财产在使用完毕或者突发事件应急处置工作结束后，应当及时返还。财产被征用或者征用后毁损、灭失的，应当给予公平、合理的补偿。

第十三条 因依法采取突发事件应对措施，致使诉讼、监察调查、行政复议、仲裁、国家赔偿等活动不能正常进行的，适用有关时效中止和程序中止的规定，法律另有规定的除外。

第十四条 中华人民共和国政府在突发事件的预防与应急准备、监测与预警、应急处置与救援、事后恢复与重建等方面，同外国政府和有关国际组织开展合作与交流。

第十五条 对在突发事件应对工作中做出突出贡献的单位和个

人，按照国家有关规定给予表彰、奖励。

第二章 管理与指挥体制

第十六条 国家建立统一指挥、专常兼备、反应灵敏、上下联动的应急管理体制和综合协调、分类管理、分级负责、属地管理为主的工作体系。

第十七条 县级人民政府对本行政区域内突发事件的应对管理工作负责。突发事件发生后，发生地县级人民政府应当立即采取措施控制事态发展，组织开展应急救援和处置工作，并立即向上一级人民政府报告，必要时可以越级上报，具备条件的，应当进行网络直报或者自动速报。

突发事件发生地县级人民政府不能消除或者不能有效控制突发事件引起的严重社会危害的，应当及时向上级人民政府报告。上级人民政府应当及时采取措施，统一领导应急处置工作。

法律、行政法规规定由国务院有关部门对突发事件应对管理工作负责的，从其规定；地方人民政府应当积极配合并提供必要的支持。

第十八条 突发事件涉及两个以上行政区域的，其应对管理工作由有关行政区域共同的上一级人民政府负责，或者由各有关行政区域的上一级人民政府共同负责。共同负责的人民政府应当按照国家有关规定，建立信息共享和协调配合机制。根据共同应对突发事件的需要，地方人民政府之间可以建立协同应对机制。

第十九条 县级以上人民政府是突发事件应对管理工作的行政领导机关。

国务院在总理领导下研究、决定和部署特别重大突发事件的应对工作；根据实际需要，设立国家突发事件应急指挥机构，负责突发事件应对工作；必要时，国务院可以派出工作组指导有关工作。

县级以上地方人民政府设立由本级人民政府主要负责人、相关部门负责人、国家综合性消防救援队伍和驻当地中国人民解放军、中国人民武装警察部队有关负责人等组成的突发事件应急指挥机构，统一领导、协调本级人民政府各有关部门和下级人民政府开展突发事件应对工作；根据实际需要，设立相关类别突发事件应急指挥机构，组织、协调、指挥突发事件应对工作。

第二十条 突发事件应急指挥机构在突发事件应对过程中可以依法发布有关突发事件应对的决定、命令、措施。突发事件应急指挥机构发布的决定、命令、措施与设立它的人民政府发布的决定、命令、措施具有同等效力，法律责任由设立它的人民政府承担。

第二十一条 县级以上人民政府应急管理部门和卫生健康、公安等有关部门应当在各自职责范围内做好有关突发事件应对管理工作，并指导、协助下级人民政府及其相应部门做好有关突发事件的应对管理工作。

第二十二条 乡级人民政府、街道办事处应当明确专门工作力量，负责突发事件应对有关工作。

居民委员会、村民委员会依法协助人民政府和有关部门做好突发事件应对工作。

第二十三条 公民、法人和其他组织有义务参与突发事件应对工作。

第二十四条 中国人民解放军、中国人民武装警察部队和民兵组织依照本法和其他有关法律、行政法规、军事法规的规定以及国务院、中央军事委员会的命令，参加突发事件的应急救援和处置工作。

第二十五条 县级以上人民政府及其设立的突发事件应急指挥机构发布的有关突发事件应对的决定、命令、措施，应当及时报本级人民代表大会常务委员会备案；突发事件应急处置工作结束后，应当向本级人民代表大会常务委员会作出专项工作报告。

第三章 预防与应急准备

第二十六条 国家建立健全突发事件应急预案体系。

国务院制定国家突发事件总体应急预案，组织制定国家突发事件专项应急预案；国务院有关部门根据各自的职责和国务院相关应急预案，制定国家突发事件部门应急预案并报国务院备案。

地方各级人民政府和县级以上地方人民政府有关部门根据有关法律、法规、规章、上级人民政府及其有关部门的应急预案以及本地区、本部门的实际情况，制定相应的突发事件应急预案并按国务院有关规定备案。

第二十七条 县级以上人民政府应急管理部门指导突发事件应急预案体系建设，综合协调应急预案衔接工作，增强有关应急预案的衔接性和实效性。

第二十八条 应急预案应当根据本法和其他有关法律、法规的规定，针对突发事件的性质、特点和可能造成的社会危害，具体规定突发事件应对管理工作的组织指挥体系与职责和突发事件的预防与预警机制、处置程序、应急保障措施以及事后恢复与重建措施等内容。

应急预案制定机关应当广泛听取有关部门、单位、专家和社会各方面意见，增强应急预案的针对性和可操作性，并根据实际需要、情势变化、应急演练中发现的问题等及时对应急预案作出修订。

应急预案的制定、修订、备案等工作程序和管理办法由国务院规定。

第二十九条 县级以上人民政府应当将突发事件应对工作纳入国民经济和社会发展规划。县级以上人民政府有关部门应当制定突发事件应急体系建设规划。

第三十条 国土空间规划等规划应当符合预防、处置突发事件的需要，统筹安排突发事件应对工作所必需的设备和基础设施建设，合理确定应急避难、封闭隔离、紧急医疗救治等场所，实现日常使用和应急使用的相互转换。

第三十一条 国务院应急管理部门会同卫生健康、自然资源、住房城乡建设等部门统筹、指导全国应急避难场所的建设和管理工作，建立健全应急避难场所标准体系。县级以上地方人民政府负责本行政区域内应急避难场所的规划、建设和管理工作。

第三十二条 国家建立健全突发事件风险评估体系，对可能发生的突发事件进行综合性评估，有针对性地采取有效防范措施，减少突发事件的发生，最大限度减轻突发事件的影响。

第三十三条 县级人民政府应当对本行政区域内容易引发自然灾害、事故灾难和公共卫生事件的危险源、危险区域进行调查、登记、风险评估，定期进行检查、监控，并责令有关单位采取安全防范措施。

省级和设区的市级人民政府应当对本行政区域内容易引发特别重大、重大突发事件的危险源、危险区域进行调查、登记、风险评估，组织进行检查、监控，并责令有关单位采取安全防范措施。

县级以上地方人民政府应当根据情况变化，及时调整危险源、危险区域的登记。登记的危险源、危险区域及其基础信息，应当按照国家有关规定接入突发事件信息系统，并及时向社会公布。

第三十四条 县级人民政府及其有关部门、乡级人民政府、街道办事处、居民委员会、村民委员会应当及时调解处理可能引发社会安全事件的矛盾纠纷。

第三十五条 所有单位应当建立健全安全管理制度，定期开展危险源辨识评估，制定安全防范措施；定期检查本单位各项安全防范措施的落实情况，及时消除事故隐患；掌握并及时处理本单位存在的可能引发社会安全事件的问题，防止矛盾激化和事态扩大；对本单位可能发生的突发事件和采取安全防范措施的情况，应当按照规定及时向所在地人民政府或者有关部门报告。

第三十六条　矿山、金属冶炼、建筑施工单位和易燃易爆物品、危险化学品、放射性物品等危险物品的生产、经营、运输、储存、使用单位，应当制定具体应急预案，配备必要的应急救援器材、设备和物资，并对生产经营场所、有危险物品的建筑物、构筑物及周边环境开展隐患排查，及时采取措施管控风险和消除隐患，防止发生突发事件。

第三十七条　公共交通工具、公共场所和其他人员密集场所的经营单位或者管理单位应当制定具体应急预案，为交通工具和有关场所配备报警装置和必要的应急救援设备、设施，注明其使用方法，并显著标明安全撤离的通道、路线，保证安全通道、出口的畅通。

有关单位应当定期检测、维护其报警装置和应急救援设备、设施，使其处于良好状态，确保正常使用。

第三十八条　县级以上人民政府应当建立健全突发事件应对管理培训制度，对人民政府及其有关部门负有突发事件应对管理职责的工作人员以及居民委员会、村民委员会有关人员定期进行培训。

第三十九条　国家综合性消防救援队伍是应急救援的综合性常备骨干力量，按照国家有关规定执行综合应急救援任务。县级以上人民政府有关部门可以根据实际需要设立专业应急救援队伍。

县级以上人民政府及其有关部门可以建立由成年志愿者组成的应急救援队伍。乡级人民政府、街道办事处和有条件的居民委员会、村民委员会可以建立基层应急救援队伍，及时、就近开展应急救援。单位应当建立由本单位职工组成的专职或者兼职应急救援队伍。

国家鼓励和支持社会力量建立提供社会化应急救援服务的应急救援队伍。社会力量建立的应急救援队伍参与突发事件应对工作应当服从履行统一领导职责或者组织处置突发事件的人民政府、突发事件应急指挥机构的统一指挥。

县级以上人民政府应当推动专业应急救援队伍与非专业应急救援队伍联合培训、联合演练，提高合成应急、协同应急的能力。

第四十条 地方各级人民政府、县级以上人民政府有关部门、有关单位应当为其组建的应急救援队伍购买人身意外伤害保险，配备必要的防护装备和器材，防范和减少应急救援人员的人身伤害风险。

专业应急救援人员应当具备相应的身体条件、专业技能和心理素质，取得国家规定的应急救援职业资格，具体办法由国务院应急管理部门会同国务院有关部门制定。

第四十一条 中国人民解放军、中国人民武装警察部队和民兵组织应当有计划地组织开展应急救援的专门训练。

第四十二条 县级人民政府及其有关部门、乡级人民政府、街道办事处应当组织开展面向社会公众的应急知识宣传普及活动和必要的应急演练。

居民委员会、村民委员会、企业事业单位、社会组织应当根据所在地人民政府的要求，结合各自的实际情况，开展面向居民、村民、职工等的应急知识宣传普及活动和必要的应急演练。

第四十三条 各级各类学校应当把应急教育纳入教育教学计划，对学生及教职工开展应急知识教育和应急演练，培养安全意识，提高自救与互救能力。

教育主管部门应当对学校开展应急教育进行指导和监督，应急管理等部门应当给予支持。

第四十四条　各级人民政府应当将突发事件应对工作所需经费纳入本级预算，并加强资金管理，提高资金使用绩效。

第四十五条　国家按照集中管理、统一调拨、平时服务、灾时应急、采储结合、节约高效的原则，建立健全应急物资储备保障制度，动态更新应急物资储备品种目录，完善重要应急物资的监管、生产、采购、储备、调拨和紧急配送体系，促进安全应急产业发展，优化产业布局。

国家储备物资品种目录、总体发展规划，由国务院发展改革部门会同国务院有关部门拟订。国务院应急管理等部门依据职责制定应急物资储备规划、品种目录，并组织实施。应急物资储备规划应当纳入国家储备总体发展规划。

第四十六条　设区的市级以上人民政府和突发事件易发、多发地区的县级人民政府应当建立应急救援物资、生活必需品和应急处置装备的储备保障制度。

县级以上地方人民政府应当根据本地区的实际情况和突发事件应对工作的需要，依法与有条件的企业签订协议，保障应急救援物资、生活必需品和应急处置装备的生产、供给。有关企业应当根据协议，按照县级以上地方人民政府要求，进行应急救援物资、生活必需品和应急处置装备的生产、供给，并确保符合国家有关产品质量的标准和要求。

国家鼓励公民、法人和其他组织储备基本的应急自救物资和生活必需品。有关部门可以向社会公布相关物资、物品的储备指南和建议清单。

第四十七条　国家建立健全应急运输保障体系，统筹铁路、公路、水运、民航、邮政、快递等运输和服务方式，制定应急运输保障方案，保障应急物资、装备和人员及时运输。

县级以上地方人民政府和有关主管部门应当根据国家应急运输

保障方案，结合本地区实际做好应急调度和运力保障，确保运输通道和客货运枢纽畅通。

国家发挥社会力量在应急运输保障中的积极作用。社会力量参与突发事件应急运输保障，应当服从突发事件应急指挥机构的统一指挥。

第四十八条 国家建立健全能源应急保障体系，提高能源安全保障能力，确保受突发事件影响地区的能源供应。

第四十九条 国家建立健全应急通信、应急广播保障体系，加强应急通信系统、应急广播系统建设，确保突发事件应对工作的通信、广播安全畅通。

第五十条 国家建立健全突发事件卫生应急体系，组织开展突发事件中的医疗救治、卫生学调查处置和心理援助等卫生应急工作，有效控制和消除危害。

第五十一条 县级以上人民政府应当加强急救医疗服务网络的建设，配备相应的医疗救治物资、设施设备和人员，提高医疗卫生机构应对各类突发事件的救治能力。

第五十二条 国家鼓励公民、法人和其他组织为突发事件应对工作提供物资、资金、技术支持和捐赠。

接受捐赠的单位应当及时公开接受捐赠的情况和受赠财产的使用、管理情况，接受社会监督。

第五十三条 红十字会在突发事件中，应当对伤病人员和其他受害者提供紧急救援和人道救助，并协助人民政府开展与其职责相关的其他人道主义服务活动。有关人民政府应当给予红十字会支持和资助，保障其依法参与应对突发事件。

慈善组织在发生重大突发事件时开展募捐和救助活动，应当在有关人民政府的统筹协调、有序引导下依法进行。有关人民政府应当通过提供必要的需求信息、政府购买服务等方式，对慈善组织参与应对突发事件、开展应急慈善活动予以支持。

第五十四条　有关单位应当加强应急救援资金、物资的管理，提高使用效率。

任何单位和个人不得截留、挪用、私分或者变相私分应急救援资金、物资。

第五十五条　国家发展保险事业，建立政府支持、社会力量参与、市场化运作的巨灾风险保险体系，并鼓励单位和个人参加保险。

第五十六条　国家加强应急管理基础科学、重点行业领域关键核心技术的研究，加强互联网、云计算、大数据、人工智能等现代技术手段在突发事件应对工作中的应用，鼓励、扶持有条件的教学科研机构、企业培养应急管理人才和科技人才，研发、推广新技术、新材料、新设备和新工具，提高突发事件应对能力。

第五十七条　县级以上人民政府及其有关部门应当建立健全突发事件专家咨询论证制度，发挥专业人员在突发事件应对工作中的作用。

第四章　监　测　与　预　警

第五十八条　国家建立健全突发事件监测制度。

县级以上人民政府及其有关部门应当根据自然灾害、事故灾难和公共卫生事件的种类和特点，建立健全基础信息数据库，完善监测网络，划分监测区域，确定监测点，明确监测项目，提供必要的设备、设施，配备专职或者兼职人员，对可能发生的突发事件进行监测。

第五十九条　国务院建立全国统一的突发事件信息系统。

县级以上地方人民政府应当建立或者确定本地区统一的突发事件信息系统，汇集、储存、分析、传输有关突发事件的信息，并与上级人民政府及其有关部门、下级人民政府及其有关部门、专业机构、监测网点和重点企业的突发事件信息系统实现互联互通，加强跨部门、跨地区的信息共享与情报合作。

第六十条 县级以上人民政府及其有关部门、专业机构应当通过多种途径收集突发事件信息。

县级人民政府应当在居民委员会、村民委员会和有关单位建立专职或者兼职信息报告员制度。

公民、法人或者其他组织发现发生突发事件，或者发现可能发生突发事件的异常情况，应当立即向所在地人民政府、有关主管部门或者指定的专业机构报告。接到报告的单位应当按照规定立即核实处理，对于不属于其职责的，应当立即移送相关单位核实处理。

第六十一条 地方各级人民政府应当按照国家有关规定向上级人民政府报送突发事件信息。县级以上人民政府有关主管部门应当向本级人民政府相关部门通报突发事件信息，并报告上级人民政府主管部门。专业机构、监测网点和信息报告员应当及时向所在地人民政府及其有关主管部门报告突发事件信息。

有关单位和人员报送、报告突发事件信息，应当做到及时、客观、真实，不得迟报、谎报、瞒报、漏报，不得授意他人迟报、谎报、瞒报，不得阻碍他人报告。

第六十二条 县级以上地方人民政府应当及时汇总分析突发事件隐患和监测信息，必要时组织相关部门、专业技术人员、专家学者进行会商，对发生突发事件的可能性及其可能造成的影响进行评估；认为可能发生重大或者特别重大突发事件的，应当立即向上级人民政府报告，并向上级人民政府有关部门、当地驻军和可能受到危害的毗邻或者相关地区的人民政府通报，及时采取预防措施。

第六十三条 国家建立健全突发事件预警制度。

可以预警的自然灾害、事故灾难和公共卫生事件的预警级别，按照突发事件发生的紧急程度、发展势态和可能造成的危害程度分为一级、二级、三级和四级，分别用红色、橙色、黄色和蓝色标示，一级为最高级别。

预警级别的划分标准由国务院或者国务院确定的部门制定。

第六十四条　可以预警的自然灾害、事故灾难或者公共卫生事件即将发生或者发生的可能性增大时，县级以上地方人民政府应当根据有关法律、行政法规和国务院规定的权限和程序，发布相应级别的警报，决定并宣布有关地区进入预警期，同时向上一级人民政府报告，必要时可以越级上报；具备条件的，应当进行网络直报或者自动速报；同时向当地驻军和可能受到危害的毗邻或者相关地区的人民政府通报。

发布警报应当明确预警类别、级别、起始时间、可能影响的范围、警示事项、应当采取的措施、发布单位和发布时间等。

第六十五条　国家建立健全突发事件预警发布平台，按照有关规定及时、准确向社会发布突发事件预警信息。

广播、电视、报刊以及网络服务提供者、电信运营商应当按照国家有关规定，建立突发事件预警信息快速发布通道，及时、准确、无偿播发或者刊载突发事件预警信息。

公共场所和其他人员密集场所，应当指定专门人员负责突发事件预警信息接收和传播工作，做好相关设备、设施维护，确保突发事件预警信息及时、准确接收和传播。

第六十六条　发布三级、四级警报，宣布进入预警期后，县级以上地方人民政府应当根据即将发生的突发事件的特点和可能造成的危害，采取下列措施：

（一）启动应急预案；

（二）责令有关部门、专业机构、监测网点和负有特定职责的人员及时收集、报告有关信息，向社会公布反映突发事件信息的渠道，加强对突发事件发生、发展情况的监测、预报和预警工作；

（三）组织有关部门和机构、专业技术人员、有关专家学者，随时对突发事件信息进行分析评估，预测发生突发事件可能性的大小、影响范围和强度以及可能发生的突发事件的级别；

（四）定时向社会发布与公众有关的突发事件预测信息和分析评估结果，并对相关信息的报道工作进行管理；

（五）及时按照有关规定向社会发布可能受到突发事件危害的警告，宣传避免、减轻危害的常识，公布咨询或者求助电话等联络方式和渠道。

第六十七条 发布一级、二级警报，宣布进入预警期后，县级以上地方人民政府除采取本法第六十六条规定的措施外，还应当针对即将发生的突发事件的特点和可能造成的危害，采取下列一项或者多项措施：

（一）责令应急救援队伍、负有特定职责的人员进入待命状态，并动员后备人员做好参加应急救援和处置工作的准备；

（二）调集应急救援所需物资、设备、工具，准备应急设施和应急避难、封闭隔离、紧急医疗救治等场所，并确保其处于良好状态、随时可以投入正常使用；

（三）加强对重点单位、重要部位和重要基础设施的安全保卫，维护社会治安秩序；

（四）采取必要措施，确保交通、通信、供水、排水、供电、供气、供热、医疗卫生、广播电视、气象等公共设施的安全和正常运行；

（五）及时向社会发布有关采取特定措施避免或者减轻危害的建议、劝告；

（六）转移、疏散或者撤离易受突发事件危害的人员并予以妥善安置，转移重要财产；

（七）关闭或者限制使用易受突发事件危害的场所，控制或者限制容易导致危害扩大的公共场所的活动；

（八）法律、法规、规章规定的其他必要的防范性、保护性措施。

第六十八条 发布警报，宣布进入预警期后，县级以上人民政府应当对重要商品和服务市场情况加强监测，根据实际需要及时保障供应、稳定市场。必要时，国务院和省、自治区、直辖市人民政府可以按照《中华人民共和国价格法》等有关法律规定采取相应措施。

第六十九条 对即将发生或者已经发生的社会安全事件，县级以上地方人民政府及其有关主管部门应当按照规定向上一级人民政府及其有关主管部门报告，必要时可以越级上报，具备条件的，应当进行网络直报或者自动速报。

第七十条 发布突发事件警报的人民政府应当根据事态的发展，按照有关规定适时调整预警级别并重新发布。

有事实证明不可能发生突发事件或者危险已经解除的，发布警报的人民政府应当立即宣布解除警报，终止预警期，并解除已经采取的有关措施。

第五章 应急处置与救援

第七十一条 国家建立健全突发事件应急响应制度。

突发事件的应急响应级别，按照突发事件的性质、特点、可能造成的危害程度和影响范围等因素分为一级、二级、三级和四级，一级为最高级别。

突发事件应急响应级别划分标准由国务院或者国务院确定的部门制定。县级以上人民政府及其有关部门应当在突发事件应急预案中确定应急响应级别。

第七十二条　突发事件发生后，履行统一领导职责或者组织处置突发事件的人民政府应当针对其性质、特点、危害程度和影响范围等，立即启动应急响应，组织有关部门，调动应急救援队伍和社会力量，依照法律、法规、规章和应急预案的规定，采取应急处置措施，并向上级人民政府报告；必要时，可以设立现场指挥部，负责现场应急处置与救援，统一指挥进入突发事件现场的单位和个人。

启动应急响应，应当明确响应事项、级别、预计期限、应急处置措施等。

履行统一领导职责或者组织处置突发事件的人民政府，应当建立协调机制，提供需求信息，引导志愿服务组织和志愿者等社会力量及时有序参与应急处置与救援工作。

第七十三条　自然灾害、事故灾难或者公共卫生事件发生后，履行统一领导职责的人民政府应当采取下列一项或者多项应急处置措施：

（一）组织营救和救治受害人员，转移、疏散、撤离并妥善安置受到威胁的人员以及采取其他救助措施；

（二）迅速控制危险源，标明危险区域，封锁危险场所，划定警戒区，实行交通管制、限制人员流动、封闭管理以及其他控制措施；

（三）立即抢修被损坏的交通、通信、供水、排水、供电、供气、供热、医疗卫生、广播电视、气象等公共设施，向受到危害的人员提供避难场所和生活必需品，实施医疗救护和卫生防疫以及其他保障措施；

（四）禁止或者限制使用有关设备、设施，关闭或者限制使用有关场所，中止人员密集的活动或者可能导致危害扩大的生产经营活动以及采取其他保护措施；

（五）启用本级人民政府设置的财政预备费和储备的应急救援物资，必要时调用其他急需物资、设备、设施、工具；

（六）组织公民、法人和其他组织参加应急救援和处置工作，要求具有特定专长的人员提供服务；

（七）保障食品、饮用水、药品、燃料等基本生活必需品的供应；

（八）依法从严惩处囤积居奇、哄抬价格、牟取暴利、制假售假等扰乱市场秩序的行为，维护市场秩序；

（九）依法从严惩处哄抢财物、干扰破坏应急处置工作等扰乱社会秩序的行为，维护社会治安；

（十）开展生态环境应急监测，保护集中式饮用水水源地等环境敏感目标，控制和处置污染物；

（十一）采取防止发生次生、衍生事件的必要措施。

第七十四条 社会安全事件发生后，组织处置工作的人民政府应当立即启动应急响应，组织有关部门针对事件的性质和特点，依照有关法律、行政法规和国家其他有关规定，采取下列一项或者多项应急处置措施：

（一）强制隔离使用器械相互对抗或者以暴力行为参与冲突的当事人，妥善解决现场纠纷和争端，控制事态发展；

（二）对特定区域内的建筑物、交通工具、设备、设施以及燃料、燃气、电力、水的供应进行控制；

（三）封锁有关场所、道路，查验现场人员的身份证件，限制有关公共场所内的活动；

（四）加强对易受冲击的核心机关和单位的警卫，在国家机关、军事机关、国家通讯社、广播电台、电视台、外国驻华使领馆等单位附近设置临时警戒线；

（五）法律、行政法规和国务院规定的其他必要措施。

第七十五条　发生突发事件，严重影响国民经济正常运行时，国务院或者国务院授权的有关主管部门可以采取保障、控制等必要的应急措施，保障人民群众的基本生活需要，最大限度地减轻突发事件的影响。

第七十六条　履行统一领导职责或者组织处置突发事件的人民政府及其有关部门，必要时可以向单位和个人征用应急救援所需设备、设施、场地、交通工具和其他物资，请求其他地方人民政府及其有关部门提供人力、物力、财力或者技术支援，要求生产、供应生活必需品和应急救援物资的企业组织生产、保证供给，要求提供医疗、交通等公共服务的组织提供相应的服务。

履行统一领导职责或者组织处置突发事件的人民政府和有关主管部门，应当组织协调运输经营单位，优先运送处置突发事件所需物资、设备、工具、应急救援人员和受到突发事件危害的人员。

履行统一领导职责或者组织处置突发事件的人民政府及其有关部门，应当为受突发事件影响无人照料的无民事行为能力人、限制民事行为能力人提供及时有效帮助；建立健全联系帮扶应急救援人员家庭制度，帮助解决实际困难。

第七十七条　突发事件发生地的居民委员会、村民委员会和其他组织应当按照当地人民政府的决定、命令，进行宣传动员，组织群众开展自救与互救，协助维护社会秩序；情况紧急的，应当立即组织群众开展自救与互救等先期处置工作。

第七十八条　受到自然灾害危害或者发生事故灾难、公共卫生事件的单位，应当立即组织本单位应急救援队伍和工作人员营救受害人员，疏散、撤离、安置受到威胁的人员，控制危险源，标明危险区域，封锁危险场所，并采取其他防止危害扩大的必要措施，同时向所在地县级人民政府报告；对因本单位的问题引发的或者主体是本单位人员的社会安全事件，有关单位应当按照规定上报情况，并迅速派出负责人赶赴现场开展劝解、疏导工作。

突发事件发生地的其他单位应当服从人民政府发布的决定、命令，配合人民政府采取的应急处置措施，做好本单位的应急救援工作，并积极组织人员参加所在地的应急救援和处置工作。

第七十九条 突发事件发生地的个人应当依法服从人民政府、居民委员会、村民委员会或者所属单位的指挥和安排，配合人民政府采取的应急处置措施，积极参加应急救援工作，协助维护社会秩序。

第八十条 国家支持城乡社区组织健全应急工作机制，强化城乡社区综合服务设施和信息平台应急功能，加强与突发事件信息系统数据共享，增强突发事件应急处置中保障群众基本生活和服务群众能力。

第八十一条 国家采取措施，加强心理健康服务体系和人才队伍建设，支持引导心理健康服务人员和社会工作者对受突发事件影响的各类人群开展心理健康教育、心理评估、心理疏导、心理危机干预、心理行为问题诊治等心理援助工作。

第八十二条 对于突发事件遇难人员的遗体，应当按照法律和国家有关规定，科学规范处置，加强卫生防疫，维护逝者尊严。对于逝者的遗物应当妥善保管。

第八十三条 县级以上人民政府及其有关部门根据突发事件应对工作需要，在履行法定职责所必需的范围和限度内，可以要求公民、法人和其他组织提供应急处置与救援需要的信息。公民、法人和其他组织应当予以提供，法律另有规定的除外。县级以上人民政府及其有关部门对获取的相关信息，应当严格保密，并依法保护公民的通信自由和通信秘密。

第八十四条 在突发事件应急处置中，有关单位和个人因依照本法规定配合突发事件应对工作或者履行相关义务，需要获取他人个人信息的，应当依照法律规定的程序和方式取得并确保信息安全，不得非法收集、使用、加工、传输他人个人信息，不得非法买卖、提供或者公开他人个人信息。

第八十五条 因依法履行突发事件应对工作职责或者义务获取的个人信息，只能用于突发事件应对，并在突发事件应对工作结束后予以销毁。确因依法作为证据使用或者调查评估需要留存或者延期销毁的，应当按照规定进行合法性、必要性、安全性评估，并采取相应保护和处理措施，严格依法使用。

第六章 事后恢复与重建

第八十六条 突发事件的威胁和危害得到控制或者消除后，履行统一领导职责或者组织处置突发事件的人民政府应当宣布解除应急响应，停止执行依照本法规定采取的应急处置措施，同时采取或者继续实施必要措施，防止发生自然灾害、事故灾难、公共卫生事件的次生、衍生事件或者重新引发社会安全事件，组织受影响地区尽快恢复社会秩序。

第八十七条 突发事件应急处置工作结束后，履行统一领导职责的人民政府应当立即组织对突发事件造成的影响和损失进行调查评估，制定恢复重建计划，并向上一级人民政府报告。

受突发事件影响地区的人民政府应当及时组织和协调应急管理、卫生健康、公安、交通、铁路、民航、邮政、电信、建设、生态环境、水利、能源、广播电视等有关部门恢复社会秩序，尽快修复被损坏的交通、通信、供水、排水、供电、供气、供热、医疗卫生、水利、广播电视等公共设施。

第八十八条 受突发事件影响地区的人民政府开展恢复重建工作需要上一级人民政府支持的，可以向上一级人民政府提出请求。上一级人民政府应当根据受影响地区遭受的损失和实际情况，提供资金、物资支持和技术指导，组织协调其他地区和有关方面提供资金、物资和人力支援。

第八十九条　国务院根据受突发事件影响地区遭受损失的情况，制定扶持该地区有关行业发展的优惠政策。

受突发事件影响地区的人民政府应当根据本地区遭受的损失和采取应急处置措施的情况，制定救助、补偿、抚慰、抚恤、安置等善后工作计划并组织实施，妥善解决因处置突发事件引发的矛盾纠纷。

第九十条　公民参加应急救援工作或者协助维护社会秩序期间，其所在单位应当保证其工资待遇和福利不变，并可以按照规定给予相应补助。

第九十一条　县级以上人民政府对在应急救援工作中伤亡的人员依法落实工伤待遇、抚恤或者其他保障政策，并组织做好应急救援工作中致病人员的医疗救治工作。

第九十二条　履行统一领导职责的人民政府在突发事件应对工作结束后，应当及时查明突发事件的发生经过和原因，总结突发事件应急处置工作的经验教训，制定改进措施，并向上一级人民政府提出报告。

第九十三条　突发事件应对工作中有关资金、物资的筹集、管理、分配、拨付和使用等情况，应当依法接受审计机关的审计监督。

第九十四条　国家档案主管部门应当建立健全突发事件应对工作相关档案收集、整理、保护、利用工作机制。突发事件应对工作中形成的材料，应当按照国家规定归档，并向相关档案馆移交。

第七章　法　律　责　任

第九十五条　地方各级人民政府和县级以上人民政府有关部门

违反本法规定，不履行或者不正确履行法定职责的，由其上级行政机关责令改正；有下列情形之一，由有关机关综合考虑突发事件发生的原因、后果、应对处置情况、行为人过错等因素，对负有责任的领导人员和直接责任人员依法给予处分：

（一）未按照规定采取预防措施，导致发生突发事件，或者未采取必要的防范措施，导致发生次生、衍生事件的；

（二）迟报、谎报、瞒报、漏报或者授意他人迟报、谎报、瞒报以及阻碍他人报告有关突发事件的信息，或者通报、报送、公布虚假信息，造成后果的；

（三）未按照规定及时发布突发事件警报、采取预警期的措施，导致损害发生的；

（四）未按照规定及时采取措施处置突发事件或者处置不当，造成后果的；

（五）违反法律规定采取应对措施，侵犯公民生命健康权益的；

（六）不服从上级人民政府对突发事件应急处置工作的统一领导、指挥和协调的；

（七）未及时组织开展生产自救、恢复重建等善后工作的；

（八）截留、挪用、私分或者变相私分应急救援资金、物资的；

（九）不及时归还征用的单位和个人的财产，或者对被征用财产的单位和个人不按照规定给予补偿的。

第九十六条 有关单位有下列情形之一，由所在地履行统一领导职责的人民政府有关部门责令停产停业，暂扣或者吊销许可证件，并处五万元以上二十万元以下的罚款；情节特别严重的，并处二十万元以上一百万元以下的罚款：

（一）未按照规定采取预防措施，导致发生较大以上突发事件的；

（二）未及时消除已发现的可能引发突发事件的隐患，导致发生较大以上突发事件的；

（三）未做好应急物资储备和应急设备、设施日常维护、检测工作，导致发生较大以上突发事件或者突发事件危害扩大的；

（四）突发事件发生后，不及时组织开展应急救援工作，造成严重后果的。

其他法律对前款行为规定了处罚的，依照较重的规定处罚。

第九十七条 违反本法规定，编造并传播有关突发事件的虚假信息，或者明知是有关突发事件的虚假信息而进行传播的，责令改正，给予警告；造成严重后果的，依法暂停其业务活动或者吊销其许可证件；负有直接责任的人员是公职人员的，还应当依法给予处分。

第九十八条 单位或者个人违反本法规定，不服从所在地人民政府及其有关部门依法发布的决定、命令或者不配合其依法采取的措施的，责令改正；造成严重后果的，依法给予行政处罚；负有直接责任的人员是公职人员的，还应当依法给予处分。

第九十九条 单位或者个人违反本法第八十四条、第八十五条关于个人信息保护规定的，由主管部门依照有关法律规定给予处罚。

第一百条 单位或者个人违反本法规定，导致突发事件发生或者危害扩大，造成人身、财产或者其他损害的，应当依法承担民事责任。

第一百零一条 为了使本人或者他人的人身、财产免受正在发生的危险而采取避险措施的，依照《中华人民共和国民法典》、《中华人民共和国刑法》等法律关于紧急避险的规定处理。

第一百零二条 违反本法规定，构成违反治安管理行为的，依法给予治安管理处罚；构成犯罪的，依法追究刑事责任。

第八章 附　　则

第一百零三条　发生特别重大突发事件，对人民生命财产安全、国家安全、公共安全、生态环境安全或者社会秩序构成重大威胁，采取本法和其他有关法律、法规、规章规定的应急处置措施不能消除或者有效控制、减轻其严重社会危害，需要进入紧急状态的，由全国人民代表大会常务委员会或者国务院依照宪法和其他有关法律规定的权限和程序决定。

紧急状态期间采取的非常措施，依照有关法律规定执行或者由全国人民代表大会常务委员会另行规定。

第一百零四条　中华人民共和国领域外发生突发事件，造成或者可能造成中华人民共和国公民、法人和其他组织人身伤亡、财产损失的，由国务院外交部门会同国务院其他有关部门、有关地方人民政府，按照国家有关规定做好应对工作。

第一百零五条　在中华人民共和国境内的外国人、无国籍人应当遵守本法，服从所在地人民政府及其有关部门依法发布的决定、命令，并配合其依法采取的措施。

第一百零六条　本法自 2024 年 11 月 1 日起施行。

附录 2

《中华人民共和国突发事件应对法》
修订前后对照表

《中华人民共和国突发事件应对法》 （2007 版） （阴影部分为删去或者修改内容）	《中华人民共和国突发事件应对法》 （2024 版） （黑体字为增加内容）
第一章　总则	**第一章　总则**
第一条　为了预防和减少突发事件的发生，控制、减轻和消除突发事件引起的严重社会危害，规范突发事件应对活动，保护人民生命财产安全，维护国家安全、公共安全、环境安全和社会秩序，制定本法。	**第一条**　为了预防和减少突发事件的发生，控制、减轻和消除突发事件引起的严重社会危害，**提高突发事件预防和应对能力**，规范突发事件应对活动，保护人民生命财产安全，维护国家安全、公共安全、**生态环境安全和社会秩序，根据宪法**，制定本法。
第三条第一款　本法所称突发事件，是指突然发生，造成或者可能造成严重社会危害，需要采取应急处置措施予以应对的自然灾害、事故灾难、公共卫生事件和社会安全事件。 **第二条**　突发事件的预防与应急准备、监测与预警、应急处置与救援、事后恢复与重建等应对活动，适用本法。	**第二条**　本法所称突发事件，是指突然发生，造成或者可能造成严重社会危害，需要采取应急处置措施予以应对的自然灾害、事故灾难、公共卫生事件和社会安全事件。 突发事件的预防与应急准备、监测与预警、应急处置与救援、事后恢复与重建等应对活动，适用本法。 **《中华人民共和国传染病防治法》等有关法律对突发公共卫生事件应对作出规定的，适用其规定。有关法律没有规定的，适用本法。**
第三条第二款　按照社会危害程度、影响范围等因素，自然灾害、事故灾难、	**第三条**　按照社会危害程度、影响范围等因素，**突发**自然灾害、事故灾难、公

（续）

《中华人民共和国突发事件应对法》 （2007 版） （阴影部分为删去或者修改内容）	《中华人民共和国突发事件应对法》 （2024 版） （黑体字为增加内容）

公共卫生事件分为特别重大、重大、较大和一般四级。法律、行政法规或者国务院另有规定的，从其规定。
    第三条第三款　突发事件的分级标准由国务院或者国务院确定的部门制定。
	共卫生事件分为特别重大、重大、较大和一般四级。法律、行政法规或者国务院另有规定的，从其规定。
	    突发事件的分级标准由国务院或者国务院确定的部门制定。

	第四条　**突发事件应对工作坚持中国共产党的领导，坚持以马克思列宁主义、毛泽东思想、邓小平理论、"三个代表"重要思想、科学发展观、习近平新时代中国特色社会主义思想为指导，建立健全集中统一、高效权威的中国特色突发事件应对工作领导体制，完善党委领导、政府负责、部门联动、军地联合、社会协同、公众参与、科技支撑、法治保障的治理体系。**
第五条　突发事件应对工作实行预防为主、预防与应急相结合的原则。国家建立重大突发事件风险评估体系，对可能发生的突发事件进行综合性评估，减少重大突发事件的发生，最大限度地减轻重大突发事件的影响。	**第五条**　突发事件应对工作**应当坚持总体国家安全观，统筹发展与安全；坚持人民至上、生命至上；坚持依法科学应对，尊重和保障人权；坚持**预防为主、预防与应急相结合。
第六条　国家建立有效的社会动员机制，增强全民的公共安全和防范风险的意识，提高全社会的避险救助能力。	**第六条**　国家建立有效的社会动员机制，**组织动员企业事业单位、社会组织、志愿者等各方力量依法有序参与突发事件应对工作**，增强全民的公共安全和防范风险的意识，提高全社会的避险救助能力。

（续）

《中华人民共和国突发事件应对法》 （2007 版） （阴影部分为删去或者修改内容）	《中华人民共和国突发事件应对法》 （2024 版） （黑体字为增加内容）
第十条　有关人民政府及其部门作出的应对突发事件的决定、命令，应当及时公布。 第五十四条　任何单位和个人不得编造、传播有关突发事件事态发展或者应急处置工作的虚假信息。	第七条　国家建立健全突发事件信息发布制度。有关人民政府和部门应当及时向社会公布突发事件相关信息和有关突发事件应对的决定、命令、措施等信息。 任何单位和个人不得编造、故意传播有关突发事件的虚假信息。有关人民政府和部门发现影响或者可能影响社会稳定、扰乱社会和经济管理秩序的虚假或者不完整信息的，应当及时发布准确的信息予以澄清。
第二十九条第三款　新闻媒体应当无偿开展突发事件预防与应急、自救与互救知识的公益宣传。	第八条　国家建立健全突发事件新闻采访报道制度。有关人民政府和部门应当做好新闻媒体服务引导工作，支持新闻媒体开展采访报道和舆论监督。 新闻媒体采访报道突发事件应当及时、准确、客观、公正。 新闻媒体应当开展突发事件应对法律法规、预防与应急、自救与互救知识等的公益宣传。
	第九条　国家建立突发事件应对工作投诉、举报制度，公布统一的投诉、举报方式。 对于不履行或者不正确履行突发事件应对工作职责的行为，任何单位和个人有权向有关人民政府和部门投诉、举报。 接到投诉、举报的人民政府和部门应当依照规定立即组织调查处理，并将调查处理结果以适当方式告知投诉人、举报人；投诉、举报事项不属于其职责的，应当及时移送有关机关处理。

（续）

《中华人民共和国突发事件应对法》 （2007 版） （阴影部分为删去或者修改内容）	《中华人民共和国突发事件应对法》 （2024 版） （黑体字为增加内容）
	有关人民政府和部门对投诉人、举报人的相关信息应当予以保密，保护投诉人、举报人的合法权益。
第十一条第一款　有关人民政府及其部门采取的应对突发事件的措施，应当与突发事件可能造成的社会危害的性质、程度和范围相适应；有多种措施可供选择的，应当选择有利于最大程度地保护公民、法人和其他组织权益的措施。	第十条　突发事件应对措施应当与突发事件可能造成的社会危害的性质、程度和范围相适应；有多种措施可供选择的，应当选择有利于最大程度地保护公民、法人和其他组织权益，**且对他人权益损害和生态环境影响较小的措施，并根据情况变化及时调整，做到科学、精准、有效。**
	第十一条　**国家在突发事件应对工作中，应当对未成年人、老年人、残疾人、孕产期和哺乳期的妇女、需要及时就医的伤病人员等群体给予特殊、优先保护。**
第十二条　有关人民政府及其部门为应对突发事件，可以征用单位和个人的财产。被征用的财产在使用完毕或者突发事件应急处置工作结束后，应当及时返还。财产被征用或者征用后毁损、灭失的，应当给予补偿。	第十二条　**县级以上**人民政府及其部门为应对突发事件**的紧急需要**，可以征用单位和个人的**设备、设施、场地、交通工具等**财产。被征用的财产在使用完毕或者突发事件应急处置工作结束后，应当及时返还。财产被征用或者征用后毁损、灭失的，应当给予**公平、合理**的补偿。
第十三条　因采取突发事件应对措施，诉讼、行政复议、仲裁活动不能正常进行的，适用有关时效中止和程序中止的规定，但法律另有规定的除外。	第十三条　因**依法**采取突发事件应对措施，**致使**诉讼、**监察调查**、行政复议、仲裁、**国家赔偿等**活动不能正常进行的，适用有关时效中止和程序中止的规定，法律另有规定的除外。

（续）

《中华人民共和国突发事件应对法》 （2007版） （阴影部分为删去或者修改内容）	《中华人民共和国突发事件应对法》 （2024版） （黑体字为增加内容）
第十五条　中华人民共和国政府在突发事件的预防、监测与预警、应急处置与救援、事后恢复与重建等方面，同外国政府和有关国际组织开展合作与交流。	**第十四条**　中华人民共和国政府在突发事件的预防**与应急准备**、监测与预警、应急处置与救援、事后恢复与重建等方面，同外国政府和有关国际组织开展合作与交流。
	第十五条　对在突发事件应对工作中做出突出贡献的单位和个人，按照国家有关规定给予表彰、奖励。
	<div align="center">**第二章　管理与指挥体制**</div>
第四条　国家建立统一领导、综合协调、分类管理、分级负责、属地管理为主的应急管理体制。	**第十六条**　国家建立统一**指挥、专常兼备、反应灵敏、上下联动的应急管理体制和**综合协调、分类管理、分级负责、属地管理为主的**工作体系**。
第七条　县级人民政府对本行政区域内突发事件的应对工作负责；涉及两个以上行政区域的，由有关行政区域共同的上一级人民政府负责，或者由各有关行政区域的上一级人民政府共同负责。 　　突发事件发生后，发生地县级人民政府应当立即采取措施控制事态发展，组织开展应急救援和处置工作，并立即向上一级人民政府报告，必要时可以越级上报。 　　突发事件发生地县级人民政府不能消除或者不能有效控制突发事件引起的严重社会危害的，应当及时向上级人民政府报告。上级人民政府应当及时采取措施，统一领导应急处置工作。	**第十七条**　县级人民政府对本行政区域内突发事件的应对**管理**工作负责。突发事件发生后，发生地县级人民政府应当立即采取措施控制事态发展，组织开展应急救援和处置工作，并立即向上一级人民政府报告，必要时可以越级上报，**具备条件的，应当进行网络直报或者自动速报**。 　　突发事件发生地县级人民政府不能消除或者不能有效控制突发事件引起的严重社会危害的，应当及时向上级人民政府报告。上级人民政府应当及时采取措施，统一领导应急处置工作。 　　法律、行政法规规定由国务院有关部门对突发事件应对**管理**工作负责的，从其

（续）

《中华人民共和国突发事件应对法》（2007 版）（阴影部分为删去或者修改内容）	《中华人民共和国突发事件应对法》（2024 版）（黑体字为增加内容）
法律、行政法规规定由国务院有关部门对突发事件的应对工作负责的，从其规定；地方人民政府应当积极配合并提供必要的支持。	规定；地方人民政府应当积极配合并提供必要的支持。 **第十八条 突发事件涉及两个以上行**政区域的，**其应对管理工作由有关行政区域共同的上一级人民政府负责，或者由各**有关行政区域的上一级人民政府共同负责。共同负责的人民政府应当按照国家有关规定，建立信息共享和协调配合机制。根据共同应对突发事件的需要，地方人民政府之间可以建立协同应对机制。
第九条 国务院和县级以上地方各级人民政府是突发事件应对工作的行政领导机关，其办事机构及具体职责由国务院规定。 第八条第一款 国务院在总理领导下研究、决定和部署特别重大突发事件的应对工作；根据实际需要，设立国家突发事件应急指挥机构，负责突发事件应对工作；必要时，国务院可以派出工作组指导有关工作。 第八条第二款 县级以上地方各级人民政府设立由本级人民政府主要负责人、相关部门负责人、驻当地中国人民解放军和中国人民武装警察部队有关负责人组成的突发事件应急指挥机构，统一领导、协调本级人民政府各有关部门和下级人民政府开展突发事件应对工作；根据实际需要，设立相关类别突发事件应急指挥机构，组织、协调、指挥突发事件应对工作。	第十九条 县级以上人民政府是突发事件应对**管理**工作的行政领导机关。 国务院在总理领导下研究、决定和部署特别重大突发事件的应对工作；根据实际需要，设立国家突发事件应急指挥机构，负责突发事件应对工作；必要时，国务院可以派出工作组指导有关工作。 县级以上地方人民政府设立由本级人民政府主要负责人、相关部门负责人、**国家综合性消防救援队伍**和驻当地中国人民解放军、中国人民武装警察部队有关负责人**等**组成的突发事件应急指挥机构，统一领导、协调本级人民政府各有关部门和下级人民政府开展突发事件应对工作；根据实际需要，设立相关类别突发事件应急指挥机构，组织、协调、指挥突发事件应对工作。

（续）

《中华人民共和国突发事件应对法》 （2007 版） （阴影部分为删去或者修改内容）	《中华人民共和国突发事件应对法》 （2024 版） （黑体字为增加内容）
	第二十条 突发事件应急指挥机构在突发事件应对过程中可以依法发布有关突发事件应对的决定、命令、措施。突发事件应急指挥机构发布的决定、命令、措施与设立它的人民政府发布的决定、命令、措施具有同等效力，法律责任由设立它的人民政府承担。
第八条第三款 上级人民政府主管部门应当在各自职责范围内，指导、协助下级人民政府及其相应部门做好有关突发事件的应对工作。	第二十一条 县级以上人民政府应急管理部门和卫生健康、公安等有关部门应当在各自职责范围内做好有关突发事件应对管理工作，并指导、协助下级人民政府及其相应部门做好有关突发事件的应对管理工作。
	第二十二条 乡级人民政府、街道办事处应当明确专门工作力量，负责突发事件应对有关工作。 居民委员会、村民委员会依法协助人民政府和有关部门做好突发事件应对工作。
第十一条第二款 公民、法人和其他组织有义务参与突发事件应对工作。	第二十三条 公民、法人和其他组织有义务参与突发事件应对工作。
第十四条 中国人民解放军、中国人民武装警察部队和民兵组织依照本法和其他有关法律、行政法规、军事法规的规定以及国务院、中央军事委员会的命令，参加突发事件的应急救援和处置工作。	第二十四条 中国人民解放军、中国人民武装警察部队和民兵组织依照本法和其他有关法律、行政法规、军事法规的规定以及国务院、中央军事委员会的命令，参加突发事件的应急救援和处置工作。

（续）

《中华人民共和国突发事件应对法》 （2007 版） （阴影部分为删去或者修改内容）	《中华人民共和国突发事件应对法》 （2024 版） （黑体字为增加内容）
第十六条 县级以上人民政府作出应对突发事件的决定、命令，应当报本级人民代表大会常务委员会备案；突发事件应急处置工作结束后，应当向本级人民代表大会常务委员会作出专项工作报告。	第二十五条 县级以上人民政府**及其设立的突发事件应急指挥机构发布**的有关**突发事件应对**的决定、命令、**措施**，应当**及时**报本级人民代表大会常务委员会备案；突发事件应急处置工作结束后，应当向本级人民代表大会常务委员会作出专项工作报告。
第二章 预防与应急准备	第三章 预防与应急准备
第十七条第一款 国家建立健全突发事件应急预案体系。 第十七条第二款 国务院制定国家突发事件总体应急预案，组织制定国家突发事件专项应急预案；国务院有关部门根据各自的职责和国务院相关应急预案，制定国家突发事件部门应急预案。 第十七条第三款 地方各级人民政府和县级以上地方各级人民政府有关部门根据有关法律、法规、规章、上级人民政府及其有关部门的应急预案以及本地区的实际情况，制定相应的突发事件应急预案。	第二十六条 国家建立健全突发事件应急预案体系。 国务院制定国家突发事件总体应急预案，组织制定国家突发事件专项应急预案；国务院有关部门根据各自的职责和国务院相关应急预案，制定国家突发事件部门应急预案**并报国务院备案**。 地方各级人民政府和县级以上地方人民政府有关部门根据有关法律、法规、规章、上级人民政府及其有关部门的应急预案以及本地区、**本部门**的实际情况，制定相应的突发事件应急预案**并按国务院有关规定备案**。
	第二十七条 县级以上人民政府应急管理部门指导突发事件应急预案体系建设，综合协调应急预案衔接工作，增强有关应急预案的衔接性和实效性。

（续）

《中华人民共和国突发事件应对法》 (2007 版) （阴影部分为删去或者修改内容）	《中华人民共和国突发事件应对法》 (2024 版) （黑体字为增加内容）
第十八条 应急预案应当根据本法和其他有关法律、法规的规定，针对突发事件的性质、特点和可能造成的社会危害，具体规定突发事件应急管理工作的组织指挥体系与职责和突发事件的预防与预警机制、处置程序、应急保障措施以及事后恢复与重建措施等内容。 **第十七条第四款** 应急预案制定机关应当根据实际需要和情势变化，适时修订应急预案。应急预案的制定、修订程序由国务院规定。	**第二十八条** 应急预案应当根据本法和其他有关法律、法规的规定，针对突发事件的性质、特点和可能造成的社会危害，具体规定突发事件**应对**管理工作的组织指挥体系与职责和突发事件的预防与预警机制、处置程序、应急保障措施以及事后恢复与重建措施等内容。 应急预案制定机关应当**广泛听取有关部门、单位、专家和社会各方面意见，增强应急预案的针对性和可操作性，并根据**实际需要、情势变化、**应急演练中发现的问题等**及时对应急预案作出修订。 应急预案的制定、修订、**备案等**工作程序**和管理办法**由国务院规定。
	第二十九条 县级以上人民政府应当将突发事件应对工作纳入国民经济和社会发展规划。县级以上人民政府有关部门应当制定突发事件应急体系建设规划。
第十九条 城乡规划应当符合预防、处置突发事件的需要，统筹安排应对突发事件所必需的设备和基础设施建设，合理确定应急避难场所。	**第三十条** 国土空间规划**等**规划应当符合预防、处置突发事件的需要，统筹安排**突发事件应对工作**所必需的设备和基础设施建设，合理确定应急避难、**封闭隔离、紧急医疗救治等**场所，**实现日常使用和应急使用的相互转换。**
	第三十一条 国务院应急管理部门会同卫生健康、自然资源、住房城乡建设等部门统筹、指导全国应急避难场所的建设和管理工作，建立健全应急避难场所标准体系。县级以上地方人民政府负责本行政区域内应急避难场所的规划、建设和管理工作。

（续）

《中华人民共和国突发事件应对法》 （2007 版） （阴影部分为删去或者修改内容）	《中华人民共和国突发事件应对法》 （2024 版） （黑体字为增加内容）
第五条　突发事件应对工作实行预防为主、预防与应急相结合的原则。国家建立重大突发事件风险评估体系，对可能发生的突发事件进行综合性评估，减少重大突发事件的发生，最大限度地减轻重大突发事件的影响。	第三十二条　国家建立健全突发事件风险评估体系，对可能发生的突发事件进行综合性评估，有针对性地采取有效防范措施，减少突发事件的发生，最大限度减轻突发事件的影响。
第二十条　县级人民政府应当对本行政区域内容易引发自然灾害、事故灾难和公共卫生事件的危险源、危险区域进行调查、登记、风险评估，定期进行检查、监控，并责令有关单位采取安全防范措施。 　　省级和设区的市级人民政府应当对本行政区域内容易引发特别重大、重大突发事件的危险源、危险区域进行调查、登记、风险评估，组织进行检查、监控，并责令有关单位采取安全防范措施。 　　县级以上地方各级人民政府按照本法规定登记的危险源、危险区域，应当按照国家规定及时向社会公布。	第三十三条　县级人民政府应当对本行政区域内容易引发自然灾害、事故灾难和公共卫生事件的危险源、危险区域进行调查、登记、风险评估，定期进行检查、监控，并责令有关单位采取安全防范措施。 　　省级和设区的市级人民政府应当对本行政区域内容易引发特别重大、重大突发事件的危险源、危险区域进行调查、登记、风险评估，组织进行检查、监控，并责令有关单位采取安全防范措施。 　　县级以上地方人民政府应当根据情况变化，及时调整危险源、危险区域的登记。登记的危险源、危险区域及其基础信息，应当按照国家有关规定接入突发事件信息系统，并及时向社会公布。
第二十一条　县级人民政府及其有关部门、乡级人民政府、街道办事处、居民委员会、村民委员会应当及时调解处理可能引发社会安全事件的矛盾纠纷。	第三十四条　县级人民政府及其有关部门、乡级人民政府、街道办事处、居民委员会、村民委员会应当及时调解处理可能引发社会安全事件的矛盾纠纷。

（续）

《中华人民共和国突发事件应对法》 （2007版） （阴影部分为删去或者修改内容）	《中华人民共和国突发事件应对法》 （2024版） （黑体字为增加内容）
第二十二条 所有单位应当建立健全安全管理制度，定期检查本单位各项安全防范措施的落实情况，及时消除事故隐患；掌握并及时处理本单位存在的可能引发社会安全事件的问题，防止矛盾激化和事态扩大；对本单位可能发生的突发事件和采取安全防范措施的情况，应当按照规定及时向所在地人民政府或者人民政府有关部门报告。	第三十五条 所有单位应当建立健全安全管理制度，**定期开展危险源辨识评估，制定安全防范措施**；定期检查本单位各项安全防范措施的落实情况，及时消除事故隐患；掌握并及时处理本单位存在的可能引发社会安全事件的问题，防止矛盾激化和事态扩大；对本单位可能发生的突发事件和采取安全防范措施的情况，应当按照规定及时向所在地人民政府或者有关部门报告。
第二十三条 矿山、建筑施工单位和易燃易爆物品、危险化学品、放射性物品等危险物品的生产、经营、储运、使用单位，应当制定具体应急预案，并对生产经营场所、有危险物品的建筑物、构筑物及周边环境开展隐患排查，及时采取措施消除隐患，防止发生突发事件。	第三十六条 矿山、**金属冶炼**、建筑施工单位和易燃易爆物品、危险化学品、放射性物品等危险物品的生产、经营、**运输**、储存、使用单位，应当制定具体应急预案，**配备必要的应急救援器材、设备和物资**，并对生产经营场所、有危险物品的建筑物、构筑物及周边环境开展隐患排查，及时采取措施**管控风险和**消除隐患，防止发生突发事件。
第二十四条 公共交通工具、公共场所和其他人员密集场所的经营单位或者管理单位应当制定具体应急预案，为交通工具和有关场所配备报警装置和必要的应急救援设备、设施，注明其使用方法，并显著标明安全撤离的通道、路线，保证安全通道、出口的畅通。 有关单位应当定期检测、维护其报警装置和应急救援设备、设施，使其处于良好状态，确保正常使用。	第三十七条 公共交通工具、公共场所和其他人员密集场所的经营单位或者管理单位应当制定具体应急预案，为交通工具和有关场所配备报警装置和必要的应急救援设备、设施，注明其使用方法，并显著标明安全撤离的通道、路线，保证安全通道、出口的畅通。 有关单位应当定期检测、维护其报警装置和应急救援设备、设施，使其处于良好状态，确保正常使用。

（续）

《中华人民共和国突发事件应对法》 （2007 版） （阴影部分为删去或者修改内容）	《中华人民共和国突发事件应对法》 （2024 版） （黑体字为增加内容）
第二十五条　县级以上人民政府应当建立健全突发事件应急管理培训制度，对人民政府及其有关部门负有处置突发事件职责的工作人员定期进行培训。	第三十八条　县级以上人民政府应当建立健全突发事件**应对**管理培训制度，对人民政府及其有关部门负有突发事件**应对管理**职责的工作人员**以及居民委员会、村民委员会有关人员**定期进行培训。
第二十六条　县级以上人民政府应当整合应急资源，建立或者确定综合性应急救援队伍。人民政府有关部门可以根据实际需要设立专业应急救援队伍。 　　县级以上人民政府及其有关部门可以建立由成年志愿者组成的应急救援队伍。单位应当建立由本单位职工组成的专职或者兼职应急救援队伍。 　　县级以上人民政府应当加强专业应急救援队伍与非专业应急救援队伍的合作，联合培训、联合演练，提高合成应急、协同应急的能力。	第三十九条　**国家综合性消防救援队伍是应急救援的综合性常备骨干力量，按照国家有关规定执行综合应急救援任务。**县级以上人民政府有关部门可以根据实际需要设立专业应急救援队伍。 　　县级以上人民政府及其有关部门可以建立由成年志愿者组成的应急救援队伍。**乡级人民政府、街道办事处和有条件的居民委员会、村民委员会可以建立基层应急救援队伍，及时、就近开展应急救援。**单位应当建立由本单位职工组成的专职或者兼职应急救援队伍。 　　**国家鼓励和支持社会力量建立提供社会化应急救援服务的应急救援队伍。社会力量建立的应急救援队伍参与突发事件应对工作应当服从履行统一领导职责或者组织处置突发事件的人民政府、突发事件应急指挥机构的统一指挥。** 　　县级以上人民政府应当**推动**专业应急救援队伍与非专业应急救援队伍联合培训、联合演练，提高合成应急、协同应急的能力。
第二十七条　国务院有关部门、县级以上地方各级人民政府及其有关部门、有	第四十条　地方各级人民政府、县级以上人民政府有关部门、有关单位应当为

（续）

《中华人民共和国突发事件应对法》 （2007 版） （阴影部分为删去或者修改内容）	《中华人民共和国突发事件应对法》 （2024 版） （黑体字为增加内容）
关单位应当为专业应急救援人员购买人身意外伤害保险，配备必要的防护装备和器材，减少应急救援人员的人身风险。	**其组建的应急救援队伍**购买人身意外伤害保险，配备必要的防护装备和器材，**防范和**减少应急救援人员的人身**伤害**风险。 　　**专业应急救援人员应当具备相应的身体条件、专业技能和心理素质，取得国家规定的应急救援职业资格，具体办法由国务院应急管理部门会同国务院有关部门制定。**
第二十八条　中国人民解放军、中国人民武装警察部队和民兵组织应当有计划地组织开展应急救援的专门训练。	**第四十一条**　中国人民解放军、中国人民武装警察部队和民兵组织应当有计划地组织开展应急救援的专门训练。
第二十九条第一款　县级人民政府及其有关部门、乡级人民政府、街道办事处应当组织开展应急知识的宣传普及活动和必要的应急演练。 　　**第二十九条第二款**　居民委员会、村民委员会、企业事业单位应当根据所在地人民政府的要求，结合各自的实际情况，开展有关突发事件应急知识的宣传普及活动和必要的应急演练。	**第四十二条**　县级人民政府及其有关部门、乡级人民政府、街道办事处应当组织开展**面向社会公众的**应急知识宣传普及活动和必要的应急演练。 　　居民委员会、村民委员会、企业事业单位、**社会组织**应当根据所在地人民政府的要求，结合各自的实际情况，开展**面向居民、村民、职工等的**应急知识宣传普及活动和必要的应急演练。
第三十条　各级各类学校应当把应急知识教育纳入教学内容，对学生进行应急知识教育，培养学生的安全意识和自救与互救能力。 　　教育主管部门应当对学校开展应急知识教育进行指导和监督。	**第四十三条**　各级各类学校应当把应急教育纳入**教育教学计划**，对学生**及教职工开展**应急知识教育**和应急演练**，培养安全意识，**提高**自救与互救能力。 　　教育主管部门应当对学校开展应急教育进行指导和监督，**应急管理等部门应当给予支持。**

（续）

《中华人民共和国突发事件应对法》 （2007 版） （阴影部分为删去或者修改内容）	《中华人民共和国突发事件应对法》 （2024 版） （黑体字为增加内容）
第三十一条　国务院和县级以上地方各级人民政府应当采取财政措施，保障突发事件应对工作所需经费。	第四十四条　各级人民政府应当将突发事件应对工作所需经费纳入本级预算，并加强资金管理，提高资金使用绩效。
第三十二条第一款　国家建立健全应急物资储备保障制度，完善重要应急物资的监管、生产、储备、调拨和紧急配送体系。	第四十五条　国家按照集中管理、统一调拨、平时服务、灾时应急、采储结合、节约高效的原则，建立健全应急物资储备保障制度，动态更新应急物资储备品种目录，完善重要应急物资的监管、生产、采购、储备、调拨和紧急配送体系，促进安全应急产业发展，优化产业布局。 　国家储备物资品种目录、总体发展规划，由国务院发展改革部门会同国务院有关部门拟订。国务院应急管理等部门依据职责制定应急物资储备规划、品种目录，并组织实施。应急物资储备规划应当纳入国家储备总体发展规划。
第三十二条第二款　设区的市级以上人民政府和突发事件易发、多发地区的县级人民政府应当建立应急救援物资、生活必需品和应急处置装备的储备制度。 　第三十二条第三款　县级以上地方各级人民政府应当根据本地区的实际情况，与有关企业签订协议，保障应急救援物资、生活必需品和应急处置装备的生产、供给。	第四十六条　设区的市级以上人民政府和突发事件易发、多发地区的县级人民政府应当建立应急救援物资、生活必需品和应急处置装备的储备保障制度。 　县级以上地方人民政府应当根据本地区的实际情况和突发事件应对工作的需要，依法与有条件的企业签订协议，保障应急救援物资、生活必需品和应急处置装备的生产、供给。有关企业应当根据协议，按照县级以上地方人民政府要求，进行应急救援物资、生活必需品和应急处置装备的生产、供给，并确保符合国家有关产品质量的标准和要求。

（续）

《中华人民共和国突发事件应对法》 (2007 版) （阴影部分为删去或者修改内容）	《中华人民共和国突发事件应对法》 (2024 版) （黑体字为增加内容）
	国家鼓励公民、法人和其他组织储备基本的应急自救物资和生活必需品。有关部门可以向社会公布相关物资、物品的储备指南和建议清单。
	第四十七条　国家建立健全应急运输保障体系，统筹铁路、公路、水运、民航、邮政、快递等运输和服务方式，制定应急运输保障方案，保障应急物资、装备和人员及时运输。 　县级以上地方人民政府和有关主管部门应当根据国家应急运输保障方案，结合本地区实际做好应急调度和运力保障，确保运输通道和客货运枢纽畅通。 　国家发挥社会力量在应急运输保障中的积极作用。社会力量参与突发事件应急运输保障，应当服从突发事件应急指挥机构的统一指挥。
	第四十八条　国家建立健全能源应急保障体系，提高能源安全保障能力，确保受突发事件影响地区的能源供应。
第三十三条　国家建立健全应急通信保障体系，完善公用通信网，建立有线与无线相结合、基础电信网络与机动通信系统相配套的应急通信系统，确保突发事件应对工作的通信畅通。	第四十九条　国家建立健全应急通信、应急广播保障体系，加强应急通信系统、应急广播系统建设，确保突发事件应对工作的通信、广播安全畅通。
	第五十条　国家建立健全突发事件卫生应急体系，组织开展突发事件中的医疗救治、卫生学调查处置和心理援助等卫生应急工作，有效控制和消除危害。

（续）

《中华人民共和国突发事件应对法》 （2007 版） （阴影部分为删去或者修改内容）	《中华人民共和国突发事件应对法》 （2024 版） （黑体字为增加内容）
	第五十一条　县级以上人民政府应当加强急救医疗服务网络的建设，配备相应的医疗救治物资、设施设备和人员，提高医疗卫生机构应对各类突发事件的救治能力。
第三十四条　国家鼓励公民、法人和其他组织为人民政府应对突发事件工作提供物资、资金、技术支持和捐赠。	第五十二条　国家鼓励公民、法人和其他组织为**突发事件应对工作提供物资、资金、技术支持**和捐赠。 　　**接受捐赠的单位应当及时公开接受捐赠的情况和受赠财产的使用、管理情况，接受社会监督。**
	第五十三条　红十字会在突发事件中，应当对伤病人员和其他受害者提供紧急救援和人道救助，并协助人民政府开展与其职责相关的其他人道主义服务活动。有关人民政府应当给予红十字会支持和资助，保障其依法参与应对突发事件。 　　慈善组织在发生重大突发事件时开展募捐和救助活动，应当在有关人民政府的统筹协调、有序引导下依法进行。有关人民政府应当通过提供必要的需求信息、政府购买服务等方式，对慈善组织参与应对突发事件、开展应急慈善活动予以支持。
	第五十四条　有关单位应当加强应急救援资金、物资的管理，提高使用效率。 　　任何单位和个人不得截留、挪用、私分或者变相私分应急救援资金、物资。

（续）

《中华人民共和国突发事件应对法》 （2007 版） （阴影部分为删去或者修改内容）	《中华人民共和国突发事件应对法》 （2024 版） （黑体字为增加内容）
第三十五条　国家发展保险事业，建立国家财政支持的巨灾风险保险体系，并鼓励单位和公民参加保险。	第五十五条　国家发展保险事业，建立**政府支持、社会力量参与、市场化运作**的巨灾风险保险体系，并鼓励单位和**个人**参加保险。
第三十六条　国家鼓励、扶持具备相应条件的教学科研机构培养应急管理专门人才，鼓励、扶持教学科研机构和有关企业研究开发用于突发事件预防、监测、预警、应急处置与救援的新技术、新设备和新工具。	第五十六条　国家加强应急管理基础**科学、重点行业领域关键核心技术的研究，加强互联网、云计算、大数据、人工智能等现代技术手段在突发事件应对工作中的应用**，鼓励、扶持有条件的教学科研机构、**企业**培养应急管理人才**和科技人才，研发、推广**新技术、**新材料**、新设备和新工具，**提高突发事件应对能力**。
	第五十七条　**县级以上人民政府及其有关部门应当建立健全突发事件专家咨询论证制度，发挥专业人员在突发事件应对工作中的作用。**
第三章　监测与预警	第四章　监测与预警
第四十一条　国家建立健全突发事件监测制度。 　　县级以上人民政府及其有关部门应当根据自然灾害、事故灾难和公共卫生事件的种类和特点，建立健全基础信息数据库，完善监测网络，划分监测区域，确定监测点，明确监测项目，提供必要的设备、设施，配备专职或者兼职人员，对可能发生的突发事件进行监测。	第五十八条　国家建立健全突发事件监测制度。 　　县级以上人民政府及其有关部门应当根据自然灾害、事故灾难和公共卫生事件的种类和特点，建立健全基础信息数据库，完善监测网络，划分监测区域，确定监测点，明确监测项目，提供必要的设备、设施，配备专职或者兼职人员，对可能发生的突发事件进行监测。

（续）

《中华人民共和国突发事件应对法》 （2007 版） （阴影部分为删去或者修改内容）	《中华人民共和国突发事件应对法》 （2024 版） （黑体字为增加内容）
第三十七条　国务院建立全国统一的突发事件信息系统。 　　县级以上地方各级人民政府应当建立或者确定本地区统一的突发事件信息系统，汇集、储存、分析、传输有关突发事件的信息，并与上级人民政府及其有关部门、下级人民政府及其有关部门、专业机构和监测网点的突发事件信息系统实现互联互通，加强跨部门、跨地区的信息交流与情报合作。	第五十九条　国务院建立全国统一的突发事件信息系统。 　　县级以上地方人民政府应当建立或者确定本地区统一的突发事件信息系统，汇集、储存、分析、传输有关突发事件的信息，并与上级人民政府及其有关部门、下级人民政府及其有关部门、专业机构、监测网点**和重点企业**的突发事件信息系统实现互联互通，加强跨部门、跨地区的信息**共享**与情报合作。
第三十八条　县级以上人民政府及其有关部门、专业机构应当通过多种途径收集突发事件信息。 　　县级人民政府应当在居民委员会、村民委员会和有关单位建立专职或者兼职信息报告员制度。 　　获悉突发事件信息的公民、法人或者其他组织，应当立即向所在地人民政府、有关主管部门或者指定的专业机构报告。	第六十条　县级以上人民政府及其有关部门、专业机构应当通过多种途径收集突发事件信息。 　　县级人民政府应当在居民委员会、村民委员会和有关单位建立专职或者兼职信息报告员制度。 　　公民、法人或者其他组织**发现发生突发事件，或者发现可能发生突发事件的异常情况**，应当立即向所在地人民政府、有关主管部门或者指定的专业机构报告。**接到报告的单位应当按照规定立即核实处理，对于不属于其职责的，应当立即移送相关单位核实处理。**
第三十九条　地方各级人民政府应当按照国家有关规定向上级人民政府报送突发事件信息。县级以上人民政府有关主管部门应当向本级人民政府相关部门通报突发事件信息。专业机构、监测网点和信息报告员应当及时向所在地人民政府及其有	第六十一条　地方各级人民政府应当按照国家有关规定向上级人民政府报送突发事件信息。县级以上人民政府有关主管部门应当向本级人民政府相关部门通报突发事件信息，**并报告上级人民政府主管部门**。专业机构、监测网点和信息报告员应

（续）

《中华人民共和国突发事件应对法》 （2007版） （阴影部分为删去或者修改内容）	《中华人民共和国突发事件应对法》 （2024版） （黑体字为增加内容）
关主管部门报告突发事件信息。 　　有关单位和人员报送、报告突发事件信息，应当做到及时、客观、真实，不得迟报、谎报、瞒报、漏报。	当及时向所在地人民政府及其有关主管部门报告突发事件信息。 　　有关单位和人员报送、报告突发事件信息，应当做到及时、客观、真实，不得迟报、谎报、瞒报、漏报，**不得授意他人迟报、谎报、瞒报，不得阻碍他人报告。**
第四十条　　县级以上地方各级人民政府应当及时汇总分析突发事件隐患和预警信息，必要时组织相关部门、专业技术人员、专家学者进行会商，对发生突发事件的可能性及其可能造成的影响进行评估；认为可能发生重大或者特别重大突发事件的，应当立即向上级人民政府报告，并向上级人民政府有关部门、当地驻军和可能受到危害的毗邻或者相关地区的人民政府通报。	**第六十二条**　　县级以上地方人民政府应当及时汇总分析突发事件隐患和**监测**信息，必要时组织相关部门、专业技术人员、专家学者进行会商，对发生突发事件的可能性及其可能造成的影响进行评估；认为可能发生重大或者特别重大突发事件的，应当立即向上级人民政府报告，并向上级人民政府有关部门、当地驻军和可能受到危害的毗邻或者相关地区的人民政府通报，**及时采取预防措施。**
第四十二条　　国家建立健全突发事件预警制度。 　　可以预警的自然灾害、事故灾难和公共卫生事件的预警级别，按照突发事件发生的紧急程度、发展势态和可能造成的危害程度分为一级、二级、三级和四级，分别用红色、橙色、黄色和蓝色标示，一级为最高级别。 　　预警级别的划分标准由国务院或者国务院确定的部门制定。	**第六十三条**　　国家建立健全突发事件预警制度。 　　可以预警的自然灾害、事故灾难和公共卫生事件的预警级别，按照突发事件发生的紧急程度、发展势态和可能造成的危害程度分为一级、二级、三级和四级，分别用红色、橙色、黄色和蓝色标示，一级为最高级别。 　　预警级别的划分标准由国务院或者国务院确定的部门制定。

（续）

《中华人民共和国突发事件应对法》 （2007 版） （阴影部分为删去或者修改内容）	《中华人民共和国突发事件应对法》 （2024 版） （黑体字为增加内容）
第四十三条　可以预警的自然灾害、事故灾难或者公共卫生事件即将发生或者发生的可能性增大时，县级以上地方各级人民政府应当根据有关法律、行政法规和国务院规定的权限和程序，发布相应级别的警报，决定并宣布有关地区进入预警期，同时向上一级人民政府报告，必要时可以越级上报，并向当地驻军和可能受到危害的毗邻或者相关地区的人民政府通报。	第六十四条　可以预警的自然灾害、事故灾难或者公共卫生事件即将发生或者发生的可能性增大时，县级以上地方人民政府应当根据有关法律、行政法规和国务院规定的权限和程序，发布相应级别的警报，决定并宣布有关地区进入预警期，同时向上一级人民政府报告，必要时可以越级上报；**具备条件的，应当进行网络直报或者自动速报；**同时向当地驻军和可能受到危害的毗邻或者相关地区的人民政府通报。 　　**发布警报应当明确预警类别、级别、起始时间、可能影响的范围、警示事项、应当采取的措施、发布单位和发布时间等。**
	第六十五条　国家建立健全突发事件预警发布平台，按照有关规定及时、准确向社会发布突发事件预警信息。 　　广播、电视、报刊以及网络服务提供者、电信运营商应当按照国家有关规定，建立突发事件预警信息快速发布通道，及时、准确、无偿播发或者刊载突发事件预警信息。 　　公共场所和其他人员密集场所，应当指定专门人员负责突发事件预警信息接收和传播工作，做好相关设备、设施维护，确保突发事件预警信息及时、准确接收和传播。

（续）

《中华人民共和国突发事件应对法》 （2007版） （阴影部分为删去或者修改内容）	《中华人民共和国突发事件应对法》 （2024版） （黑体字为增加内容）
第四十四条　发布三级、四级警报，宣布进入预警期后，县级以上地方各级人民政府应当根据即将发生的突发事件的特点和可能造成的危害，采取下列措施： 　　（一）启动应急预案； 　　（二）责令有关部门、专业机构、监测网点和负有特定职责的人员及时收集、报告有关信息，向社会公布反映突发事件信息的渠道，加强对突发事件发生、发展情况的监测、预报和预警工作； 　　（三）组织有关部门和机构、专业技术人员、有关专家学者，随时对突发事件信息进行分析评估，预测发生突发事件可能性的大小、影响范围和强度以及可能发生的突发事件的级别； 　　（四）定时向社会发布与公众有关的突发事件预测信息和分析评估结果，并对相关信息的报道工作进行管理； 　　（五）及时按照有关规定向社会发布可能受到突发事件危害的警告，宣传避免、减轻危害的常识，公布咨询电话。	**第六十六条**　发布三级、四级警报，宣布进入预警期后，县级以上地方人民政府应当根据即将发生的突发事件的特点和可能造成的危害，采取下列措施： 　　（一）启动应急预案； 　　（二）责令有关部门、专业机构、监测网点和负有特定职责的人员及时收集、报告有关信息，向社会公布反映突发事件信息的渠道，加强对突发事件发生、发展情况的监测、预报和预警工作； 　　（三）组织有关部门和机构、专业技术人员、有关专家学者，随时对突发事件信息进行分析评估，预测发生突发事件可能性的大小、影响范围和强度以及可能发生的突发事件的级别； 　　（四）定时向社会发布与公众有关的突发事件预测信息和分析评估结果，并对相关信息的报道工作进行管理； 　　（五）及时按照有关规定向社会发布可能受到突发事件危害的警告，宣传避免、减轻危害的常识，公布咨询**或者求助**电话**等联络方式和渠道**。
第四十五条　发布一级、二级警报，宣布进入预警期后，县级以上地方各级人民政府除采取本法第四十四条规定的措施外，还应当针对即将发生的突发事件的特点和可能造成的危害，采取下列一项或者多项措施： 　　（一）责令应急救援队伍、负有特定职责的人员进入待命状态，并动员后备人员做好参加应急救援和处置工作的准备；	**第六十七条**　发布一级、二级警报，宣布进入预警期后，县级以上地方人民政府除采取本法**第六十六条**规定的措施外，还应当针对即将发生的突发事件的特点和可能造成的危害，采取下列一项或者多项措施： 　　（一）责令应急救援队伍、负有特定职责的人员进入待命状态，并动员后备人员做好参加应急救援和处置工作的准备；

（续）

《中华人民共和国突发事件应对法》 （2007 版） （阴影部分为删去或者修改内容）	《中华人民共和国突发事件应对法》 （2024 版） （黑体字为增加内容）
（二）调集应急救援所需物资、设备、工具，准备应急设施和避难场所，并确保其处于良好状态、随时可以投入正常使用； （三）加强对重点单位、重要部位和重要基础设施的安全保卫，维护社会治安秩序； （四）采取必要措施，确保交通、通信、供水、排水、供电、供气、供热等公共设施的安全和正常运行； （五）及时向社会发布有关采取特定措施避免或者减轻危害的建议、劝告； （六）转移、疏散或者撤离易受突发事件危害的人员并予以妥善安置，转移重要财产； （七）关闭或者限制使用易受突发事件危害的场所，控制或者限制容易导致危害扩大的公共场所的活动； （八）法律、法规、规章规定的其他必要的防范性、保护性措施。	（二）调集应急救援所需物资、设备、工具，准备应急设施和**应急避难、封闭隔离、紧急医疗救治等**场所，并确保其处于良好状态、随时可以投入正常使用； （三）加强对重点单位、重要部位和重要基础设施的安全保卫，维护社会治安秩序； （四）采取必要措施，确保交通、通信、供水、排水、供电、供气、供热、**医疗卫生、广播电视、气象**等公共设施的安全和正常运行； （五）及时向社会发布有关采取特定措施避免或者减轻危害的建议、劝告； （六）转移、疏散或者撤离易受突发事件危害的人员并予以妥善安置，转移重要财产； （七）关闭或者限制使用易受突发事件危害的场所，控制或者限制容易导致危害扩大的公共场所的活动； （八）法律、法规、规章规定的其他必要的防范性、保护性措施。
	第六十八条 发布警报，宣布进入预警期后，县级以上人民政府应当对重要商品和服务市场情况加强监测，根据实际需要及时保障供应、稳定市场。必要时，国务院和省、自治区、直辖市人民政府可以按照《中华人民共和国价格法》等有关法律规定采取相应措施。

（续）

《中华人民共和国突发事件应对法》 （2007 版） （阴影部分为删去或者修改内容）	《中华人民共和国突发事件应对法》 （2024 版） （黑体字为增加内容）
第四十六条　对即将发生或者已经发生的社会安全事件，县级以上地方各级人民政府及其有关主管部门应当按照规定向上一级人民政府及其有关主管部门报告，必要时可以越级上报。	第六十九条　对即将发生或者已经发生的社会安全事件，县级以上地方人民政府及其有关主管部门应当按照规定向上一级人民政府及其有关主管部门报告，必要时可以越级上报，**具备条件的，应当进行网络直报或者自动速报。**
第四十七条　发布突发事件警报的人民政府应当根据事态的发展，按照有关规定适时调整预警级别并重新发布。 　　有事实证明不可能发生突发事件或者危险已经解除的，发布警报的人民政府应当立即宣布解除警报，终止预警期，并解除已经采取的有关措施。	第七十条　发布突发事件警报的人民政府应当根据事态的发展，按照有关规定适时调整预警级别并重新发布。 　　有事实证明不可能发生突发事件或者危险已经解除的，发布警报的人民政府应当立即宣布解除警报，终止预警期，并解除已经采取的有关措施。
第四章　应急处置与救援	第五章　应急处置与救援
	第七十一条　国家建立健全突发事件应急响应制度。 　　突发事件的应急响应级别，按照突发事件的性质、特点、可能造成的危害程度和影响范围等因素分为一级、二级、三级和四级，一级为最高级别。 　　突发事件应急响应级别划分标准由国务院或者国务院确定的部门制定。县级以上人民政府及其有关部门应当在突发事件应急预案中确定应急响应级别。
第四十八条　突发事件发生后，履行统一领导职责或者组织处置突发事件的人民政府应当针对其性质、特点和危害程度，	第七十二条　突发事件发生后，履行统一领导职责或者组织处置突发事件的人民政府应当针对其性质、特点、危害程度

（续）

《中华人民共和国突发事件应对法》 （2007 版） （阴影部分为删去或者修改内容）	《中华人民共和国突发事件应对法》 （2024 版） （黑体字为增加内容）
立即组织有关部门，调动应急救援队伍和社会力量，依照本章的规定和有关法律、法规、规章的规定采取应急处置措施。	和影响范围等，立即**启动应急响应**，组织有关部门，调动应急救援队伍和社会力量，依照法律、法规、规章和应急预案的规定，采取应急处置措施，并向上级人民政府报告；必要时，可以设立现场指挥部，负责现场应急处置与救援，统一指挥进入突发事件现场的单位和个人。 　　**启动应急响应，应当明确响应事项、级别、预计期限、应急处置措施等。** 　　**履行统一领导职责或者组织处置突发事件的人民政府，应当建立协调机制，提供需求信息，引导志愿服务组织和志愿者等社会力量及时有序参与应急处置与救援工作。**
第四十九条　自然灾害、事故灾难或者公共卫生事件发生后，履行统一领导职责的人民政府可以采取下列一项或者多项应急处置措施： 　　（一）组织营救和救治受害人员，疏散、撤离并妥善安置受到威胁的人员以及采取其他救助措施； 　　（二）迅速控制危险源，标明危险区域，封锁危险场所，划定警戒区，实行交通管制以及其他控制措施； 　　（三）立即抢修被损坏的交通、通信、供水、排水、供电、供气、供热等公共设施，向受到危害的人员提供避难场所和生活必需品，实施医疗救护和卫生防疫以及其他保障措施； 　　（四）禁止或者限制使用有关设备、设施，关闭或者限制使用有关场所，中止	**第七十三条**　自然灾害、事故灾难或者公共卫生事件发生后，履行统一领导职责的人民政府**应当**采取下列一项或者多项应急处置措施： 　　（一）组织营救和救治受害人员，**转移**、疏散、撤离并妥善安置受到威胁的人员以及采取其他救助措施； 　　（二）迅速控制危险源，标明危险区域，封锁危险场所，划定警戒区，实行交通管制、**限制人员流动**、**封闭管理**以及其他控制措施； 　　（三）立即抢修被损坏的交通、通信、供水、排水、供电、供气、供热、**医疗卫生**、**广播电视**、**气象**等公共设施，向受到危害的人员提供避难场所和生活必需品，实施医疗救护和卫生防疫以及其他保障措施；

（续）

《中华人民共和国突发事件应对法》 （2007版） （阴影部分为删去或者修改内容）	《中华人民共和国突发事件应对法》 （2024版） （黑体字为增加内容）
人员密集的活动或者可能导致危害扩大的生产经营活动以及采取其他保护措施； （五）启用本级人民政府设置的财政预备费和储备的应急救援物资，必要时调用其他急需物资、设备、设施、工具； （六）组织公民参加应急救援和处置工作，要求具有特定专长的人员提供服务； （七）保障食品、饮用水、燃料等基本生活必需品的供应； （八）依法从严惩处囤积居奇、哄抬物价、制假售假等扰乱市场秩序的行为，稳定市场价格，维护市场秩序； （九）依法从严惩处哄抢财物、干扰破坏应急处置工作等扰乱社会秩序的行为，维护社会治安； （十）采取防止发生次生、衍生事件的必要措施。	（四）禁止或者限制使用有关设备、设施，关闭或者限制使用有关场所，中止人员密集的活动或者可能导致危害扩大的生产经营活动以及采取其他保护措施； （五）启用本级人民政府设置的财政预备费和储备的应急救援物资，必要时调用其他急需物资、设备、设施、工具； （六）组织公民、**法人和其他组织**参加应急救援和处置工作，要求具有特定专长的人员提供服务； （七）保障食品、饮用水、**药品、**燃料等基本生活必需品的供应； （八）依法从严惩处囤积居奇、哄抬**价格、牟取暴利**、制假售假等扰乱市场秩序的行为，维护市场秩序； （九）依法从严惩处哄抢财物、干扰破坏应急处置工作等扰乱社会秩序的行为，维护社会治安； （十）**开展生态环境应急监测，保护集中式饮用水水源地等环境敏感目标，控制和处置污染物；** （十一）采取防止发生次生、衍生事件的必要措施。
第五十条　社会安全事件发生后，组织处置工作的人民政府应当立即组织有关部门并由公安机关针对事件的性质和特点，依照有关法律、行政法规和国家其他有关规定，采取下列一项或者多项应急处置措施： 　　（一）强制隔离使用器械相互对抗或者以暴力行为参与冲突的当事人，妥善解	**第七十四条**　社会安全事件发生后，组织处置工作的人民政府应当立即**启动应急响应**，组织有关部门针对事件的性质和特点，依照有关法律、行政法规和国家其他有关规定，采取下列一项或者多项应急处置措施： 　　（一）强制隔离使用器械相互对抗或者以暴力行为参与冲突的当事人，妥善解

（续）

《中华人民共和国突发事件应对法》 （2007 版） （阴影部分为删去或者修改内容）	《中华人民共和国突发事件应对法》 （2024 版） （黑体字为增加内容）
决现场纠纷和争端，控制事态发展； 　　（二）对特定区域内的建筑物、交通工具、设备、设施以及燃料、燃气、电力、水的供应进行控制； 　　（三）封锁有关场所、道路，查验现场人员的身份证件，限制有关公共场所内的活动； 　　（四）加强对易受冲击的核心机关和单位的警卫，在国家机关、军事机关、国家通讯社、广播电台、电视台、外国驻华使领馆等单位附近设置临时警戒线； 　　（五）法律、行政法规和国务院规定的其他必要措施。 　　严重危害社会治安秩序的事件发生时，公安机关应当立即依法出动警力，根据现场情况依法采取相应的强制性措施，尽快使社会秩序恢复正常。	决现场纠纷和争端，控制事态发展； 　　（二）对特定区域内的建筑物、交通工具、设备、设施以及燃料、燃气、电力、水的供应进行控制； 　　（三）封锁有关场所、道路，查验现场人员的身份证件，限制有关公共场所内的活动； 　　（四）加强对易受冲击的核心机关和单位的警卫，在国家机关、军事机关、国家通讯社、广播电台、电视台、外国驻华使领馆等单位附近设置临时警戒线； 　　（五）法律、行政法规和国务院规定的其他必要措施。
第五十一条　发生突发事件，严重影响国民经济正常运行时，国务院或者国务院授权的有关主管部门可以采取保障、控制等必要的应急措施，保障人民群众的基本生活需要，最大限度地减轻突发事件的影响。	**第七十五条**　发生突发事件，严重影响国民经济正常运行时，国务院或者国务院授权的有关主管部门可以采取保障、控制等必要的应急措施，保障人民群众的基本生活需要，最大限度地减轻突发事件的影响。
第五十二条　履行统一领导职责或者组织处置突发事件的人民政府，必要时可以向单位和个人征用应急救援所需设备、设施、场地、交通工具和其他物资，请求其他地方人民政府提供人力、物力、财力	**第七十六条**　履行统一领导职责或者组织处置突发事件的人民政府**及其有关部门**，必要时可以向单位和个人征用应急救援所需设备、设施、场地、交通工具和其他物资，请求其他地方人民政府**及其有关**

（续）

《中华人民共和国突发事件应对法》 （2007 版） （阴影部分为删去或者修改内容）	《中华人民共和国突发事件应对法》 （2024 版） （黑体字为增加内容）
或者技术支援，要求生产、供应生活必需品和应急救援物资的企业组织生产、保证供给，要求提供医疗、交通等公共服务的组织提供相应的服务。 　　履行统一领导职责或者组织处置突发事件的人民政府，应当组织协调运输经营单位，优先运送处置突发事件所需物资、设备、工具、应急救援人员和受到突发事件危害的人员。	部门提供人力、物力、财力或者技术支援，要求生产、供应生活必需品和应急救援物资的企业组织生产、保证供给，要求提供医疗、交通等公共服务的组织提供相应的服务。 　　履行统一领导职责或者组织处置突发事件的人民政府**和有关主管部门**，应当组织协调运输经营单位，优先运送处置突发事件所需物资、设备、工具、应急救援人员和受到突发事件危害的人员。 　　**履行统一领导职责或者组织处置突发事件的人民政府及其有关部门，应当为受突发事件影响无人照料的无民事行为能力人、限制民事行为能力人提供及时有效帮助；建立健全联系帮扶应急救援人员家庭制度，帮助解决实际困难。**
第五十三条　履行统一领导职责或者组织处置突发事件的人民政府，应当按照有关规定统一、准确、及时发布有关突发事件事态发展和应急处置工作的信息。	
第五十五条　突发事件发生地的居民委员会、村民委员会和其他组织应当按照当地人民政府的决定、命令，进行宣传动员，组织群众开展自救和互救，协助维护社会秩序。	**第七十七条**　突发事件发生地的居民委员会、村民委员会和其他组织应当按照当地人民政府的决定、命令，进行宣传动员，组织群众开展自救**与**互救，协助维护社会秩序；**情况紧急的，应当立即组织群众开展自救与互救等先期处置工作。**
第五十六条　受到自然灾害危害或者发生事故灾难、公共卫生事件的单位，应	**第七十八条**　受到自然灾害危害或者发生事故灾难、公共卫生事件的单位，应

（续）

《中华人民共和国突发事件应对法》 （2007 版） （阴影部分为删去或者修改内容）	《中华人民共和国突发事件应对法》 （2024 版） （黑体字为增加内容）
当立即组织本单位应急救援队伍和工作人员营救受害人员，疏散、撤离、安置受到威胁的人员，控制危险源，标明危险区域，封锁危险场所，并采取其他防止危害扩大的必要措施，同时向所在地县级人民政府报告；对因本单位的问题引发的或者主体是本单位人员的社会安全事件，有关单位应当按照规定上报情况，并迅速派出负责人赶赴现场开展劝解、疏导工作。 　　突发事件发生地的其他单位应当服从人民政府发布的决定、命令，配合人民政府采取的应急处置措施，做好本单位的应急救援工作，并积极组织人员参加所在地的应急救援和处置工作。	当立即组织本单位应急救援队伍和工作人员营救受害人员，疏散、撤离、安置受到威胁的人员，控制危险源，标明危险区域，封锁危险场所，并采取其他防止危害扩大的必要措施，同时向所在地县级人民政府报告；对因本单位的问题引发的或者主体是本单位人员的社会安全事件，有关单位应当按照规定上报情况，并迅速派出负责人赶赴现场开展劝解、疏导工作。 　　突发事件发生地的其他单位应当服从人民政府发布的决定、命令，配合人民政府采取的应急处置措施，做好本单位的应急救援工作，并积极组织人员参加所在地的应急救援和处置工作。
第五十七条　突发事件发生地的公民应当服从人民政府、居民委员会、村民委员会或者所属单位的指挥和安排，配合人民政府采取的应急处置措施，积极参加应急救援工作，协助维护社会秩序。	**第七十九条**　突发事件发生地的个人应当**依法**服从人民政府、居民委员会、村民委员会或者所属单位的指挥和安排，配合人民政府采取的应急处置措施，积极参加应急救援工作，协助维护社会秩序。
	第八十条　国家支持城乡社区组织健全应急工作机制，强化城乡社区综合服务设施和信息平台应急功能，加强与突发事件信息系统数据共享，增强突发事件应急处置中保障群众基本生活和服务群众能力。

（续）

《中华人民共和国突发事件应对法》 （2007 版） （阴影部分为删去或者修改内容）	《中华人民共和国突发事件应对法》 （2024 版） （黑体字为增加内容）
	第八十一条　国家采取措施，加强心理健康服务体系和人才队伍建设，支持引导心理健康服务人员和社会工作者对受突发事件影响的各类人群开展心理健康教育、心理评估、心理疏导、心理危机干预、心理行为问题诊治等心理援助工作。
	第八十二条　对于突发事件遇难人员的遗体，应当按照法律和国家有关规定，科学规范处置，加强卫生防疫，维护逝者尊严。对于逝者的遗物应当妥善保管。
	第八十三条　县级以上人民政府及其有关部门根据突发事件应对工作需要，在履行法定职责所必需的范围和限度内，可以要求公民、法人和其他组织提供应急处置与救援需要的信息。公民、法人和其他组织应当予以提供，法律另有规定的除外。县级以上人民政府及其有关部门对获取的相关信息，应当严格保密，并依法保护公民的通信自由和通信秘密。
	第八十四条　在突发事件应急处置中，有关单位和个人因依照本法规定配合突发事件应对工作或者履行相关义务，需要获取他人个人信息的，应当依照法律规定的程序和方式取得并确保信息安全，不得非法收集、使用、加工、传输他人个人信息，不得非法买卖、提供或者公开他人个人信息。

（续）

《中华人民共和国突发事件应对法》 （2007 版） （阴影部分为删去或者修改内容）	《中华人民共和国突发事件应对法》 （2024 版） （黑体字为增加内容）
	第八十五条 因依法履行突发事件应对工作职责或者义务获取的个人信息，只能用于突发事件应对，并在突发事件应对工作结束后予以销毁。确因依法作为证据使用或者调查评估需要留存或者延期销毁的，应当按照规定进行合法性、必要性、安全性评估，并采取相应保护和处理措施，严格依法使用。
第五章 事后恢复与重建	第六章 事后恢复与重建
第五十八条 突发事件的威胁和危害得到控制或者消除后，履行统一领导职责或者组织处置突发事件的人民政府应当停止执行依照本法规定采取的应急处置措施，同时采取或者继续实施必要措施，防止发生自然灾害、事故灾难、公共卫生事件的次生、衍生事件或者重新引发社会安全事件。	第八十六条 突发事件的威胁和危害得到控制或者消除后，履行统一领导职责或者组织处置突发事件的人民政府应当**宣布解除应急响应**，停止执行依照本法规定采取的应急处置措施，同时采取或者继续实施必要措施，防止发生自然灾害、事故灾难、公共卫生事件的次生、衍生事件或者重新引发社会安全事件，**组织受影响地区尽快恢复社会秩序**。
第五十九条 突发事件应急处置工作结束后，履行统一领导职责的人民政府应当立即组织对突发事件造成的损失进行评估，组织受影响地区尽快恢复生产、生活、工作和社会秩序，制定恢复重建计划，并向上一级人民政府报告。 　　受突发事件影响地区的人民政府应当及时组织和协调公安、交通、铁路、民航、邮电、建设等有关部门恢复社会治安秩序，尽快修复被损坏的交通、通信、供水、排水、供电、供气、供热等公共设施。	第八十七条 突发事件应急处置工作结束后，履行统一领导职责的人民政府应当立即组织对突发事件造成的**影响和损失**进行**调查**评估，制定恢复重建计划，并向上一级人民政府报告。 　　受突发事件影响地区的人民政府应当及时组织和协调**应急管理、卫生健康、公安**、交通、铁路、民航、**邮政、电信、建设、生态环境、水利、能源、广播电视**等有关部门恢复社会秩序，尽快修复被损坏的交通、通信、供水、排水、供电、供气、供热、**医疗卫生、水利、广播电视**等公共设施。

（续）

《中华人民共和国突发事件应对法》 （2007 版） （阴影部分为删去或者修改内容）	《中华人民共和国突发事件应对法》 （2024 版） （黑体字为增加内容）
第六十条　受突发事件影响地区的人民政府开展恢复重建工作需要上一级人民政府支持的，可以向上一级人民政府提出请求。上一级人民政府应当根据受影响地区遭受的损失和实际情况，提供资金、物资支持和技术指导，组织其他地区提供资金、物资和人力支援。	第八十八条　受突发事件影响地区的人民政府开展恢复重建工作需要上一级人民政府支持的，可以向上一级人民政府提出请求。上一级人民政府应当根据受影响地区遭受的损失和实际情况，提供资金、物资支持和技术指导，组织**协调**其他地区**和有关方面**提供资金、物资和人力支援。
第六十一条第一款　国务院根据受突发事件影响地区遭受损失的情况，制定扶持该地区有关行业发展的优惠政策。 　　第六十一条第二款　受突发事件影响地区的人民政府应当根据本地区遭受损失的情况，制定救助、补偿、抚慰、抚恤、安置等善后工作计划并组织实施，妥善解决因处置突发事件引发的矛盾和纠纷。	第八十九条　国务院根据受突发事件影响地区遭受损失的情况，制定扶持该地区有关行业发展的优惠政策。 　　受突发事件影响地区的人民政府应当根据本地区遭受**的损失和采取应急处置措施**的情况，制定救助、补偿、抚慰、抚恤、安置等善后工作计划并组织实施，妥善解决因处置突发事件引发的矛盾纠纷。
第六十一条第三款　公民参加应急救援工作或者协助维护社会秩序期间，其在本单位的工资待遇和福利不变；表现突出、成绩显著的，由县级以上人民政府给予表彰或者奖励。	第九十条　公民参加应急救援工作或者协助维护社会秩序期间，其**所在单位应当保证其**工资待遇和福利不变，**并可以按照规定给予相应补助**。
第六十一条第四款　县级以上人民政府对在应急救援工作中伤亡的人员依法给予抚恤。	第九十一条　县级以上人民政府对在应急救援工作中伤亡的人员依法**落实工伤待遇、抚恤或者其他保障政策，并组织做好应急救援工作中致病人员的医疗救治工作**。

（续）

《中华人民共和国突发事件应对法》 （2007 版） （阴影部分为删去或者修改内容）	《中华人民共和国突发事件应对法》 （2024 版） （黑体字为增加内容）
第六十二条　履行统一领导职责的人民政府应当及时查明突发事件的发生经过和原因，总结突发事件应急处置工作的经验教训，制定改进措施，并向上一级人民政府提出报告。	**第九十二条**　履行统一领导职责的人民政府**在突发事件应对工作结束后**，应当及时查明突发事件的发生经过和原因，总结突发事件应急处置工作的经验教训，制定改进措施，并向上一级人民政府提出报告。
	第九十三条　突发事件应对工作中有关资金、物资的筹集、管理、分配、拨付和使用等情况，应当依法接受审计机关的审计监督。
	第九十四条　国家档案主管部门应当建立健全突发事件应对工作相关档案收集、整理、保护、利用工作机制。突发事件应对工作中形成的材料，应当按照国家规定归档，并向相关档案馆移交。
第六章　**法律责任**	**第七章**　**法律责任**
第六十三条　地方各级人民政府和县级以上各级人民政府有关部门违反本法规定，不履行法定职责的，由其上级行政机关或者监察机关责令改正；有下列情形之一的，根据情节对直接负责的主管人员和其他直接责任人员依法给予处分： 　　（一）未按规定采取预防措施，导致发生突发事件，或者未采取必要的防范措施，导致发生次生、衍生事件的； 　　（二）迟报、谎报、瞒报、漏报有关突发事件的信息，或者通报、报送、公布	**第九十五条**　地方各级人民政府和县级以上人民政府有关部门违反本法规定，不履行**或者不正确履行**法定职责的，由其上级行政机关责令改正；有下列情形之一，**由有关机关综合考虑突发事件发生的原因、后果、应对处置情况、行为人过错等因素，对负有责任的领导人员和直接责任人员依法给予处分：** 　　（一）未**按照**规定采取预防措施，导致发生突发事件，或者未采取必要的防范措施，导致发生次生、衍生事件的；

（续）

《中华人民共和国突发事件应对法》 （2007 版） （阴影部分为删去或者修改内容）	《中华人民共和国突发事件应对法》 （2024 版） （黑体字为增加内容）
虚假信息，造成后果的； （三）未**按**规定及时发布突发事件警报、采取预警期的措施，导致损害发生的； （四）未**按**规定及时采取措施处置突发事件或者处置不当，造成后果的； （五）不服从上级人民政府对突发事件应急处置工作的统一领导、指挥和协调的； （六）未及时组织开展生产自救、恢复重建等善后工作的； （七）截留、挪用、私分或者变相私分应急救援资金、物资的； （八）不及时归还征用的单位和个人的财产，或者对被征用财产的单位和个人不**按**规定给予补偿的。	（二）迟报、谎报、瞒报、漏报**或者授意他人迟报、谎报、瞒报以及阻碍他人报告**有关突发事件的信息，或者通报、报送、公布虚假信息，造成后果的； （三）未**按照**规定及时发布突发事件警报、采取预警期的措施，导致损害发生的； （四）未**按照**规定及时采取措施处置突发事件或者处置不当，造成后果的； （五）**违反法律规定采取应对措施，侵犯公民生命健康权益的；** （六）不服从上级人民政府对突发事件应急处置工作的统一领导、指挥和协调的； （七）未及时组织开展生产自救、恢复重建等善后工作的； （八）截留、挪用、私分或者变相私分应急救援资金、物资的； （九）不及时归还征用的单位和个人的财产，或者对被征用财产的单位和个人不**按照**规定给予补偿的。
第六十四条　有关单位有下列情形之一**的**，由所在地履行统一领导职责的人民政府责令停产停业，暂扣或者吊销许可证或者营业执照，并处五万元以上二十万元以下的罚款；构成违反治安管理行为的，由公安机关依法给予处罚： （一）未**按**规定采取预防措施，导致发生严重突发事件的； （二）未及时消除已发现的可能引发	**第九十六条**　有关单位有下列情形之一，由所在地履行统一领导职责的人民政府**有关部门**责令停产停业，暂扣或者吊销**许可证件**，并处五万元以上二十万元以下的罚款；**情节特别严重的，并处二十万元以上一百万元以下的罚款**： （一）未**按照**规定采取预防措施，导致发生**较大以上**突发事件的； （二）未及时消除已发现的可能引发

（续）

《中华人民共和国突发事件应对法》 （2007 版） （阴影部分为删去或者修改内容）	《中华人民共和国突发事件应对法》 （2024 版） （黑体字为增加内容）
突发事件的隐患，导致发生严重突发事件的； 　（三）未做好应急设备、设施日常维护、检测工作，导致发生严重突发事件或者突发事件危害扩大的； 　（四）突发事件发生后，不及时组织开展应急救援工作，造成严重后果的。 　前款规定的行为，其他法律、行政法规规定由人民政府有关部门依法决定处罚的，从其规定。	突发事件的隐患，导致发生**较大以上**突发事件的； 　（三）未做好**应急物资储备和**应急设备、设施日常维护、检测工作，导致发生**较大以上**突发事件或者突发事件危害扩大的； 　（四）突发事件发生后，不及时组织开展应急救援工作，造成严重后果的。 　**其他法律对前款行为规定了处罚的，依照较重的规定处罚。**
第六十五条　违反本法规定，编造并传播有关突发事件事态发展或者应急处置工作的虚假信息，或者明知是有关突发事件事态发展或者应急处置工作的虚假信息而进行传播的，责令改正，给予警告；造成严重后果的，依法暂停其业务活动或者吊销其执业许可证；负有直接责任的人员是国家工作人员的，还应当对其依法给予处分；构成违反治安管理行为的，由公安机关依法给予处罚。	**第九十七条**　违反本法规定，编造并传播有关突发事件的虚假信息，或者明知是有关突发事件的虚假信息而进行传播的，责令改正，给予警告；造成严重后果的，依法暂停其业务活动或者吊销其**许可证件**；负有直接责任的人员是**公职人员**的，还应当依法给予处分。
第六十六条　单位或者个人违反本法规定，不服从所在地人民政府及其有关部门发布的决定、命令或者不配合其依法采取的措施，构成违反治安管理行为的，由公安机关依法给予处罚。	**第九十八条**　单位或者个人违反本法规定，不服从所在地人民政府及其有关部门**依法**发布的决定、命令或者不配合其依法采取的措施的，**责令改正；造成严重后果的，依法给予行政处罚；负有直接责任的人员是公职人员的，还应当依法给予处分。**

（续）

《中华人民共和国突发事件应对法》 （2007 版） （阴影部分为删去或者修改内容）	《中华人民共和国突发事件应对法》 （2024 版） （黑体字为增加内容）
	第九十九条 单位或者个人违反本法第八十四条、第八十五条关于个人信息保护规定的，由主管部门依照有关法律规定给予处罚。
第六十七条 单位或者个人违反本法规定，导致突发事件发生或者危害扩大，给他人人身、财产造成损害的，应当依法承担民事责任。	第一百条 单位或者个人违反本法规定，导致突发事件发生或者危害扩大，造成人身、财产或者其他损害的，应当依法承担民事责任。
	第一百零一条 为了使本人或者他人的人身、财产免受正在发生的危险而采取避险措施的，依照《中华人民共和国民法典》、《中华人民共和国刑法》等法律关于紧急避险的规定处理。
第六十八条 违反本法规定，构成犯罪的，依法追究刑事责任。	第一百零二条 违反本法规定，构成违反治安管理行为的，依法给予治安管理处罚；构成犯罪的，依法追究刑事责任。
第七章 附则	第八章 附则
第六十九条 发生特别重大突发事件，对人民生命财产安全、国家安全、公共安全、环境安全或者社会秩序构成重大威胁，采取本法和其他有关法律、法规、规章规定的应急处置措施不能消除或者有效控制、减轻其严重社会危害，需要进入紧急状态的，由全国人民代表大会常务委员会或者国务院依照宪法和其他有关法律规定的权限和程序决定。 紧急状态期间采取的非常措施，依照有关法律规定执行或者由全国人民代表大会常务委员会另行规定。	第一百零三条 发生特别重大突发事件，对人民生命财产安全、国家安全、公共安全、生态环境安全或者社会秩序构成重大威胁，采取本法和其他有关法律、法规、规章规定的应急处置措施不能消除或者有效控制、减轻其严重社会危害，需要进入紧急状态的，由全国人民代表大会常务委员会或者国务院依照宪法和其他有关法律规定的权限和程序决定。 紧急状态期间采取的非常措施，依照有关法律规定执行或者由全国人民代表大会常务委员会另行规定。

（续）

《中华人民共和国突发事件应对法》 （2007 版） （阴影部分为删去或者修改内容）	《中华人民共和国突发事件应对法》 （2024 版） （黑体字为增加内容）
	第一百零四条　中华人民共和国领域外发生突发事件，造成或者可能造成中华人民共和国公民、法人和其他组织人身伤亡、财产损失的，由国务院外交部门会同国务院其他有关部门、有关地方人民政府，按照国家有关规定做好应对工作。
	第一百零五条　在中华人民共和国境内的外国人、无国籍人应当遵守本法，服从所在地人民政府及其有关部门依法发布的决定、命令，并配合其依法采取的措施。
第七十条　本法自2007 年 11 月 1 日起施行。	第一百零六条　本法自2024 年 11 月 1 日起施行。